호구 탈출의 정석

호구 탈출의 정석

박정현 지음

마음세상

들어가는 글

    내가 현재 하는 '마스터즈(Master's)' 라는 '업(業)' 역시도 '자동차 산업'의 특성상 적지 않은 돈이 움직이는 만큼 그곳에서 욕심이 많은 '꾼'들이 탄생하게 되고 바가지를 씌우는 경우가 많이 있다. 그렇게 당하는 주변 사람들이 적지 않다. 온라인에서도 불만의 목소리가 있음에도 누구 하나 해결 방안이 없이 자신들의 돈 욕심만 내면서 바가지의 규모는 점점 커지고 있었다. 문제는 그로 인해서 소비자들이 지갑을 열지 않게 되면서 점점 시장의 규모는 작아지는데 반면 바가지는 반대로 커지고 있다.

    이렇게 바가지를 당하는 사람이 아닌 합리적인 소비를 통해서 우리 자동차의 문화를 변화시켜나가 발전하기 위해서 나는 내가 직접 이러한 방법을 통해서 바가지를 씌우는 업체를 걸러 내고, 고객 만족을 위해서 더 노력하는 업체를 찾아다니며 확실히 제값을 하는 서비스를 원하는 고객들에게 무료로 좋은 서비스 업체를 소개해 주면서 깨끗한 업체만이 살아남으며 우리 소비자의 지갑을 지켜주고, 편리함을 위해서 활동하고 있다. '호구'를 만드는 '꾼'을 구별하며 시간을 소비하지 않게 하기 위한 일을 하고 있다.

그러면서 이 방법을 알고 있는 사람이 많다면 '자동차 문화' 뿐만 아니라 분명 더 나아가 핸드폰을 잘못 사면서 발생하는 '호갱님'이란 말도 점차 사라질 수 있다. 비만에 가까운 보험에 가입하는 경우도 벌크업시켜서 확실하게 필요한 보장과 이윤을 추구할 방법 등을 알 수 있고, 인간관계에서도 '호구'로 만들며 이용하는 경우를 줄이기 위함임을 알아가며 이 책 속으로 들어가자.

제1부
당신도 알고 보면 **호구**

이 책은 자만하고 오만하고 거만해지기 위한 방법을 적어둔 것이 아니라 당신의 현재 상황을 역전시키고 보통 사람보다 조금 더 나은 사람이 될 수 있도록 하기 위함임을 명심해 주었으면 한다. 지금부터 내가 써내려가는 모든 이야기는 당신은 언제나 합리적인 소비와 계산적인 인간관계, 논리적인 사랑을 하였는지 알아보고 '호구(虎口)'란 무엇이고 어쩌다가, 그리고 왜 호구가 되는지 판단해볼 수 있는 시간을 가졌으면 하고 바라고 있다.

이 책을 읽는 당신에게 질문을 던져 본다.

"당신은 호구인가?"

이 질문의 대답이 Yes가 나오지 않기를 바란다. 그 이유는 당신 자신이 '호구(虎口)'라고 자처를 하는 상황이라면 내가 이 책에 담은 내용이 당신의 머릿속으로 이동하여서 자리를 잡을 수 있을지 걱정이 되기 때문이다. 당신이 스스로 '나는 완전 호구야!'라고 믿고 있다면 이 책의 정보가 당신의 머릿속에 들어가서 자리를 잡는 것을 비유하자면, 마치 서울시 강남구 압구정의 30평짜리 아파트만큼 구할 수는 있지만 마련하기는 힘든 상황만큼 어렵다고 생각한다. 그리고 지금부터라도 이 정보가 그 자리를 차지하고 있지 않는다면 분명 당신의 '호구력(虎口力)'은 감당할 수 없을 정도로 커지게 되어서 로또 1등이 당첨되더라도 1등 당첨금으로 강남구에 있는 괜찮은 아파트는커녕 투자자들이 신경도 안 쓰는 변두리로 가게 될 수도 있듯이 내 정보가 나중이 되어도 들어갈 자리가 있을지 의문이다.

그렇기 때문에 스스로 자괴감 또는 자기애(自己愛)가 부족해서 호구가 되는 것이 아닐까 하는 생각을 잠시 접어서 주머니 속에 넣고 잊어버리기를 바란다. 그 주머니 속에 넣어 두었던 스스로 호구라고 생각하는 그 힘 앞에서는 내가 직접 전달을 하지 않는 한 호구 탈출의 모든 비법을 알게 되더라도 당신은 변화하지 않을 수도 있기 때문이다.

호구를 호구로 만드는 인간들이 있어서 이 책을 만들었는데, 스스로 변화할 힘마저도 없다면 너무도 안타까운 현실이 아닐까 생각을 하게 된다. 제발 이 책의 내용을 머릿속으로 다운로드를 해서 사용하길 바란다. 내가 이 책을 써 내려간 이유는 그런 안타까운 사람을 내가 너무도 많이 봐 왔었고, 나도 모르게 실수를 저지르게 되면서 나 역시도 '호구'가 되었던 적이 있기 때문이다. 그 방법을 탈출하기 위해서 정말 수없이 노력하고 난 스스로 바뀌기 위해서 애를 썼었다. 그러니 당신들을 위해서 수많은 전문 서적을 통해서 얻은 지식과 많은 전문가와 만나 본 경험을 기반으로 나왔으며, '하면 된다.'는 무책임한 내용이 아닌 마케팅, 서비스, 자기계발, 수사법, 화술, 심리, 인간관계, 연애, 유머, 설명법, 협상, 설득, 자존감 등의 수많은 분야의 전문가의 노하우를 단 한 권으로 압축시켜둔 초강력 엑기스이지만 아무리 좋은 약도 몸에서 받아들이지 않는다면 절대 약(藥)이 될 수 없을 것이다.

하지만 본인 스스로 변화를 추구하며, 이 책의 엑기스를 스스로 받아들이고 당신의 머릿속으로 다운로드가 완료되고 설치가 되어서 프로세스가 가동된다면 세상 누구도 당신을 '호구(虎口)'라는 어수룩하여서 이용당하기 쉬운 사람이 되는 일 따윈 없을 것이며, 당신을 그렇게 생각하는 사람들에게 카운터펀치를 날릴 수 있는 최적의 방법들이 이 책에는 담겨 있다.

다만 이 방법을 통해서 자신의 입지가 높아지더라도 자만하고 누군가를 무시하거나 이용하려는 행동, 즉, 당신이 누군가를 호구로 만들려고 한다면 분명 그 사람도 이 책을 알게 될 것이고 다른 응용 방법을 통해서 당신과 맞붙게 될 것이다.

이 책은 자만하고 오만하고 거만해지기 위한 방법을 적어둔 것이 아니다. 당신의 현재 상황을 역전시키고 보통 사람보다 조금 더 나은 사람이 될 수 있도록 하기 위함임을 명심해 주었으면 한다. 지금부터 내가 써 내려가는 모든 이야기는 당신은 언제나 합리적인 소비와 계산적인 인간관계, 논리적인 사랑을 하였는지 알아보고 '호구(虎口)'란 무엇이고 어쩌다가, 왜 호구가 되는지 판단해볼 수 있는 시간을 가졌으면 한다.

제1장
왜 호구가 되는가?

호구란 무엇인가?

'호구(虎口)'를 사전적으로 해석을 해 보자면, 첫째 '범의 아가리'라는 뜻으로 매우 위험한 지경이나 경우를 이르는 말의 뜻을 가지고 있다. 말 그대로 호랑이한테 먹히기 직전인 상황을 말하는 것으로 이제 남은 일은 호랑이 뱃속으로 들어가서 호랑이를 배부르게 하고, 호랑이의 피와 살이 되는 것을 뜻하는 셈으로 우리가 호구가 된다면 바가지를 쓰던가 이용을 당하게 되면서 결국 속이고 이용해 먹는 사람에게 돈과 노동력을 갖다 바치면서 배부르게 하는 일과 비슷하다고 볼 수 있다. 우리는 그렇게 힘들게 모은 돈을 깡그리 다 '꾼'에게 넘기는 셈이 되거나 무보수로 '꾼'에게 우리가 무상으로 무엇인가를 해 주게 되는 것이다. 여기서 '꾼'을 호구로 만드는 사람을 지칭하기로 한다.

또 다른 뜻으로 바둑에서 상대편 바둑 석 점이 이미 싸고 있는 그 속'이란 뜻으로 '호랑이 입속'과 비슷한 상황을 뜻하게 되는 것으로 내가 그 바둑의 석 점이 이미 둘러싸고 있는 곳에 한 수를 두게 된다면 분명 다음 수에는 상대는 석 점을 집으로 만들면서 우리의 그 전의 수는 '허상(虛像)'으로 돌아가는 일이 되어 버리고 만다. 즉, 무의미하게 상대를 배불리 채워 준다는 뜻으로 호랑이 입 속이란 뜻이나 마찬가지이다.

마지막의 뜻은 정말 이렇게 알기 쉽게 표현을 해줄 수가 없다. '어수룩하여 이용하기 좋은 사람의 비유'한다고 했다. 바로 이것이다! '호구'란 호랑이의 아가리 속이나 바둑의 석 점짜리의 속이란 뜻보다 어수룩하여서 이용하기 좋은 사람을 말하는 것이다. 그럼 그 '어수룩하여 이용하기 좋은 사람'은 어떻게 되었는지에 대해서 알아보기로 하자.

어쩌다가 호구가 되었는가?

어쩌다가 호구, 어수룩한 사람이 되었는지가 궁금해진다.

사전적으로 '어수룩하다.'는 뜻을 보면 '겉모습이나 언행이 치밀하지 못하여 순진하고 어설픈 데가 있다.'는 뜻과 '제도나 규율에 의한 통제가 제대로 되지 않아 매우 느슨하다.'는 뜻을 가지고 있는 것으로 나온다.

첫 번째의 이야기를 보면 '겉모습'이란 내용이 나오는데 무시하거나 가볍게 생각하면 안 되는 내용이다. 사람은 시각의 동물이라고 하는 만큼 오감 중에서 시각을 가장 많이 사용하고 있으며, 시각에서부터 좋지 않은 모습을 보여 준다면 결코 좋게 볼 수가 없는 것이다.

이는 호구뿐만 아니라 우리가 쉽게 생각할 수 있는 여러 가지의 상황에서도 마찬가지로 적용이 된다. 취직하기 위한 면접의 자리에서도 외모가 합격과 불합격을 나누는 판가름이 되고 있다 하고, 서류에서도 조차 사진을 통해서 우리는 사람의 모습을 떠올리고 함께할 수 있는 '상(像)'을 보고서 구분을 하고 있다고 한다. 더 간단하게 표현을 하자면 새로운 학교, 직장, 지역으로 가게 되었을 때 만나게 되는 사람을 우리는 말과 행동을 보기 전에 그 사람의 전체적인 비주얼부터 보게 된다.

그리고 거기서 우리 역시도 호불호가 나뉘게 되는데, 우리가 호구가 되기 위한 조건을 달성하고 있지 않은가 하는 생각을 가져 봐야 한다. 그만큼 외적으로 보이는 모습은 가벼워 여기는 것이 아니라 중요시 여기며 무겁게 생각하고, 우리가 집 밖으로 나갈 때, 한 번 더 어떤 모습으로 자기가 비치고 있는지 확인하고 나갈 필요가 있다. 해결에 관한 이야기는 '2부'에서 자세히 이야기하겠다.

다음은 '언행'이라는 말이 나오고 있다. 외적으로 보인 다음에는 사람이 낼 수 있는 액티브(Active)함에 있는 것이다. 모델과 마네킹이 다른 점은 플라스틱이냐 피부냐의 차이가 아니라 바로 이 활동적이며 살아 있는 모습을 말할 수 있다. 먼저 말을 생각해 보면 '말'은 사람을 살릴 수 있고, 죽일 수 있으며, 움직이게 하고, 생각하게 하는 마법이라고 할 수 있게 된다. 말을 잘하면 천 냥 빚도 갚게 된다는 말이 있지 않은가. 물론 천 냥이나 되는 빚을 무슨 말을 잘해서 퉁칠 수 있는 것인지, 무슨 멘트를 날려서 그 빚을 갚을 수 있는지는 나도 궁금하다. 그렇지만 충분히 말에는 힘이 있다는 사실은 정확한 내용이다.

이 책에서 나타내는 탈출의 노하우도 바로 '말'의 방법에 대해서 정리를 해 두었으며, 말을 하는 것에 대해서 장황하게 할 필요도 없으며, 그렇다고 너무 과묵할 필요도 없다. 나 자신을 알리고 내 위치를 확립하려는 방법은 말에서 비롯되기 때문이다.

그리고 다음 행동. '행동' 역시 중요한 역할을 하고 있는데, 사람을 판단하는데 10점 만점 중에 말이 7점이라면 행동이 3점이라고 할 수 있다. 각각 5점씩 5:5의 비율이 아니라서 깜짝 놀랐는가? 그렇지만 말만 잘해서는 결코 좋은 결과를 가져오기란 힘들다. 내가 위에서 말이 7점이라고 했지만, 7점 만점을 받는 사람은 이 세상에 극히 드문 사람들이다. 결국, 우리는 보다 낮은 점수이지만 우리의 가치를 충분히 끌어올려 줄 수 있는 행동의 중요성을 알아야 하며, 어떠한 행동이 우리를 깎아내리게 되고, 어떠한 행동은 우리를 높게 만들어 줄 수 있는지에 대해서 알아야 한다.

다음은 '치밀하지 못하다.'는 뜻에서 '치밀함'은 자세함과 꼼꼼함을 뜻하는데, 이는 즉 우리의 보이지 않는 갑옷을 뜻할 수 있다. 외모가 치밀하지 못한 것으로 총알이 관통할 수 있는 구멍이 생기게 되고, 말이 치밀하지 못한 것으로 화살이 관통할 수 있는 구멍이 되며, 행동이 치밀하지 못하면 칼날이 관통할 수 있는 구멍이 되어서 결국에는 갑옷이 아니라 맨몸으로 상대를 마주하게 되는 것과 마찬가지이다.

사회는 언제나 전쟁터이며 서로 먹고 먹히는 관계 속에서 살아가고 있는 우리가 상대의 공격으로부터 방어할 수 있는 갑옷이 존재하지 않는데 어째 상대의 공격을 막아낼 수 있었겠는가.

상대의 무자비한 공격을 받게 되었을 때, 당연히 공격이 그대로 우리를 피부를 찢고, 뼈와 살을 가르게 되면서 우리는 호구가 되었을 수밖에 없던 것이다.

뒤에 나올 우리의 갑옷을 만드는 방법만 알 수 있도록 우리는 절대 상대의 공격으로부터 쉽게 당해버려서 상대에게 놀아나거나 이용당하는 일은 대폭 줄어들게 될 것이다.

다음은 '순진하다.'는 뜻을 보면 '순진'이란 말은 학교 들어가기 전까지만 딱 좋은 말이라고 할 수 있다. 학교에 들어가서 제대로 친구가 생기기 시작하고부터는 '순진'이란 말이 과연 좋게 쓰일 이유가 있을까? 순진하다는 것은 우리가 동물을 말할 때, '순한 동물'이라는 말과 비슷한 것이다. 순한 동물이 왜 좋은

가? 우리 사람의 말을 '잘 따르고', '절대 위협을 가하지 않는다.'는 생각을 하고 있기 때문에 우리가 순한 동물을 좋아하는 것이다. 그 말은 순진하다는 것은 이용해 먹기 딱 좋고, 절대로 내가 하는 말에 토를 달지 않고 시키는 대로 해 주는 사람을 순진하다고 하는 것인데, 학교, 아니 유치원, 어린이집에 들어가기 전 어린 꼬마 애들이 부모님의 눈과 손에 의해서만 성장을 하고 있을 때, 말 잘 듣고 어디론가 막 돌아다니면서 사고를 치지 않을 때만 순진하다는 말이 좋게 쓰일 수 있다. 생각해 봐라! 과연 어디서 '순진하다.'라는 말이 초등학교를 들어간 이후부터 좋게 들을 수 있는 때가 있었는지.

끝으로 '어설프다.'라는 뜻이 있는데, 이는 '치밀하다.'의 정반대의 말로 생각할 수 있다.

위에서 치밀함에서 말했듯이 우리의 갑옷이 어설픈데 상대방의 공격을 제대로 막을 수 있겠는가? 더 나아가 공격을 할 대상을 선정할 때, 치밀함을 떠나서 적당히 평범하고 일반적인 갑옷을 갖춘 사람과 어설프게 갑옷을 갖춘 사람이 있다고 치자.

당신이라면 어떤 사람에게 공격하고 싶은가? 진짜 만화나 영화에서 나오는 주인공들처럼 강자는 강자만을 사냥한다는 현재 우리의 사회 속에서 레전드급으로 존재할 만한 인물이 아니라면 나라도, 당신이라도 어설픈 갑옷을 갖춘 사람을 공격할 것이다.

즉, 여기서 말한 '비주얼(Visual)', '말(言)', '행동(行動)'을 어떻게 하느냐가 결국 호구로 만들고 말고를 결정하는 이유라고 볼 수 있으며, 이 점만 변화를 주고 바꿀 수 있다면 호구로 안 보일 수 있게 된다는 점으로 해석할 수 있으며 호구로 안 보인다면 적어도 보통 사람들에게 호구 취급을 당하지 않을 수 있고 어느 정도 탈피할 수 있게 된다는 것이다.

어수룩하다는 다른 뜻으로 '제도나 규율에 의한 통제가 제대로 되지 않아 매우 느슨하다.'라는 뜻이 있는데 내용만 본다면 '당나라 군대'라는 말이 가장 최적이지 않을까 생각하며, 다른 말로 표현을 하자면 '개판 오 분 전'이라는 말도 떠오르게 된다. 즉, 어느 국가라도 쉽게 보고 공격을 할 수 있는 상황이라는 뜻에서 '호구'라고 표현을 할 수 있는 점이다.

별도의 얘기를 하자면 당나라 군대는 몽골군 이전에 아시아 최강의 군사 국사로 알려졌으며, 한반도의 강대국이었던 백제와 고구려를 멸망시키고, 동유럽까지 세력을 확장하면서 뻗어 나갔던 강한 군사 국가였다고 하는데, 어떤 국가도 평화로워지면 군대의 군기가 빠지고 해이해지면서 호구로 보게 되고, 결국 망하게 되는 결과를 초래한다고 한다.

이처럼 2부에서 나오는 여러 가지 방법으로 호구의 모습을 보이지 않을 수 있지만, 거만, 오만, 자만에 빠지게 되면서 나태함에 빠지게 된다면 자연스럽게 우리는 당나라 군대 마냥 다시 호구가 되면서 누군가에게 이용당하고, 먹혀 버리는 상황이 오게 될 것이다.

어떤 사람이 호구 짓을 하는 사람일까?

그럼 어떤 사람이 호구 짓을 하는 사람이라고 하는지 한 번 알아보자.

상상해 보자. 지금 머릿속에 있는 호구의 이미지를. 물건을 사러 가서 별로 필요도 없고, 안 좋은데 게다가 비싸기까지 한 물건을 좋다고 구매를 하고, 친구들이 힘들다가 조금만 하면 보증까지 서주고, 밥 사줘~ 술 사줘~ 큰돈부터 적은 돈까지 다 친구들한테 이용당한다. 남자라면 여자친구, 애인, 부인에게 금전적인 보상을 해줘야 겨우 함께 있어 주는 정도의 사랑이라고 믿지만, 그 여자는 다른 남자와 사랑을 하는 안타까운 상황이다. 여자라면 남자에게 자신의 몸과 마음, 금전과 시간까지 모든 것을 다 주면서 이용당하고 결국 남자는 수많은 여자를 만나고 다니는 이런 눈물 나는 상황에, 집에 가면 가족들이라도 이해를 해 줘야 하는데, 가족들에게도 가족으로서도 식구로서도 아닌 '일하는 사람' '밥하는 사람' '집안일 하는 사람' 등의 취급을 받는 이런 세상에서 가장 불쌍한 사람만 호구일까?

일단 나는 위와 같은 사람이 영화나 드라마 속에만 나오니깐 그냥 웃으면서 보고, 답답해 속 터지면서 '저러지 말아야지.'하면서 보는데, 어차피 가상의 인물이니깐 그럴 수 있다고 칠 수 있다.

그런데 과연 그런 사람만 '호구'일까? 지금 위에서 설명한 모든 조건을 만족하는 사람만은 호구가 아니다. 일부의 조건이라도 만족하는 사람은 '호구'라고 할 수 있다. 그리고 여기서 '나는 위에 조건은 아니야~'라고 생각하는가? 대학생이라면 조별 과제를 할 때, 조장이라고 허수아비도 아닌 호구 아비를 만들어 두고서 발표, 자료 수집, 정리, PPT 작업까지 다 떠넘기는 경우는 안 발생하는가?

남자라면 군대 갔다 왔더니 여자 후배들이 "선배님~^^"이러면 '난 절대 밥을 사 주지 않겠어!'라는 다짐이 무슨 손톱 깎을 때 날아가는 손톱의 속도만큼 빠르게 녹아서 '어, 그래 배고프지?'라면서 밥 사주는 일은 없는가? 여자 선배라고 무사한가? 친근감 있게 칭찬으로 다가오는 어린 여자 후배들로부터는 어떻게든 넘길 수 있는지, 그리고 학교에서 잘생긴 편에 들어가는 남자 동기, 선배, 후배가 다가오는데 안 넘어가는가?

물론 다 좋은 의도로 접근한다면 대학 생활에 호구는 존재하지 않을 것이다. 하지만 잔머리를 120%로 가동해서 자기 이익을 취하기 위해서 남을 이용하지 않는다는 일은 절대적으로 없을 것이라 확신한다. 대학 이전의 생활에서도 초등학교, 중학교, 고등학교의 학창 생활에도 분명 호구로 남을 수 있는 상황은 많이 있고, 대학 생활 이후이거나 바로 취업을 한 경우에도 직장 동료, 상사, 후배들에게 호구가 되는 일은 비일비재할 것이다. 아마 이것도 호구가 아닐까? 저것도 호구네. 아~ 맞다! 요것도 호구인데, 이렇게 하면서 호구가 되는 모든 일을 생각해 보면 무수하게 많지만 간단한 질문을 만들어 볼 테니 한 번 테스트를 하면서 내가 호구인지 아닌지를 판단해 보라.

상대방이 자기를 어떻게 볼까 하는 시선을 두려워한다. □
나와 상대방을 제외한 제3자가 자기를 어떻게 볼까 걱정한다. □
상대방이 자기를 어떻게 생각하는지 그 생각에 불안해한다. □
나와 상대방을 제외한 제3자가 자기를 어떻게 생각할까 걱정한다. □
상대방의 말의 진실과 거짓을 구분하지 못하고 쉽게 믿는다. □
정확하지 않은 정보인데 상황에 따라서 휘둘린다. □
누군가에게 아무런 감정도 없는데 도움을 주게 된다. □
상대의 말에 대해서 논리적으로 말을 못 할 것 같으면 말을 안 한다. □
상황 상해야 할 말을 눈치를 보면서 못 꺼내고 있다. □
자기가 호구라고 믿고 있다. □

위의 질문표를 체크하면서 다들 느낌은 받았을 것이다. 솔직히 위의 표는 호구의 질문보다는 소심함의 질문이 더 많다고 할 수 있다.

자기의 어필을 잘 못 하는 소심한 성격의 테스트를 쉽게 정리해서 거의 다이렉트(Direct)로 질문을 했는데, 체크를 전부 No로 했다고 한들 남들은 속여도 자신을 속이지는 못할 것이다.

Yes가 한 가지라도 나왔다고 해서 무조건 '호구'라고 하지는 않는다. 다만 누군가에게 이용당하거나 속을 수 있고, 자기 어필력이 떨어지기에 상대의 공격으로부터 쉽게 침략을 당하면서 호구의 길을 걸을 수 있게 될 수 있다고 본다.

이 세상에
호구가 아닌 사람은 없다

위의 표에서 나왔고, 해석했듯이 상대방의 공격으로부터 우리는 언제든지 공격에 대비해서 상시 무장을 하지 않고 있다. 지금 호구가 되지 말라고 하며, 호구 탈출의 노하우를 가진 나 역시도 누군가 작정을 하고서 나를 '호구'로 만들려 한다면 당할 수도 있을 것이다. 하지만 나는 호구가 되지 않기 위한 여러 방법으로 지식을 습득하고 훈련하면서 트레이닝이 되어 있어서 나를 호구로 만들려는 사람들을 간파하고, 방어하거나 회피할 수 있다.

그리고 나 역시도 누군가를 이용하기 위해서, 또는 상대를 나보다 낮추기 위해서 내가 가진 방법을 잘못하게 사용한다면 상대방은 나에게 있어서 호구가 되는 것이다. 그 사람이 누가 될지는 모른다. 그리고 지금 이 책의 방법을 알게 된 당신들도 호구의 탈피를 벗어나서 누군가를 호구로 만들 힘을 가지게 될 것이다. 하지만 이 방법을 알게 된 당신들끼리 만났을 때는 어떠해지겠는가? 아니면 이미 호구로 만들기 힘든 위치에 올라가 있는 사람들에게는 어떠한가?

현재 우리는 무한 서클의 사회 속에 살고 있다. 나보다 언제나 위에 있는 사람은 사실은 없다. 나보다 나이가 많다고 해서 위치가 나보다 위에 있는가? 나보다 어리다고 해서 나보다 아래에 위치해 있는가?

직책이 높은 사람을 이용할 수 없는가? 직책이 낮은 사람은 언제나 이용할 수 있는가? '갑(甲)과 을(乙)'의 관계는 우리가 스스로 현재 지금 이 시각까지, 그리고 지속해서 만들어가고 있다고 할 수 있다. 그렇다면 우리는 '호구'가 되지 않기 위해서 어떠한 노력과 생각을 하면서 자기 자신을 변화시켜주어야 만이 상대방에게 호구로 보이지 않는 방법이라고 할 수 있는데, 그 방법은 단 한 방의 멘트로 결정을 짓는 것이 아니다. 상대방에게 어떠한 위치로 나를 보여줄 것인가를 나타내 주어야 만이 상대는 나를 절대로 낮게 보거나 약자로 보지 않을 것이기 때문이다.

호구가 호구를 만들고 그 호구는 호구를 만든 호구를 만든다. 말을 하고도 내가 복잡하지만 가위, 바위, 보라고 생각하면 쉽게 알 수 있지 않겠는가?

당신은 호구였는지 알고 있었는가?

· 참으로 듣기 싫은 그 말 '호구'

호구란 말의 뜻에 대한 어원을 인식하면서 당신 스스로 자각하고 벗어날 준비를 해라.

· 당신은 거울 앞에 다가가라

남들이 이상해서 당신을 호구로 만드는 것인지, 당신 스스로 호구가 되기 위해서 생활하는지 인식해라.

· 자신의 그림자를 확인해라

평소에 자기의 모습을 볼 수 없다면 자신의 그림자를 보아라. 그 그림자는 당신이 생각하기에 어떠한 모습을 가지고 있는가?

· 누구나 당하고 살아도 당신은 당하지 마라

이 세상에는 누구나 달인이 될 수 있지 않다. 당신 스스로 달인이 되기 위해서 노력을 해야 하며, 그렇지 않고 어중간한 위치에서 있다면 당신은 발전하지 못하고 결국 달인의 경지에 있는 꾼에게 당할 것이다.

제2장
왜 당신을 호구로 만드는가?

호구가 탄생하는 이유는 무엇인가?

제1장에서 우리는 호구가 무엇인지에 대해서 알아보았다면 이번에는 호구가 왜 만들어졌는지에 대해서 알아보기로 하자.

'호구'는 '어수룩해서 이용하기 좋은 사람을 뜻한다.'고 알게 되었는데, 그 '이용'한다는 뜻에 대해서 파고 들어가 보면 이용한다는 것을 다들 알고 있지만, 사전적으로 해석을 해 보면 2가지의 뜻을 가지고 있다.

하나는 '대상을 필요에 따라 이롭게 쓰다.'며 또 하나는 '다른 사람이나 대상을 자신의 이익을 채우려는 방편(方便)으로 쓰다.'라고 나온다. 여기서 호구를 뜻하는 '이용하다.'의 정의를 후자 쪽으로 생각을 할 수 있다고 보며 '자신의 이익을 위해서' 호구를 만드는 것으로 알 수 있다. 그렇다면 무슨 이익을 발생시키기에 누군가를 호구로 만드는 것이고, 호구가 반드시 필요한 것일지에 대해서도 의문점이 생기기도 한다.

먼저 '이익'을 보자면 사람이 호구가 될 때 금전적인 이유로 바가지를 쓰면서 호구가 되는 경우도 있지만, 그 외에 합당한 지불을 하면서도 호구가 되기도 한다. 사장이 고객에게 바가지를 씌워서 호구로 만들면서 '부당 이익'을 챙기면서 호구를 탄생시킨다. 호구를 만드는 대상이 지인 사이, 친구 사이일 경우에는 사장과 고객의 관계에서는 합당한 지불을 하지만, 지인 또는 친구가 의도적으로 금전을 사용하지 않기 위해서 그랬다고 한다면 '지출 이익'이 발생하게 되면서 호구는 돈은 바가지를 안 썼지만, 분명 이용을 당했다고 할 수 있다.

여기서 친구에게 밥을 사 주면 호구라는 뜻을 전하는 것이 아니라 친구를 만나는 목적이 '밥'이라는 목적을 가지고 있었을 때가 '호구'라고 볼 수 있지 않은가? 친구를 만나는 것을 목적으로 가져야지 어째서 '밥'을 목적으로 갖는가.

전혀 금전적인 관계가 없어도 '호구'가 될 수 있는데, 아무런 감정도 없는 상황에서 무엇인가 자신의 시간 또는 노동을 사용한다면 호구라고 할 수 있다고 본다.

회사에서 동료나 상사에 의해서 잔업을 토스 받았다고 했을 때, 과연 '우리 회사를 위해서 내가 이 잔업을 해야지!'라는 신념을 가지고 일하는 사람이 있을까? 그때 생기는 호구의 감정은 마이너스적인 감정으로 온갖 스트레스의 원인이 될 것이다. 그리고 그렇게 호구를 만든 사람은 자기가 사용해야 할 '시간'과 '노동'이라는 이익을 얻게 되면서 호구를 만든다고 볼 수 있다.

호구가 얼마나 편리한가?

호구가 되는 사람의 입장에서는 스트레스를 받을 수 있고, '그냥 그냥' 하면서 자기도 모르게 호구가 되는 사람들이 있을 것이다.

그럼 호구가 있다면 얼마나 편리할까? '꾼'의 입장에서 생각해 보자. 바가지를 씌우는 '꾼'이라면 고객한테 바가지를 씌워서 부당한 이윤을 취한다면 분명 금전적으로 당장에 이익이 남을 수 있으니 더욱더 적은 숫자의 고객으로 더 많은 수익을 창출하기 때문에 좋다고 할 수 있다.

물론 높은 비용이라고 해서 무조건 바가지가 아니고 그에 맞는 서비스를 제공한다면 더 높은 금액을 제시하여 고객을 만들어서 수익을 창출한다면 그 고객은 호객이 아니라, 말 그대로 기분 좋은, 만족스러운 서비스를 받은 것이다.

이 내용에 대해서 반대의 예시를 들어보겠다.

A 사장은 300만 원의 서비스를 400만 원으로 올렸지만, 고객이 다른 곳에서 300만 원의 서비스와 150만 원의 서비스를 동시에 받는 서비스를 제공하고 있

다. B 사장은 300만 원의 서비스를 250만 원으로 내렸고, 서비스의 질은 200만 원의 수준으로 낮추었다고 하자.

어떤 업체를 이용하는 것이 '호구'가 되는 것일까 생각해 보고, 우리의 개념 속에서 '바가지' = '비싸'라는 생각을 '바가지' ≠ '비싸' 바꿔줄 필요가 있다.

'비싸'의 개념은 우리가 기준점을 어디에 두는지에 따라서 바뀌며 저렴한 바가지가 존재하고 우리는 알게 모르게 그 바가지를 당하면서 '호구'가 되고 있다는 사실을 알아야 한다. 그리고 업체의 거짓말을 보는 눈과 귀가 당신들의 머릿속에 다운로드가 되어서 프로세스가 되어 거짓말 스캐너를 언제든지 작동시킬 수 있어야 한다.

자, 이렇게 살펴보면 호구를 만들면서 금전적인 이익이 생길 수 있으니 호구의 편리성은 상당히 뛰어남을 알 수 있는데, 호구의 시간과 노동력을 가져간다면 얼마나 편리할까 생각을 해 보면 정말 어마어마하게 편리하다고 생각한다.

현실적으로 생각을 해도 직장에서 내가 해야 할 일을 넘기면서 '호구'를 두면 '꾼'은 저녁이 있는 삶과 가정이 있는 삶을 누릴 수 있으며, 운동을 통해서 건강한 삶까지도 가질 수 있고, 취미가 있는 즐거운 삶을 가지게 된다. 반면 호구는 그 모든 삶이 사라지게 된다. 아무런 금전적인 손해를 입지 않고서 엄청나게 큰 손해를 보면서 '호구'가 되는 것이다. 이처럼 호구를 만들게 되면 보다 '덜' 하면서 보다 '더' 즐길 수 있다는 장점을 가질 수 있다. '호구'를 탈출한다면 금전적인 부분은 물론이거니와 감정, 노동, 시간 낭비를 줄일 수 있게 되는 것이다.

호구가 사라지면 어떻게 될까?

'호구 탈출의 정석'을 통해서 호구의 생활을 탈출하면, 앞으로 사회는 어떻게 될지 궁금하지 않은가? 우리가 원하는 깨끗한 삶이 찾아오게 될지 생각해 보는 것이다.

호구를 만들던 바가지를 씌우는 업체들이 없어질 것이다.

전부 다 깨끗한 업을 하기 때문에 고객 만족을 위해서 모두 다 좋은 서비스를 제공하고 어디를 가더라도 같은 돈에 같은 서비스 또는 물건을 구매할 수 있게 되었다.

가령 몇몇 업체가 바가지를 씌우면서 호구를 만들어 내고 있지만, 결국 정직한 업체를 알게 된 사람들의 발길이 끊어지면서 그곳으로 향하지 않게 된다. 바가지 업체는 문을 닫거나 바가지를 더 이상 절대로 하지 않고 깨끗한 업체로 돌아선다.

이렇게 된다면 정말 좋은 세상이라고 생각을 하고 있기에 필자는 그러한 업을 하고 있지만, 솔직히 이렇게 될 경우는 절대적으로 자본주의 경제체제에서는 불가능할 것이며, 혹시라도 이런 현상이 일어나게 된다면 마치 정지되어버린 듯한 세상을 살아가게 될 것이다.

어째서? 모두가 다 같은데 더 노력할 필요를 안 느끼며 누군가를 이기기 위해서 진실만을 말한다면 고객은 메리트를 어디로 가져야 할지 극히 단순해지고, 그 고객은 다른 곳의 사장이 될 수 있으며 그 사장도 같은 고객을 만나게 되면서 모두가 그렇게 된다.

너무 광범위하게 생각했는데, 간단하게 생각해서 바가지를 씌우는 업체가 있어서 돈을 벌고 있으니깐 더 좋은 서비스로 승부를 보려는 업체가 생겨나고, 그 좋은 업체를 이기기 위해서 또다시 새로운 바가지를 씌우는 방법을 연구하면서 이 대립의 구도가 발전에 영향을 미친다는 이야기로 슬라이드 퍼즐에 대해서 알고 있는가?

퍼즐이 한 칸 없어서 위, 아래, 좌우로 밀면서 그림이나 숫자를 맞추는 퍼즐을 말한다. 그 퍼즐은 '한 칸'이 없기 때문에 지속해서 움직일 수 있는데, 만약 그 '한 칸'을 채우게 된다면 더 이상의 퍼즐은 퍼즐이 될 수 없게 되고, 정지의 상태를 그저 이어가게 된다는 이야기를 비유로 든다면 조금 알아듣기 편할까? 이와 같은 내용으로 '호구'를 만들기 위해서 머리를 굴리면서 그 생각을 통해서 나름대로 발전을 거듭할 수 있다는 뜻이다. 마찬가지로 호구를 만들던 지인과 친구가 없어졌다.

이 경우에는 위와 반대로 나는 합당한 생활이 올 수 있다고 본다.

각자 주어진 업무 시간에 노력해서 누군가를 호구로 만들면서 '시간'을 뺏는 일과 '노동'을 만드는 일을 하지 않는다면 모두가 즐거운 삶을 누릴 수 있을 것으로 보이는데, 회사에서라면 그 업무 시간 중에 더 가능할 수 있다고 판단해서 더 많은 업무를 줄일 수 있다. 아마 출퇴근할 때는 도시에서는 엄청난 러시아워가 발생하게 되고, 모두가 저녁을 즐기지 못하지 않을까 하는 생각을 한다.

이렇게 생각하면 '호구가 없어지면.'이라고 생각했는데, 호구가 없어지는 것이 아니라 사실은 모두가 '호구'가 되어버리게 되는 현상이 나타나는 것이다.

그렇다고 '호구'가 필요하다는 것은 아니다. 아마 진짜로 그런 사회가 오게 된다면 어떠한 형태로든지 발전과 성장을 위해서 무엇인가 진행이 될 것이다. 다만 현재 상황과는 많이 바뀌게 된다는 것만큼은 확실하며 그만큼 '호구'라는 존재는 이 사회에 상당한 힘을 가진 존재라고 할 수 있다.

호구를 만드는 꾼은
어떤 사람일까?

'호구'를 만드는 사람을 나는 이 책에서 '꾼'이라고 표현을 하고 있다.

호구를 양산하는 '꾼'에 대해서 생각해 보면 어떤 사람들이 호구를 만들어 내는지 알 수 있고 그 사람들을 이 책을 통해서 배운 내용을 기반으로 '요리'를 해서 역공을 할 수 있을 것이고, 또는 역공을 하기에는 부담스럽거나 두렵다면 회피를 통해서 호구가 되지 않는 방향도 있다. '꾼' 사전적으로 해석을 하면 '어떤 일, 특히 즐기는 방면의 일에 능숙한 사람을 낮잡아 이르는 말'이라고 하며, 호구의 정반대의 사람이라고도 표현을 하고 있는데, 그렇다면 '꾼'은 어떻게 될까 생각을 하면서 '꾼'의 특징을 생각해 보자.

꾼의 특징
① 꾼은 언제나 주변에 사람이 몰려 있다
누군가를 호구로 만드는 사람을 보면 언제나 주변에 무리를 가지고 있는 경우가 많다.

바가지를 씌우는 사람들은 단독으로 일을 저질러서 바가지를 씌우지 않는다. 호구를 만들기 위해서 물밑 작업을 엄청나게 하고, 이때 호구는 그냥 만들어지는 것이 아니라 자기도 모르게 호구가 되어 버리고 만다. 알고서 당하는 호구라면 자신을 한탄하지만, 자기가 호구가 된 줄 모르고 당해버리는 호구만큼 안타까운 일도 없다.

생각해 보라. 알면서 당한다면 자신이 무슨 변화를 주면 호구가 되지 않을 방법을 알 수 있지만, 모른다면 평생 자기도 모르게 호구가 되는 선택을 무한하게 반복한다. 호구로서 삶을 살고, 호구로 살다가 생이 마감하는 거라고 생각을 한다면 이만큼 불쾌한 상황이 있을까. 다르게 생각한다면 모르고 지내기 때문에 행복할 수는 있다고 생각할 수 있겠지만 이 정보화 시대 속에서 모르고 끝까지 가는 경우가 얼마나 될지 궁금하다.

그리고 지인과 친구가 호구를 만들 때도, 한 사람이 다수를 호구로 만드는 경우보다 꾼이 집단을 형성해서 누군가를 '호구'로 만드는 경우가 많은 것을 보았을 것이다. 혼자가 다수를 '호구'로 만들어 버리는 경우가 있다면 역으로 '호구'가 눈치를 채고서 '꾼'을 호구들이 '왕따'를 시킬 수 있기 때문에 꾼의 주변에는 사람이 몰려 있다. 혹시라도 꾼이 호구를 만들고 비난을 사게 되어서 그 무리에서 벗어나게 되더라도 꾼은 다른 곳에 가서도 자기의 위치를 쌓아 올리기 위한 무리를 만들어서 단독으로 있는 경우는 거의 없다.

② 사람에게 먼저 다가온다

'꾼'들의 특징 두 번째로 이들은 누군가에게 먼저 다가가는 습성이 있다.

이에 대해서는 여러 가지의 이유가 있을 수 있지만, 내가 봤을 때는 그 상대방을 호구로 만들기 위한 정보를 알아내기 위함일 수 있고, 자기가 먼저 다가 가기 편해 보이는 어수룩한 사람을 선택할 수 있다고 보고 있다. 반대로 자기 에게 먼저 다가오는 상대에 대해서도 '경계심(警戒心)'이 높은데 반해서 상당히 금방 친화력을 가질 수 있는 능력을 갖추고 있다.

여기서 약간의 의문이 들지 않는가? 경계심이 높은 사람은 마음에 문이 두꺼 워서 보통 잘 열어주지 않는다는 뜻인데 마음의 문을 쉽게 여는 친화력 역시도 높다는 것일지에 대해서 궁금해지며 어떻게 경계심이 높으면서 금방 친화력 을 가질 수 있을까?

꾼들의 특징을 잘 살펴보면 누군가를 호구로 만들어야 할 때, 자기의 정보를 마치 다 알려주는 듯하면서 최대 절반까지만 보여주며 그 이상의 정보는 절대 보여 주지 않고, 그 정도의 정보만으로 상대에게 나는 전부를 보여줬다는 모습 에 상대의 경계심을 약하게 만든다. 자신을 경계하지 않도록 경계심을 풀리는 순간! 바로 그 사이에 깊숙이 침투하는 방법으로 상대방의 정보와 상황을 전부 이끌어 내어서 자신이 필요할 때를 계산하여 언제, 어떻게, 무슨 방법으로 이 용을 해야 할지 캐치를 하는 능력을 갖췄다고 볼 수 있다. 참 대단한 능력을 참 안 좋게 사용하는 경우가 아닐까 싶다.

바가지를 씌우는 사람들을 생각해 보더라도 절대 고객이 올 때까지 기다리 고 있는 경우는 드물고, 자기가 먼저 상대방에게 다가가고 있고, 우리의 지인, 친구들 역시도 우리보다 먼저 다가가서 친근함을 유도해서 자신에게 이익이 될 만하게 사람을 이용하면서 사람을 호구로 만들어 버린다. 이성 관계에서 호 구 역시도 내가 다가갔다가 호구가 되는 경우보다 상대방이 먼저 접근을 해서 호구가 되는 상황이 더 높을 수 있다. 단, 모태솔로처럼 이성에 대해서 방어라 는 개념이 없을 때는 내가 먼저 다가가더라도 그 상황에 꾼들은 순간적으로 판단을 해서 상대의 순수한 마음이 아닌 상대가 가지고 있는 금전, 시간, 노동, 능력을 가져가는 것을 나와 내 주변, 그리고 들려오는 제3자의 이야기를 들은 적이 있다.

③ 모두를 호구로 만들지 않는다

꾼들의 특징 세 번째, 절대 꾼들은 자기가 알고 있는 모두를 호구로 만들면서 이용하지 않는다. 사람을 이용할 줄 아는 방법과 자신의 위치를 쌓아 올리는 방법을 알고 있음에도 그들은 자기가 알고 있는 사람 모두를 오로지 이익의 수단으로만 가지고 있지 않다. 가끔 '꾼'의 탈을 알게 된 '호구'가 꾼처럼 행세하면서 그 기술을 이용해서 자기의 배만 불리게 되면서 나중에 자기 주변에 아무도 없이 쓸쓸하게 지내거나 끝이 나는 경우를 여러 번 봤었다.

그들은 진짜 '꾼'이 아니었고, 호구의 생활에서 '꾼'의 기술 일부를 보면서 주변 모두의 금전과 시간, 노동, 기술을 모두 다 자신의 이익으로 만들려다가 실패를 하게 되어서 그런 처량한 모습으로 떨어지는 것이다. 그러나 진짜 호구를 만들고 자신의 이익을 채우는 꾼들은 절대 모두를 꾼으로 두지 않는다. 그리고 호구를 만드는 방법에 대해서도 누군가에게 전수하지 않는다. 자신이 무리를 떠나야 하는 상황이 오더라도 그 무리에서 누군가는 꾼을 싫어하지 않도록 만들어두고 떠나며 나중에는 그들을 모아서 새로운 무리를 형성하고 또 다른 곳에서 무리를 만들며 다닌다.

이렇게 생각하면 꾼이라는 존재는 호구를 만들면서 국가까지 건설할 수 있다고 생각을 하지 않는가? 그렇다. 역사적으로 건국자들은 거의 꾼의 기질을 가지고 있으며, 국가라는 엄청난 세력을 자기 것으로 만들기 위해서 수없이 많은 사람을 자기의 이익을 위해서 이용하고 금전을 가져왔다. 그러면서 절대 이용을 하더라도 충분한 보상을 주면서 호구로 만들지 않는 심복들을 두었으며, 다른 한쪽으로는 오로지 이용만 하는 '호구'들도 수없이 만들었다.

④ 자기의 위치를 만들어둔다

끝으로 꾼들은 어디서나 자기의 위치를 만들게 된다.

바가지를 씌우는 사람들은 고객을 상대로 힘들지 않겠느냐는 생각을 할 수 있지만, 그들은 밑밥을 만들어두어서 상대를 늪에 빠트려두게 만드는 기술을 가지고 있다. 훌륭한 영업인의 스킬을 그들은 훌륭하지 못한 방법으로 사용을 하고 있다는 것이다.

여기서 착각을 할 수 있는데 영업을 하는 사람들은 '꾼'이라고 생각을 하지 않았으면 하는 바람이 있다. 영업하는 사람들은 회사에서 좋은 상품이 있고, 그 상품이 누군가를 충분히 도와줄 수 있다고 믿고 있기에 우리에게 다가와서 좋은 이야기를 하고, 그 상품을 통해서 우리가 더 나은 삶과 행복을 추구하기를 원하는 것이다. 바로 그런 사람들이 훌륭한 영업인이며 우리가 알지 못하는 여러 가지 정보를 스스로 공부해서 학교 선생님이나 교수님, 가정의 부모님도 아님에도 우리를 위해서 여러 가지 서비스와 정보를 전달해 주는 사람들이다.

우리가 삶을 사는 데 있어서 필요 이상으로 공부를 해야 할 점을 줄여주도록 영업인이 대신 공부를 해서 우리를 도와준다. 그렇기 때문에 나는 절대 사람을 이용하고 자기의 뱃속만 채우는 그런 꾼들과 훌륭한 영업인을 비교할 수 없다고 본다.

그러나 영업인들이라고 해도 전부다 '훌륭한'이라는 말을 붙일 수는 없다. 영업인 중에서도 오로지 자기의 뱃속만 채우는 그런 영업 '꾼'들도 있기 때문이다.

이를 비교해서 사람을 살리는 칼과 사람을 죽이는 칼이라고 나는 생각하고 있다. 사람을 살리는 칼은 식칼과 의료용 메스로 식칼은 사람의 삶을 위해서 음식을 만들 때 사용하고, 의료용 메스는 병든 자들의 고통을 해방해서 우리의 생명을 살려주는 데 사용하고 있다.

그러나 사람을 죽이는 칼은 인간의 생명을 해치고, 금전을 가져가며, 결국엔 모든 것을 빼앗아 가는 칼이 된다. 같은 칼이라도 명백하게 사용하는 방법에 따라서 틀린 것이다.

훌륭한 영업인들 역시 고객을 위해서 많은 바탕을 두지만, 꾼들은 그것을 악용하여서 고객을 만드는 것이 아니라 '호구'를 만들기 위해서 사용을 하고 있다는 점에서 다르다.

바가지를 씌우기 위해서 상대방이 고객으로서 찾아오게끔 하여서 호구로 만들 수 있다지만, 바가지가 아닌 지인과 친구, 이성 관계에서는 어떻게 위치를 만들게 될까?

지인의 관계에서 직장의 상황이라면 상하관계가 확실하기 때문에 꾼들은 하급자를 꾼으로 만들기 쉽다. 그러나 하급자가 상급자를 꾼으로 만들 수도 있는데, 그 경우에는 자신의 위치를 상대보다 압도적으로 낮게 만들어서 호구가 스스로 위의 자리에서 내려와서 자기와 비슷한 눈높이로 볼 수 있도록 한 후에 조금만 올라가면 상급자를 호구로 만들 수 있다. 즉, 상대방을 방심하게 만드는 방법이라고 하는데, 이 스킬을 사용하는 꾼들의 경우에는 위로 올라가면 갈수록 호구를 만드는데, 가령 꾼의 기질을 가진 사람에게 사용하다가 걸리게 되면, 나중에 상당히 대립 관계를 가지게 될 것이다.

그리고 친구와의 관계에서도 호구로 만드는 사람이 말도 거의 없거나 존재감이 없거나 있으나 마나 하는 그럼 친구가 우리를 호구로 만드는 경우는 거의 없다. 우리를 이용하며 자기의 뱃속을 채우려고 한다면 아무리 호구 취급을 자주 받는 사람이라도 나를 호구로 보고 있고, 지금 호구로 만들려고 하는 것을 눈치챌 수 있게 된다.

그 상황에서 호구끼리 동질감을 느끼고서 '그래, 네가 이럴 때 아니면 누굴 호구로 만들어 보겠느냐고, 내가 너의 호구가 되어 줄게. 실컷 이용해봐.' 하고서 교회 목사님이나 법당의 주지 스님처럼 너그럽게 이해를 하고서 이용당해 줄 것인가? 눈치를 채는 방법을 배우기 전에 스스로 터득을 하는 당신이라면 앞으로 나올 호구 탈출의 비법에 대해서 크게 궁금해하지 않을 것 같고, 스스로 변화를 시켜야 하는 부분을 읽혀야 한다. 하지만 눈치가 없어서 호구에게 호구 취급을 당하게 된다면 뒤에 나올 호구 탈출의 비법은 당신에게 큰 도움이 될 것이다.

그럼 친구들의 사이에서도 친구를 호구로 만드는 꾼 친구는 과연 누구일 생각을 해 보면 바로 답이 나오게 된다. 그렇다. 우리 주변에 친구들 사이에서 어느 정도 입지가 있는 친구가 친구들을 호구로 만들어서 이용해 먹는 경우가 많이 있다.

자기의 위치를 만드는 꾼들은 무엇인가를 가지고 있는 경우가 있고, 그것을 이용해서 자기의 위치를 정하고 만들어 둔다. 그렇게 그 위치에 올라가거나 쉽게 넘보지 못하는 사람들을 어수룩하게 보며, 자기의 뱃속의 상황에 맞도록 계산을 하여서 이용하고 갈취하며 사람을 호구로 만들어 버린다.

마지막으로 이성과의 관계에 대해서도 알아보자.

위에서 잠깐 언급을 했고, 내가 '픽업아티스트'는 아니지만, 한동안 수없이 많은 이성을 길거리, 대중교통, 술집, 찜질방, 여행지, 숙소 등에서 헌팅을 했었고, 그 내용을 통해서 알게 된 사실이지만 남녀의 관계에서만큼은 '호구'가 있어서는 안 된다고 깊은 생각을 하고 있다.

자동차 서비스를 이용하는 데 있어서 정비할 때, 튜닝할 때, 세차할 때, 중고차를 구매할 때 등등 바가지를 씌우는 사람이 있어서 착한 업체를 찾아주는 '마스터즈'를 운영하면서 전문가를 더욱더 전문가로 빛나게 해 주고 있고, 친구들과의 관계에서도 내 자리와 위치를 만들어 두고서 '꾼'이 되지 않기 위해서 누군가를 이용하는 경우도 없으며, 필요시에는 정당한 대가를 지불해 주면서 나는 '꾼'이 되지 않고, 상대는 '호구'로 만들지 않는다.

그러나 남녀의 관계는 조금 다른 관계에 있다. 아예 파트가 전혀 다르다. 내가 남자라서 페미니스트에 대해서 좋지 않게 생각하는 경우도 있지만 반대로 여혐을 하는 사람들도 나는 절대 이해를 안 하려고 하고 못 하겠다.

남자와 여자, 여자와 남자가 만나서 좋아하는 일이 '거래'로 보는 경우가 지금 이 시대에 너무 많다. 능력 있는 남자는 어떠한 조건을 만족하는 여자를 찾고, 그러지 못한 여자와는 서로 좋아지려고 하지 않고, 능력 있는 여자도 어떠한 조건을 만족하는 남자를 찾고, 그러지 못한다면 거들떠보지도 않는다. 물론 호구가 되는 조건에서 외모, 말, 행동만큼은 당연히 갖추어야 하지만 그 점에서 전혀 이상이 없는 사람이고, 친구들, 지인들 사이에서 '호구'가 아닌 '꾼'의 위치에 있다. 바가지를 절대 당하지 않는 합리적인 사람도 이성 관계에서 호구가 되어 버리기도 한다.

이는 남녀 사이에 갑과 을의 관계가 생겨나고, 사랑을 거래로 생각하는 것이 아닌가. 여기서 일부 남자들은 '여자에게 무엇을 해 줬기 때문에 여자는 당연히 몸을 줘야 한다.'라고 생각을 한다면, 성매매가 합법인 나라에 가서 그 돈으로 즐기고 와라. 당신은 사랑할 자격이 없다. 그런 남녀의 사랑 관계에서 '목적'을 가지고 있으니 당연히 실패한 사랑을 하게 되고, 누군가는 '호구'가 되어

버리는 것이다. 남자가 여자에게 위치를 만들어 주고 여자를 '꾼'으로 만들도록 해 준다고 나는 보고 있다. 일부 남자들은 여자들에게서 자신을 '꾼'으로 만들어서 여자를 이용하는 목적을 가진 존재, '카사노바'가 되기도 하는데, 말이 좋아서 카사노바이지 여자를 호구로 만들면서 이용하는 사람은 '쓰레기'라고 불리게 되는 것이 정상이 아닐까 싶다. 마찬가지로 '남자 등골을 뽑아 먹는다.' '뒤통수 친다.' 등의 남자의 순수한 사랑을 남자의 배경으로만 보고서 판단을 하는 여자들 역시도 '쓰레기'라고 불리는 것이 가장 알맞은 표현이다. 무슨 '김치, 된장'이라는 이상한 표현으로 남녀 사이의 거래에 대해서 당연하다, 아니다는 말을 하는 것이다. 그렇기 때문에 나는 이성 관계에서 있어서 누군가를 호구로 만드는 '꾼'은 호구가 되는 쪽이 잘못이라고 보고 있다.

그 외에는 호구 탈출을 위해서 모르고 당하거나 알면서 당하니깐 변화의 방법이 있지만, 이 상황은 얘기가 달라지기 때문이다.

다시 한번 말하면 이성 관계에서 있어서 호구가 만들어지는 건 사랑이 아니라 거래의 관계를 생각했기 때문에 호구가 탄생하게 되는 것이다.

필요하니까 만들어지나? 만들어져서 필요한가?

· 이유는 알고 호구가 되어라

무슨 이유에서 호구로서 자기가 아닌 누군가를 위해서 생활을 했던 것인지 알고 있다면 그 상황을 탈피하는 데 큰 도움이 될 것이다.

· 가장 편리한 사람은 호구?

자기를 위해서 누군가 노력을 해 주었는데, 이에 따른 보상을 해 주지 않아도 된다면 정말 좋지 않겠는가? 아쉽게도 지금까지 당신이 그렇게 삶을 지내고 왔다는 사실을 인지함으로써 자극을 받아라.

· 호구의 종말은 세상의 종말인가

편리한 존재의 부재만으로 그들을 부리던 사람들은 어떻게 되겠는가. 당신이 호구의 탈출을 하기 위해선 그들에게 얼마나 가치 있는 존재이며, 필요한 존재임을 알려주는 것으로 당신을 가볍게 여기지 않고 존중하며 그에 따른 댓글을 받으며 호구 탈출의 시작 절차를 밟을 것이다.

· 호구를 만드는 존재들

사람을 이용해 먹는 사람들은 그들만이 가진 특별함이 있을 것이다. 그렇기 때문에 당신이 지금까지 힘들게 누군가를 위해서 에너지를 소비했다면 그들을 분석하는 것으로 탈출법에 대해서 감이 잡힐 것이다.

제2부
호구 탈출의 정석

당신 스스로 호구라고 생각을 하는 것만으로도 충분히 이 책에서 당신이 얻어갈 것은 많기 때문이다. 지금 내가 여기서 이야기를 한 내용은 당신과 공감을 하기 위함보다 당신이 호구 탈출의 비법, 노하우를 당신의 머릿속에 다운로드 받아서 프로세스 화 시켜서 이용할 때 안 좋은 길로 빠지지 않도록 말해주기 위해서 쓴 내용이다.

자, 지금까지 호구란 무엇이고, 호구가 탄생하게 되는 이유, 그리고 호구를 만드는 존재 '꾼'에 대해서도 알아보았다. 정말 여러 가지의 이유로 이용당하기 쉬운 호구가 만들어지고, 사람을 이용하기 위해서 머리를 안 좋은 쪽으로 사용을 해서 사람을 호구로 사용한다. 지금까지의 이야기를 보면서 당신이 생각하던 호구가 어긋난 점이 있는가? 혹시 내가 당신의 색다른 호구를 캐치하지 못했다고 해도 괜찮다.

당신 스스로 호구라고 생각을 하는 것만으로도 충분히 이 책에서 당신이 얻어갈 것은 많기 때문이다. 지금 내가 여기서 이야기를 한 내용은 당신과 공감을 하기 위함보다 당신이 호구 탈출의 비법, 노하우를 당신의 머릿속에 다운로드 받아서 프로세스 화 시켜서 이용할 때 안 좋은 길로 빠지지 않도록 말해 주기 위해서 쓴 내용이다.

'꾼'이라는 표현을 하는 이유 역시도 절대 좋은 사람을 지칭할 때 우리는 '꾼'이라고 표현을 하지 않고 있다. 선생님을 말해도 '선생 꾼'이라고 말하는 경우는 없고, 우리를 법적으로 불리한 상황을 극복시켜주는 변호사에게도 '변호 꾼'이라는 호칭을 사용하지 않는다. 그만큼 꾼이라고 표현을 한다는 것은 그리 좋은 내용이 아니기 때문에 당신은 이 방법을 통해서 '꾼'이 되지 않기를 바랄 분이다. 그럼 호구 탈출의 방법을 알면서도 호구로 살라는 뜻은 아니다. 호구 탈출을 했고, 좋은 방법으로 이 내용을 사용한다면 나는 '호구'를 탈출한 당신에게 '달인(達人)'이라는 호칭을 사용하려고 한다. 어떠한가? '꾼'보다 '달인'이 되면 훨씬 있어 보이고, 나아진 존재로 보이지 않는가.

달인의 뜻을 사전적인 내용으로 알아봐도 '학문이나 기예에 통달하여 남달리 뛰어난 역량을 가진 사람'이라는 뜻과 '널리 사물의 이치에 통달한 사람'이라는 뜻을 가지고 있는데 꾼의 '어떤 일, 특히 즐기는 방면의 일에 능숙한 사람'보다 더 좋은 뜻으로 누가 봐도 느껴지지 않는가. '학문이나 기예에 통달'이라 하는데 솔직히 '학문'은 내가 알려주지 않는다. 학교 가서 배우거나 학원에 가서 배우길 바란다. 하지만 '기예(技藝)'는 예술적인 기술이라는 뜻으로 앞으로 나올 여러 노하우가 바로 기예가 될 것이며, 당신들이 그 내용을 알게 된다면 통달할 것이고 그렇게 된다면 남달리 뛰어난 역량을 가진 사람이 될 것이다. 즉, '호구'라는 보통 사람보다 낮게 취급을 받는 당신이 보통 사람보다 높은 위치로 올라갈 수 있다는 뜻이다. 물론 사람마다 역량이 다르고, 결국엔 분명 어떠한 사람은 이 방법을 통해서 사람을 호구로 만드는 꾼이 될 수 있다고 생각한다.

8:2의 법칙이 있듯이 나는 총 '100%' 중에서 이 책을 통해서 '호구'가 모두 '달인'이 되기를 바라면서 알려주고 있지만, 호구의 생활에서 불타는 복수심과 보상심리가 끓어오르는 사람들은 자기를 호구로 취급했던 바가지를 씌우는 사람, 호구로 보며 이용하던 지인과 친구, 그리고 이성 관계에서도 좋지 않은 역량을 보여주며 '꾼'이 되어갈 것이고, 나아가 가족들에게도 사용해서 부모, 형제, 친척, 시댁, 친가, 외가로 달인이 되어라고 알려준 방법을 '꾼'으로서 사용을 할 것이다. 그만큼 위험한 방법을 당신들에게 나는 알려주고 있다.

이 위험한 방법을 당신들에게 알려주는 이유는 다시 말하고 또 말하지만 '꾼'이 아니라 '달인'이 되라고 하며, 적어도 '호구'로서 그만 생활을 종지부를 찍고서 최소한 '보통 사람'의 위치에 올라서서 '호구'의 취급만큼은 받지 않았으면 하길 바라는 마음이다. 그렇다면 이제 잉크 낭비를 그만하고 당신들이 그토록 궁금해하던 바로 그 내용! 지금 이 글까지 몇 페이지를 넘겨왔던 바로 그 내용!

호구 탈출의 정석. 호구 탈출의 비법, 호구 탈출의 노하우를 알려주도록 하겠다.

제1장
기본을 알면 호구가 될 수 없다

호구가 되지 않는 방법은 많지만, 호구가 되려는 마음을 바꿀 수는 없다

내가 이 책을 통해서 전달하고 싶은 가장 중요한 방법이 아닌가 싶다. 스스로 원해서 호구가 된 사람이 어디 있겠는가. 하지만 있다. 그게 바로 당신이다. '꾼'들이 당신을 호구로 만들기 위해서 얼마나 많은 생각과 노력을 하고, '작업'을 하면서 당신을 '호구'로 만들었겠는가. 아주 쉽게 호구를 만드는 것처럼 보인다면 지금 당장 당신이 당신의 주변에 있는 사람을 호구로 만들어서 금전적으로 이익을 볼 수 있는가? 아니면 누군가에게 무감정의 봉사 노동을 시킴으로 당신의 시간을 만들어 내고, 당신이 해야 할 노동을 대신시킬 수 있는가? 이성 관계가 지금 누군가의 주도하에서 진행되고 있다면 그 상황을 뒤집을 수 있나? 가족관계에서라도 당신의 입지를 당당하게 굳히며, 당신이 원하는 가정으로 흘러가도록 유도할 수 있는가?

지금 이 책. 단 한 권. 그것도 100%도 아닌 80%만이라도 당신의 머릿속에 다운로드하고 설치해라. 지금 핸드폰에 어플을 설치하거나 PC에 드라마, 영화, 애니, AV, 게임, 노래를 다운로드할 시점이 아니다.

당신의 상황을 바꿔주는 방법을 그저 '이런 내용도 있구나.' 한다면 내가 무슨 기운으로 이 책에 담기 위한 공부를 하고서 정보를 담아 줬다고 생각하는가.

당신의 마음을 변화시켜주기 위해서 나는 100페이지가 넘는 이 책에서 당신이 변화의 의지를 깨워서 스스로 갖추게 하려고 지금 이 페이지를 통해서 변화의 의지를 갖췄으면 하고 바라고 있다. 그렇지 않고서 당신의 변화를 끌어내지 못한다면 내가 1페이지가 아니고 100페이지를 쓰고, 1000페이지의 분량으로 당신을 변화시켜줄 수 있는 수많은 정보를 구체적으로 상황별로 정리를 한다고 한들 당신은 변화치 못하고 '호구'로서 삶을 살게 될 것이며, '꾼'에게 이용을 당하고 '달인'을 부러워하면서 지내게 될 것이다. 스스로 변화를 주어야 당신이 원하는 모습으로 변할 수 있다. 이제 TV 방송에 나오는 연예인, 인터넷 방송에 나오는 BJ를 통해서 대리 만족을 하면서 현실의 삶은 호구로 지내지 않는다고 다짐해라.

당신은 그들보다 더 뛰어난 존재가 될 수 있으며, 당신의 가치는 절대 일정 수치로 표현할 수 없다. 지금 당신의 가치를 누군가가 10원이라고 했을 때나 10억이라고 했을 때, 당신은 둘 다 불만족스러워해야 한다. 적어도 당신의 가치를 일정 테두리 안에 가두지 말아야 하며, 무궁무진하게 변화와 발전을 통해서 당신은 스스로가 놀랄 만큼 큰 변화된 삶을 살 수 있을 것이다.

그러기 위해서 당신에게 새로운 습관을 지니는 것이 중요하다. 이제 생각만으로 머릿속에 머무르는 것만으로는 절대 누군가 알아주지 않고, 당신이 생각한 그 내용을 밖으로 표현을 해야만 누군가 당신을 다르게 볼 것이며, 당신 스스로가 위치와 자리를 잡을 것이고, 그렇게 됨으로써 당신은 점차 '호구'가 아닌 보통 사람, 달인으로서 변화가 될 것이다.

이 책의 내용을 하루아침에 변화를 시켜 준다고 해서 당신이 다음 날부터 '호구'의 생활을 탈출하는 것은 쉬운 일이 아닐 것이다.

그러나 나는 분명하게 말할 수 있다. 쉬운 일이 아니라서 하지 않는 자와 쉬운 일이 아니라도 하는 자는 하루, 일주일, 한 달, 1년이 지났을 때, 그들의 모습은 상상했던 모습 그 이상의 변화를 줄 것이다.

당신 스스로 습관을 줄 준비가 되었는가? 지금부터 당신 스스로 '호구'의 입장을 만들었던 생각을 뒤집어서 내가 당신을 당신이 원하는 모습으로 탈바꿈 시켜주겠다. 절대 당신은 현재의 모습으로 돌아가지 않겠다. '호구의 삶을 탈출하겠다.'라는 강한 의지만 갖추고 있으면 된다. '호구 탈출의 정석'에서 당신이 '호구의 구렁텅이'에 빠져서 힘들어하고 있을 때, 밧줄을 던져 주었다면 그 밧줄을 잡고 올라오는 것은 본인의 몫이다. 당신이 그 구렁텅이에서 나올 수 없는 캄캄한 어둠 속에서 잘 보이지 않던 그곳에 갑자기 잡힌 그 알 수 없는 작은 무엇인가를 잡고서 조금씩 조금씩 잡고 올라가다 보면 서서히 그 잡고 있던 무엇인가가 밧줄임을 알 수 있게 되고, 그 밧줄의 끝은 구렁텅이에서 헤어나와서 밝은 빛의 출구가 보일 것이고, 끝까지 본인의 힘으로 그 구렁텅이를 빠져나오게 된다면 더 그 구렁텅이에 들어가는 일 따윈 없을 것이다.

그러나 그 구렁텅이에 나와 이 책을 만나기 전까지 당신은 너무도 오랜 시간을 그 구렁텅이에 빠지는 삶을 살았으며, 그 구렁텅이는 '요마(妖魔)'의 구렁텅이라 밧줄을 잡고 탈출하려는 당신에게 간사한 속삭임이 많이 들릴 것이다. 그곳에서 당신은 밧줄을 놓아 버리게 된다면 본인 스스로 '구렁텅이 밖은 아무나

나가는 곳이 아니야. 처음부터 나갈 수 있었다면 들어오지도 않았어.'라고 스스로 변명과 핑계에 대한 합당함을 찾으며 변호를 할 것이다.

그러나 그 변호는 결코 당신을 '호구'의 삶에서 구원해 주는 변호가 되지 않을 것이다.

'하려고 한다면 방법이 떠오르지만, 안 하려고 한다면 변명과 핑계를 할 뿐이다.'

'변명과 핑계에 변호해서 남는 것은 변화되지 못하고 한심하다고 생각하는 타인의 모습을 비추고 있는 자기 본인의 모습만 남아 있을 뿐이다.'

이 두 가지의 말을 머릿속에 언제나 넣고 다니며, 스스로가 밧줄을 놓아 버리려 할 때 더 움켜쥐고, 밧줄을 한 번이라도 더 당겨 올라가서 빛을 볼 수 있는 자신을 떠올려라. 그리고 변화되지 못하여 구렁텅이 속에서 살아가는 자들에게 구멍 밖에서 새로운 밧줄을 던져주어서 당신의 변화되고 즐거운 삶을 알려주어서 그 '호구'의 구렁텅이 속에는 '호구'를 만들고 '호구'로 당하는 '꾼'들만이 그 구렁텅이에 남아 있도록 하였으면 한다.

그럼 이제 본인에게 어떠한 변화를 줌으로써 자신을 '호구'의 이미지와 멀리 간격을 벌릴 수 있는지 알아보자.

당신을 바꿔 줄 5등급의 습관

지금까지 당신은 24시간을 언제나 살아왔다고 생각하였을 것이다. 하지만 당신은 지금까지 24시간을 살지 못하였다. 하루가 분명 24시간, 1440분, 86400초라는 절대적인 시간이 존재하는데 왜 나는 당신이 하루를 24시간으로 살지 못하였다고 하는 것일까.

당신이 하루에 6시간 이하의 수면을 한다고 하였을 때, 하루의 1/4이 사라지게 된다. 하지만 이 경우는 거의 누구에게나 적용되는 일이다. 잠을 안 자는 사람은 존재할 수 없기 때문이다.

그럼 남은 3/4의 시간 중에서 당신은 당신을 위해서 사용하는 시간이 얼마나 되는지 생각을 해 보자. 출근, 등교 등의 이유로 잠에서 깨어나서 밖으로 외출을 할 것이고, 외출을 위해서 준비를 할 것이다. 그리고 외출의 목적지에서 당신이 할 수 있는 일을 하게 될 것이다. 그리고 퇴근, 하교 등의 이유로 집으로 돌아오게 되고, 수면 전까지 당신은 무엇인가 하게 된다.

이렇게 생각을 하고 있으면 당신은 지금 당신을 위해서 살아온 하루의 시간이 몇 시간인지 계산해 보아라. 그리고 당신의 하루에 행동하는 모든 일을 하나하나 나열을 하고서 등급을 나눠 보자. 등급은 1~5등급으로 나누며, 1등급은 당장 당신에게 필요하고 중요한 일을 적는다. 2등급은 1등급의 일을 해결했을 때만 해야 하는 일로, 당신에게 필요'는' 하고 중요하기'도' 한 일을 적는다. 3등급은 2등급의 일을 해결했을 때만 해야 하는 일을 적는데 당신에게 언젠가 필요할 '수' 있는 일과 '중요할지 모르는 일을 적는다. 4등급은 3등급의 일을 했을 때만 하는 일로 당신에게 필요성이 '있는가' 하는 일과 중요'한가' 하는 일을 적는다. 5등급은 당신에게 절대 필요하지 '않는' 일과 중요하지 '않는' 일을 적어라.

이렇게 나열되었을 때, 당신이 만약에 1등급부터 5등급까지 중에서 어느 한 곳이라도 공백의 난이 있어서는 안 된다. 과연 '당신에게 가장 중요한 일'이 그렇게 많은 것일지 생각을 해 보아라. 나는 분명 '당신에게'라는 조건을 붙여주었다. '누군가에게' 가장 중요하고 급한 일이 아니라 '당신에게' 가장 중요하고 급한 일 1~2가지만이 1등급의 일에 들어갈 자격이 있다. 누군가에게 중요한 일은 3등급, 4등급의 일이 되어야 한다. 지금까지 당신이 '호구'로서 살아온 이유가 바로 '당신'을 중심으로 일을 하지 않고 '누군가'를 위해서만 살아왔기 때문에 이용당하고 손해를 보면서 살아온 것이다.

사람은 누구나 다른 사람에게 필요한 존재가 된다. 특히 '호구'가 될수록 다른 사람에게 필요한 존재의 가치는 점차 높아지게 될 것이다. 사람들에게 이용당하고, 누군가의 행복과 여유, 즐거움, 이익을 위해서 당신을 이용하고, 손해 보면서 힘들게 하는 것이다. 만약 당신이 방금 1~5등급으로 나열을 하였을 때, '당신'을 중심으로 두지 않았다면 다시 한번 더 당신의 하루에 대해서 1~5등급으로 나열을 하고서 '당신'을 중심으로 가장 중요하고 필요한 일을 적어라.

그리고 적기만 해서는 안 된다. 1등급의 일이 끝나지 않았으면 2등급은 하지 않아야 하고, 2등급의 일이 끝나지 않았으면 3등급의 일은 하지 말아야 하며, 3등급의 일이 끝나지 않았으면 4등급의 일을 하지 말아야 하고, 5등급의 일은 앞으로 당신의 인생에서 절대 필요도 없고, 중요하지도 않은 일이니 주저하지 말고, 미련 없이 그 일은 더 이상 하지 말아야 한다. 당신이 5등급의 일을 하게 된다면 당신은 5등급의 일을 하기 위해서 소모된 시간만큼 '보통 사람'들보다 더 적은 시간을 살아가게 될 것이고, 누군가는 당신의 5등급의 일을 통해서 당신에게 하나도 감사함과 고마움의 감정도 없이 당신이 고생하고 힘들어하며, 스트레스받는 것을 당연시하면서 자기는 하루에 24시간을 넘는 시간의 삶을 누리게 될 것이다.

스스로 시간을 만드는 단계를 가지는 습관을 만들고, 시간 관리를 해야 만이 당신을 위한 시간을 만들며 '호구'의 조건을 만족하는 외모, 말, 행동에 변화를 줄 수 있고, 더 나아가 당신에게는 도움이 되지 않지만, 단지 시간을 죽이고 소비하는 4등급의 일을 즐길 수 있을 것이며, 4등급까지의 생활을 한다는 것은 이미 당신은 가장 중요한 일을 마친 당신에게 주어지는 값진 보상이라고 할 수 있다.

습관을 견고하게 만들어 주는
6가지의 원칙

당신에게 필요한 일과 중요한 일을 정하였는가? 그렇다면 그 습관이 작심 3일로 끝나버리고 결국에는 한동안 있었던 해프닝이 되지 않기 위해서 당신이 하루에 자고 일어나서 잠을 깨는 동안의 시간과 잠들기 전에 다음 날을 걱정하거나 공상적인 생각을 하다가 잠이 들지 않고 필요한 생각을 하다가 잠이 들도록 하는 6가지의 원칙이 있다.

첫째, 당신이 원하는 모습을 정확하고 구체적으로 정한다. 단순히 '호구 생활 탈출'이라는 마음가짐보다 구체적인 롤 모델을 통해서 어떠한 모습이 되겠다는 생각을 하거나 어떠한 위치에 있는 사람이 되겠다고 정확하고 구체적으로 상상하고 생각하는 것이다. 순간적으로 누구를 떠올릴 수 있는 당신이라면 정말 좋은 상황이라고 할 수 있다. 당신이 평소에 동경하는 그 사람의 모습이 당신이 될 수 있을 것이다. 그렇다고 지금 당장 당신의 머릿속에 누군가 롤 모델이 떠오르지 않고, 어떠한 모습이 되고 싶은지 상상이 되지 않으며 생각이 되지 않는다면 정말 말도 안 되는 가상의 인물을 생각해 보는 것이다.

그 사람은 사람들에게 인기가 많고, 언제나 즐거운 분위기를 만들어 내는 사람이다. 그리고 사람의 주변에 모인 사람은 하나 같이 그 사람을 이용하겠다는 사람보다 그 사람에게서 도움을 받고 싶다는 마음을 가진 사람들만 그 사람에게 모여 있다. 언제나 멋지고 아름다운 모습을 하고 있으며, 그 모습은 모방해서라도 그 사람을 따라 하고 싶은 마음을 가지게 될 것이다. 사람들은 그가 없는 곳에서도 절대 그를 모욕하거나 험담하지 않고 있으며, 그가 얼마나 대단한 사람이고 좋은 사람인지에 대해서 마치 본인의 일처럼 말이 오르내리고 있다. 그 사람은 사람을 배려할 줄 알며, 누군가를 도와줄 때는 확실하게 기쁜 마음으로 도와주는 모습을 보여주고 그렇기에 그 사람에게 도움을 받은 사람은 하나 같이 그에 합당하거나 더 나아가 그 이상의 보상을 주고 있다. 그 사람도 사람이어서 작은 실수가 있지만, 너무도 그 사람의 모습이 좋게 보여서 그 사람의 실수마저도 모두가 실수로 보지 않으려 하며, 많은 사람이 그 사람을 닮고 싶어 하는 롤 모델의 상징적인 존재이다.

이러한 가상의 인물을 나는 상상을 하고, 생각하고 있었다. 분명 존재하지 않을 사람은 아니다. 지금 롤 모델을 떠올린 사람 중에 이보다 더 좋은 롤 모델을 떠올린 당신도 있을 것이며, 이보다는 아니지만 하는 당신도 있지만, 괜찮다. 당신이 원하는 롤 모델에 가까운 사람이 되면서 당신의 장점이 더 성장하게 되고, 당신은 롤 모델보다 더 롤 모델다운 존재가 될 것이기 때문이다.

둘째, 당신이 상상 속의 인물이 되기 위해서 무엇을 할 것인가를 결정해야 한다. 이 세상에 아무것도 안 하고서 변화되고 나타나는 현상은 없다. 하물며 복권에 1등이 당첨되더라도 그 당첨자는 복권을 구매하기 위해서 행동을 하였고, 금전을 사용하였을 것이다.

물론 복권처럼 남의 일과 같은 행운이 따라준다면 좋겠지만, 당신의 상상 속의 인물이 과연 평범한 사람에서 길거리 복권 판매점에서 복권을 구매하고 자고 일어났더니 하루아침에 당신의 롤 모델이 되어 있는가? 그 롤 모델이 롤 모델다워지기 위해서 얼마나 노력을 했을 것이고, 우리는 그 사람이 이미 만들고 걸어간 길을 가기 위해서 어떻게 무엇을 할 것인가 결정하면 된다. 아마 롤 모델 역시 누군가를 상상하고 생각하며 그렇게 되기 위해서 무엇을 할 것인가 결정하고 변화를 주었을 것이다. 당신이 원하는 것을 얻기 위해서라면 무엇인가를 해야 할 것이며, 그 무엇이 더 높고 가치 있는 것일수록 당신이 롤 모델에 가까워지는 시간은 단축될 것이며, 소소하게 미묘하게 변화를 통한다면 롤 모델에 가까워지는 시간이 조금 더 길어질 뿐이다. 단 이때 롤 모델의 단점을 닮기 위해서 무엇인가를 하게 된다면 지금 현재의 모습에서 당신은 장점이 아니라 '단점'을 추가하게 되는 일이 생겨날 것이다.

셋째, '언제까지 어떤 모습이 되어 있겠다.'라고 결정을 하는 것으로 그냥 막연하게 '나는 호구 탈출을 한 달 뒤에 할 거야. 반년 뒤에 할 거야. 1년 뒤에 할 거야.' 이렇게 정하는 것보다는 '롤 모델의 어떤 모습을 따라 하기 위해서 어떠한 모습을 하루에 이렇게 노력을 해서 익숙해지고 나의 모습이 되는 데 있어서 걸리는 최소의 시간을 생각해서 앞으로 언제까지는 그런 모습의 나를 보게 될 거야.'라고 구체적으로 정하는 것이 좋다. 지금 당장 앞으로 당신은 3년 뒤에 '호구'가 안 되어 있을 거라고 내가 예언을 해 주었다고 쳐도 당신이 3년 동안 변화를 위해서 아무런 노력을 하지 않았다면 소용이 없다. 당신은 스스로 하루에 어느 정도의 시간을 사용해서 변화의 1%를 보여줄 것인지를 정해야 한다. 그렇지 않고서는 학교나 학원에서 아무리 좋은 이야기를 듣고 집에 와서 해봐야지, 생각만 하고, 숙제, 시험 준비 외에는 자기 주도적인 공부를 하지 않는 것과 비슷한 상황이 되어 버린다.

넷째, 철저하게 계획을 하였으면 바로 실행으로 옮기는 것이다. 당신이 어떠한 모습이 되기 위해서 어떠하게 하루에 변화를 줄 것이고 언제까지 변화를 완료하겠다고 마음을 먹었다면 주저하지 말고 자신에게 변화를 바로 주는 것이다. 여기서 중요한 내용은 '바로'라는 내용이 담겨 있다. 아마 당신은 이렇게 생각할 것이다. '아, 지금은…' '아직은…' '내일부터…' '이따가…' 등등의 미루는 말을 하게 될 텐데, 그 말을 1시간 뒤에 해 보고, 12시간 뒤, 다음 날, 일주일 뒤, 한 달 후에 해 봐라. 도대체 당신이 원하는 그 시점은 언제인가? 당신의 인생에 당신의 변화를 주려는 방법을 주는 '방학'이 존재한다면 그때 몰아서 해라. 단, 방학이 존재하지 않는다면, 또는 방학에도 같은 소리를 하게 된다면 당신은 지금 바로 실천을 하기 위해서 행동과 말로 표현을 해야 한다. 세상에 '완벽'은 없다. 시간에 의해서 '완벽'은 무너지고 새로운 완벽이 탄생하고 있으며, 그 완벽 역시도 새로운 완벽함에 무너지게 될 것이다.

삼성의 갤럭시S가 나왔을 때, S2를 생각하고서 보급형으로 우리에게 주어진 것이 아니며, 아이폰3G가 나왔을 때도 '혁신'이라며 가장 최고의 작품이라고 생각해서 만들어졌을 것이다. 세계의 명차 롤스로이스 '팬텀'도 지금 8세대의 모델이 출시되면서 롤스로이스에서 만들 수 있는 가장 완벽한 팬텀으로 만들었을 것이다. 하지만 분명 시간이 지나고 나면 그 완벽은 무너지게 된다. 중요한 것은 지금 당장 당신이 실천하고 표현하는 그 모습이 당신에게 있어서 '가장 완벽한 모습'이라고 할 수 있다.

다섯째, 다섯 번째는 쉬운 일이다. 당신이 6가지 원칙 중에서 첫 번째 원칙부터 네 번째 원칙까지 작성하였다면 그 원칙을 글로 적어서 정리하라. 컴퓨터 키보드 타자를 치거나 핸드폰 메모장을 이용해서 적는 것보다는 직접 종이에 펜과 연필로 작성하는 것이 아마 당신의 머릿속에 더 깊게 남아있을 것이며, 그 내용을 쓰면서 신기한 상상과 생각을 하게 될 것이다. 이것은 말로 표현을 할 수 없는데, 마치 당신이 지금까지 만들었던 울타리나 감옥의 벽이 부숴지는 듯한 감정을 가지게 될 것이다. 귀찮아서 그냥 PC에 키보드를 두드리거나 핸드폰 메모장에 넣지 말라는 이유도 다 내가 겪어봐서 하는 소리이다. 키보드로 아마 당신이 방금 내용을 적으려 한다면 롤 모델을 찾기 위해서 인터넷을 들어갈 것이고, 수없이 많은 정보를 보면서 자연스럽게 이걸 적는 것은 2순위가 되어 버리고, 3순위가 되다가 어딘지 안 보이는 순위가 될 수 있기 때문이다. 핸드폰의 경우에 당신이 메모장을 두드리는 그 순간에도 수없이 많은 알람이 울리게 될 것이다. 하루가 다르게 어플을 업데이트하라고 하고, 스팸 문자는 날아오고, 보험 가입하란 전화도 오고, 단톡방에 들어가 있으면 중요한 내용도 아닌데 단톡방은 끊임없이 울리고 있을 것이다. 그리고 핸드폰의 메모장 기능을 그렇게 자주 사용하지도 않고, PC로 작성을 한다면 프린터로 출력을 하려고 하겠지만, 핸드폰으로 작성하고 출력할 가능성은 PC의 1/10의 수준으로 작성이 안 될 가능성이 높다. 그렇기 때문에 나는 이 내용을 정리할 때, 어떠한 전자기기를 사용하지 않고, 종이와 펜, 연필로 직접 작성하는 것을 권한다. 내용을 정리할 때에는 MP3 음악이나 TV의 소리 역시도 우리의 집중을 방해하는 요소가 될 수 있으니 모두 끄고 정리하는 것이 좋다. 이 내용을 작성할 때 당신에게 필요한 전기는 어둠을 밝혀주는 등불과 날씨에서 오는 기온을 시원하거나 따뜻하게 해 주는 기계들에 필요한 전기만이 펜대를 움직이는 당신에게 필요한 전기가 될 것이다. 그리고 모든 것이 정리가 다 되었다면 당신이 가장 많이 보는 곳에 그 종이를 붙여 두어라. 많이 붙여 두면 붙여 둘수록 좋다고 본다. 자주 봐야지 기억에 남고 그 계획을 실천할 것이다.

누군가 보고 물어보는 것에 대해서 창피해 하지 말아라. 누군가 그 글을 보고서 당신에게 물어본다면 당신이 잠시 망각한 일을 다시 할 수 있게 하고, 그 사람에게 나는 이렇게 변화가 되기 위해서 이렇게 했다고 당당하게 말하는 것이다. 안 하기 위해서 변명과 핑계에 대해서 변명을 하던 당신이라면 아마 이 내용은 사실을 변호하는 것이기에 누구보다도 더 말을 잘할 수 있고, 그렇게 변화하려는 모습을 보는 상대방은 당신을 '호구'의 이미지에서 조금 벗어나고 있음을 그 사람도 모르게 잠재적으로 느끼게 될 것이다.

여섯째, 다섯 번째에서 정리하고 적은 내용을 큰 소리로 아침에 일어나서 읽고, 잠들기 전에 양치하고 잠자리에 눕기 전에 읽고 누워라. 여섯 번째의 내용을 하는 것부터가 작은 실천이라고 할 수 있는데, 이때 이렇게 그 내용을 읽으면서 당신은 마치 이미 그렇게 된 것처럼 상상하고 믿기를 바란다. 믿음은 우리를 절대 버리지 않는다. 우리가 믿음을 불신했을 때 믿음이 우리를 저버린다고 생각을 하지만, 믿음이 우리를 저버린 것이 아니라 우리가 믿음을 져버린 것이라고 할 수 있다. '이렇게 말하는 것이 '호구'의 탈출법과 무슨 상관이야?'라고 의문을 가진 당신이 있다면, 일단 해 봐라. 내가 안 되고, 의미 불명하면서 되지도 않을 필요도 없는 일을 실천해 보라고 하는 것이 아니다.

자기의 변화를 상상하며, 생각하고 그 내용을 밖으로 표현하는 그 쉬운 일을 하는데, 그렇게 어려운 일은 아니지 않은가. 나는 당신이 '호구 탈출'을 도와주는 사람이지 '호구'의 생활을 연장하라고 독려해 주는 '꾼'이 아니다. 선배 달인으로서 당신들도 호구의 생활을 탈출하여서 달인이 될 방법을 제시하는 것이니 의문을 갖지 말고 지금 바로 실천을 하는 것이다. 늦었다고 생각할 때가 가장 빠르다는 이야기가 거짓이 아님을 당신도 알게 되고, '오! 뭐야? 진짜 되네?' 하는 신기한 경험을 하게 될 것이다.

습관을 만드는 7가지 노하우

아마 갑작스럽게 5등급으로 일을 나눠 보고, 6가지의 원칙을 지키기 위해서 새로운 습관을 키워야 하는데 그 방법을 알 듯하면서 모르는 것이 당연할 것이다. 좋아하는 일을 하다 보면 자연스럽게 그 일이 습관이 되어 버리거나 자기도 모르게 된다면 버릇이 되어 버리는 것이다.

하지만 그 습관이 꾸준하게 이어지는 것은 단지 그 당시의 즐거움이 있었기 때문인데, 그 즐거움이 사라지면서 그 습관은 안 하게 된다. 어릴 때 평생 장난감과 만화 영화만 보면서 살 것 같았던 우리가 지금은 잘 보지 않고 있거나 보더라도 집에서 혼자 보거나 그럴 것이다.

그런데 우리가 나은 사람이 되고, 지금 호구의 모습을 탈출하기 위해서 새로운 습관을 지닌다는 것은 솔직히 나중엔 즐겁겠지만 지금 당장은 즐겁지 않을 것이다. 그렇다면 즐겁지 않아도 우리 스스로 변화하려는 의지를 갖는 그 습관을 만드는 노하우를 알게 된다면 우리가 보다 '호구 탈출'을 하는 데 있어서 도움이 될 수 있다고 보고, 내가 준비한 7가지의 노하우를 통해서 새로운 습관을 만들어 보길 바란다.

첫 번째, 결심하라. 굳은 마음가짐을 갖는 것이 쉬운 일은 아니다. 당신이 '호구'의 생활을 이제 종지부를 찍기로 마음을 먹고서 지금 이 책을 들고 있다면 그래도 나는 당신의 결심을 믿을 수 있다고 본다. 결심하는 것이 모든 것의 시작이라고 할 수 있다.

뚱뚱했던 사람이 다이어트를 통해서 성형외과도 안 가고 예뻐지고 멋져지는 모습도 다 결심에서 나온 힘이고, 30년을 넘게 담배를 피우던 '애연가(愛煙家)'가 담배를 끊기로 마음을 먹고 금연 껌을 씹거나 참아내는 것 역시도 대단한 결심이라고 할 수 있다.

그런데 그들만큼이나 '호구'의 생활을 탈출하기 위해서 당신이 이러한 결심을 했고 알고 싶다는 것은 분명 당신은 해낼 수 있는 충분한 자질을 가지고 있는 사람이기 때문에 이러한 결심을 했다고 볼 수 있고, 당신은 분명히 '호구'가 아닌 '달인'으로서 거듭날 수 있다고 본다.

두 번째, 예외 따윈 없다. 당신이 어떠한 습관을 지니기로 결심을 하고서 행동을 할 때 예외를 두어서는 안 된다. 당신은 '호구'의 생활을 탈출하기 위해서 이 방법을 알았는데, 당신을 호구로 만들려는 사람을 확인할 수 있는 눈을 갖게 되었다고 하자. 그럼 그 사람에게 반격이나 회피를 하는 방법을 사용해야 하는데, '아, 그래도 저 사람한테는……' 이렇게 예외를 둔다면 무슨 소용인가. 전혀 실천력이 없고, 결심이 무너지게 되는 것이 아닌가? 딱 한 번 눈 감고서 '호구'로 만들려는 '꾼'에게 용기를 내어라. 그리고 다른 어떤 상황에서도 '예외'를 두지 마라. 당신이 호구 탈출을 위한 습관을 만들면서 예외를 둔다는 것은 누구에게는 '호구'로서 삶을 살겠다는 강한 '호구력(虎口力)'을 갖춘 것이 아닐까 싶다.

그리고 술을 마시거나 몸이 아파도 당신이 습관을 하려고 했던 모습만큼은 지켜라. '호구'의 모습으로 절대 되돌아가면 안 된다.

세 번째, 사람들에게 말하라. 호구 탈출을 위한 습관에서 중요한 위치에 있다. 위에서 말한 '6가지의 원칙'에도 설명을 하고 있지만, 다른 누군가에게 당신이 스스로 변화하려는 모습을 가지려 하고 있고, 그러기 위해서 새로운 습관을 지니게 된 것을 말하라. 그 말하는 용기가 당신을 상상했던 그 모습으로 만들어주는 첫 계단을 당차게 올라갈 힘이 될 것이다.

그리고 말하는 힘을 넘어서 당신은 지금 허공이 아니라 당신을 보고 있는 누군가에게 말을 한 것이다. 그 사람이 당신을 '호구'로 만들고 있던 '꾼'일 수도 있고, 당신을 '호구'로 보던 '보통 사람'일 수도 있고, 당신과 같은 '호구'일 수도 있다. 그러나 당신은 말을 하였다. 그렇다면 그 말을 지키지 않을 것인가? 1부에서 호구는 언행이 치밀하지 못한 사람이라고 말을 했는데, 당신이 말을 하고서 그 말을 지키지 못하는 것만큼 치밀하지 못한 경우는 없다. 즉, 다른 사람에게 말을 하는 것은 '호구' 탈출을 위한 강한 용기를 끌어낼 수 있으며, 또한 자신이 한 말을 진정으로 자기의 모습이 되기 위해서 노력을 하는 모습을 보인다면 그 습관 자체가 '호구'로 당신을 보던 눈을 바꿀 힘이 될 것이다.

네 번째, 자신의 모습을 시각화하라. 사람은 시각에 70%를 의존한다고 한다. 그만큼 시각화의 힘은 대단하다. 우리가 AV를 보는 것으로 성적인 욕구가 생겨나고, 공포 영화를 보면서 트라우마가 발생하며, 슬픈 영화를 보고 눈물을 흘리는 것은 그 내용을 우리가 받아들이는 시각을 통해서 받아들이기 때문이다. 그만큼 시작은 중요하며 새로운 습관으로 변화가 되는 모습을 자신이 볼수 있는 시각화되는 습관을 지니는 것은 상당히 중요하다. 습관이라는 것은 내가 어떠한 행동과 생각을 가지게 되는 것인데, 그 습관을 통해서 자신이 스스로 변화된다고 느끼는 그때의 기분은 좋은 일도 없는데 그날따라 괜히 기분이 좋아지는 듯한 그 느낌을 받을 수 있을 것이다. 그리고 시각화가 되는 것은 당신이 그 습관을 철저하게 이행을 하고 있다는 증거이기도 하며, 그 증거를 자기 스스로 느끼고 보게 된다면 의식 속에서 당신은 내가 변하고 있다고 느낄 수 있으며, 무의식 속에서 예외의 상황, 포기하고 싶은 상황에서 신기하게도 '그래도 해야지.' 하는 무의식적인 생각을 가질 수 있게 될 것이다. 그리고 그 시각화된 모습은 이 세상에서 나만 보는 것이 아니라 누군가도 보고 있을 것이고 그 모습으로 당신은 점점 '호구'에서 멀어질 수 있는 길이 생기게 된다.

다섯 번째, 확실하게 말하라. '호구'가 되는 조건 중에 말이 있는데 확실하지 못하게 말하게 된다면 사람들을 당신을 '호구'로 보기 시작할 것이고 언제가 '호구'로서 이용해버리고 말 것이다. 확실하게 말하는 것은 당신의 의지가 그만큼 강하 는 것을 말하게 되는데, 당신이 확실하게 말을 못 한다면 그건 분명 당신이 어딘가 확실함을 가질 수 없는 마음을 가지고 있기 때문일 것이다. 하지만 그 마음 때문에 결국 당신은 습관에 균열을 만들고 새로운 습관이 와르르 무너지게 되는 원인이 될 수 있다. 세 번째 노하우에서 누군가에게 말을 할 때 우물쭈물, 어리숙하게, 흐지부지하게 말을 한다면 그것은 솔직히 하나 마나 한 결과를 가져올 것이다.

하지만 할 때 제대로 확실하게 말을 한다면 분명 다른 사람에게 전달을 충분히 잘 할 수 있으며 그로 인해서 당신이 습관을 다처가는데 롤러기로 다져둔 것처럼 단단하고 깔끔하게 새로운 습관을 자기 것으로 만들어 내는 방법이 될 수 있다. 또한, 눈에는 그 순간이 보이지 않지만, 언젠가 누구에게 당신의 '확실한 태도'가 분명 좋은 쪽으로 보여서 '호구'가 아닌 '호감'으로 보이는 습관의 노하우이기도 하다.

여섯 번째, 꾸준히 연습하라. 별로 재미있지도 않은 일은 '작심삼일(作心三日)'이 되어 버리기에 십상이다. 하지만 진짜 귀찮고, 하지 말까 하는 부정적인 생각을 가지기 전에 그냥 꾸준히 연습하고 연습을 한다면 되게 귀찮았던 일이 어느 순간에는 별것 아닌 것 같고, 처음보다 쉽게 하게 되니깐 이제 그만두기엔 좀 아닌 것 같은 기분이 들게 된다. 그만큼 '꾸준함'은 습관을 만드는 데 있어서 대단한 작용을 한다. 당신이 지금까지 '꾸준하게' 호구가 되어 왔다면 이번에는 '호구 생활'을 탈출하기 위해서 꾸준하게 새로운 습관을 연습한다면 처음에는 내 것이 아니었는데, 어느 순간부터는 다른 사람들이 봤을 때 그 습관이 당신이 원래 가지고 있었던 습관이라고 생각할 수 있게 된다. 물론 좋은 습관일 경우에 한해서의 이야기이다. 꾸준함의 관성은 당신에게 새로운 습관을 멈추는 브레이크를 이겨낼 수 있는 중요한 힘이 될 것이다.

일곱 번째, 변화하는 자신을 사랑하라. 자신을 사랑하라고 해서 'Love', '愛'를 뜻하여 나르시스가 되라는 것이 아니라 'Like' '好'를 뜻하는 내용이다. 결심을 통해서 습관을 만들기 위해서 노력하고 있는 자신을 스스로 칭찬을 하는 것이다. 그리고 자기가 가장 듣고 싶은 말을 스스로 말하여 자기 칭찬을 하는 것이 상당한 효과를 낳는다. 인간은 누구나 무엇인가를 했을 때 그에 따른 보상을 받고 싶어 한다. 그렇지만 '호구'에게는 어떠한 보상도 없다. 아니, 도리어 너를 이렇게라도 이용해 주는 것을 감사하라면서 완전 적반하장으로 나오는 '꾼'들도 존재한다. 그런 꾼들이나 당신을 좋은 모습으로 보지 않고 '호구'로 보는 보통 사람들에게서 당신이 스스로 변화하는 모습에 대해서 칭찬을 기대하기란 어렵다. 그렇다면 내가 듣고 싶은 말을 가장 잘 아는 사람이 나에게 해 주면 된다. 그것이 바로 자기를 사랑하는 방법이라고 할 수 있다. 스스로 칭찬을 하면서 '와! 너 새로운 모습인데? 멋지다.' 등과 같이 마치 다른 사람이 자기에게 해주는 말처럼 자기 칭찬을 한다면 스스로가 지금 잘하고 있다. 좋은 습관을 지니고 있구나 하는 힘을 가지게 되어서 새로운 습관을 형성하는 데 있어서 좋은 힘이 될 수 있다.

아마 이렇게 7가지의 습관을 따라 한다면 당신은 약 30일 정도의 시간이 흘렀을 때, 자신의 습관이 될 것이다. 작심삼일도 10번을 하면 30일이고 그 기간이 딱 한 달 정도 되는 기간이니, 작심삼일을 10번만 반복을 한다는 마음으로 도전을 해 보길 바란다. 분명 새로운 습관을 지니게 된 당신은 내가 언급할 필요도 없이 '호구 탈출'을 하는 데 있어서 필요한 조건을 하나하나 만족을 하면서 '호구'로서 보일 수 없는 자신의 모습을 갖추게 될 것이다.

인내력을 키우는
8가지 방법

위에 설명한 5등급의 습관, 6가지의 원칙, 7가지의 노하우를 하게 된다면 호구 탈출을 넘어서 '달인'이 될 수 있는 최적의 상태가 될 수 있을 것이다. 하지만 그것은 모두 다 하루에 아침에 이루어지지 않는다고 위에서도 설명하였다. 그렇다면 당신이 '호구'의 생활을 탈피하기 위해서 강한 '인내력(忍耐力)'이 필요하게 되는데, 그 인내력이 단단하기만 하다면 언젠가 박살이 나거나 충격으로 균열이 가서 결국 인내력이 못 버티게 되면서 당신이 변화하려는 모습이 되지도 않고, 이상한 모습의 위치에 서 있을 것이다.

그렇다면 끝까지 할 수 있을 때까지 아무리 강한 충격이나 문제에도 탄성으로 되돌아와서 꿋꿋하게 버티는 인내력을 길러야 하는데 필요한 8가지의 방법에 대해서 알려 주겠다.

첫 번째, 명확한 목표. 내가 질문 하나 당신에게 하겠다. '당신의 목표가 무엇인가? 지금 바로 답이 나왔는가? 두리뭉실하게 '달인'이 되기. '롤 모델'로 생각한 누구처럼 되기 등의 애매모호한 답이 나왔다고 한다면 정확하게 정리하고, 어떠한 목표를 정확히 누가 듣는다 해도 알아들을 수 있도록 정리해서 설명해야 한다. 그렇지 않고서는 당신의 명확한 목표가 아닌 멋있는 꿈만 그릴 뿐 어떻게 되겠다는 명확한 목적지가 없기 때문에 당신의 인내에 방해물이 접근했을 때, 그 인내력은 버티지 못하고 끊어질 수 있다. 그렇기 때문에 그 인내를 꿋꿋하게 버티기 위해서 언제나 당신이 볼 수 있는 곳에 '단 한 마디의 문장'으로 적어두고 당신은 명확한 목표가 있어서 지금 습관을 키우고, 생각하며, 변화하고 있다는 것을 인지하라.

두 번째, 소망. 정확한 목표를 가지게 된 이유에 대해서 다시 생각하는 것이다. 롤 모델을 정할 때도 무슨 이유가 있어서 정한 것이 아닌가? 또는 여러 명의 롤 모델을 정한 이유가 있을 것이다. 그 각각의 이유에 대해서 당신의 것이 될 수 있다는 강한 소망을 마음속에 품고 있어야 만이 당신의 인내력은 더욱더 탄탄해질 수 있다. 단순히 유명해서, 멋지니까, 아름다워서, 사람들이 좋아하니깐 하는 이유보다는 '왜' 또는 '무엇 때문에'라는 말을 앞에 한 번 붙여 보아라. 그렇게 한다면 그것이 바로 당신이 되고 싶은 모습의 소망이 될 수 있을 것이다.

세 번째, 자신감. 누구나 자신감이 필요하다고 생각하지만, 정말 그렇게 생각만 한다면 전혀 의미가 없다. 지금 당장 누군가 '호구'로 취급을 하고 있을 때 누군가 도와주겠지 하는 마음보다는 그 '누군가'를 당신 자신으로 만들어야 한다. 당신은 충분히 누구보다도 당신을 구해줄 수 있는 사람이며, 자신을 도와줄 수 있는 사람이다. 그렇게 당신 스스로 자신을 믿는 것이야말로 당신의 인내력을 지탱해 주는 기둥의 역할을 하게 될 것이다.

네 번째, 철저함. 아마 당신 스스로 변화를 하고, 바뀌어 간다면 이제 당신은 '호구'가 아닌 삶을 살 수 있게 된다는 목표와 소망을 가질 수 있게 되는데 그 목표와 소망의 길을 가는 데 있어서 싱크홀이 발생하지 않을까. 길이 막히게 된다면, 갑작스러운 장애물이 있다면 하는 생각을 하게 되고 그 생각은 두려움이 되면서 '포기'라는 인내력을 끊어버리는 최악의 결과를 초래할 것이다. 그렇다면 당신이 그 목표를 이루는 데 필요한 것이 무엇인지를 알았다면 1~5등급의 습관을 구성할 때 나왔던 5등급짜리 불필요한 조건을 어떻게 극복할 것인지에 대해서 철저하게 계획하라. 자신에게 방해되는 것을 제거하는 방법을 알아야 당신은 목적지까지 도달하는데 생기는 무수한 방해물을 피하고 부수면서 달려나갈 수 있을 것이다.

다섯 번째, 지식 정보. 이 내용은 앞으로 내가 알려줄 내용을 비롯한 지금까지 당신이 알고 있던 정보를 다시 한번 더 생각해 볼 수 있는 이야기이다. 가령 당신을 '꾼'들이 호구로 만들고 있을 때 당신에게 무슨 정보를 전달할 것이고, 그 정보가 마치 사실이라고 믿게 되는 순간 당신은 그들에게 당하게 될 것이다. 하지만 그 정보를 확실하게 알고 있는 지식이 있다면 절대로 누군가에게 속지 않을 수 있으며, 정확한 지식을 갖추었을 때, 당신이 목표한 곳으로 달리는 중에 오는 잘못된 정보과 억측, 짐작 등으로부터 당신은 인내력을 보호할 수 있는 배리어를 가지게 될 것이다.

여섯 번째, 집중. 업무를 하더라도 공부를 하더라도 게임을 하더라도, 연애를 하더라도 집중은 반드시 필요한 조건이라는 것을 알 것이다. 집중하지 못하고 산만하고 어수선하다면 절대 곧은길을 가기가 힘들 것이다. 당신의 인내력 역시도 지금 당신에게 필요한 습관을 키우며 당신을 변화시켜 가는데, 당신이 올곧지 못하여 여기저기 집중력이 분산된다면 당신의 인내력은 큰 진동을 일으키고 결국 인내력이 터져 버릴 수 있게 된다. 목표한 길을 정했다고 한다면 그곳을 정확하게 집중하는 것이 당신의 '호구 탈출'하는데 필요한 힘이 될 수 있다.

일곱 번째, 반복. 습관을 키우기 위해서 반복을 하게 되는데, 그 습관을 버티기 위한 힘. 인내력 역시도 반복 때문에 원숙해질 수 있다. 당신이 인내력이 부족해서 중간에 포기한다고 해도 다시 도전하고, 또다시 포기하고 다시 도전하는 그 힘이 있다면 다시 도전하면서 당신은 그 전의 도전할 때보다 점차 목표 지점까지의 길이 짧아져 있을 것이다. 잠시 당신이 방황하였다 해도, 반복적인 습관을 통한다면 인내력은 끝까지 끊어지지 않고 버틸 수 있게 된다. 다만 포기를 하면서 인내력을 깎아 내었기 때문에 집중과 철저함, 지식 정보, 소망, 자신감, 정확한 목표에 대해서도 다시 견고하게 다져둘 필요가 있다. 포기와 도전의 반복을 이끌어 내는 힘이 있다는 것은 아직 당신에게 인내력의 가능성이 보이는 점이며, 당신이 포기하지 않고 쭉쭉 올라가는 힘 역시도 반복에서 나오게 된다. 자동차의 바퀴가 목적지에 도착하기 위해서 수만 번을 회전할 때 수만 가지의 방법으로 회전을 하는 것이 아니라. 단 한 가지의 방법을 수도 없이 반복해서 목적지에 도달하지 않는가. 반복, 그것은 힘들고 지친 당신에게 관성이라는 힘을 줄 수 있는 중요한 인내력의 힘이 된다.

여덟 번째, 사람. 인내력을 키우는 마지막의 방법은 사람이다. 당신이 정확만 목표를 가지고 누군가에게 설명할 수 있도록 하는 것도 사람이 있기 때문이고, 소망을 가지는 것도 누군가와 함께 즐거워질 수 있기 때문이며, 자신감 역시도 누군가 앞에서 당당함, 철저함 역시도 방해물이 될 수 있는 것도 결국은 사람에 의해서 방해물과 장애물이 나타날 것이다. 지식 정보의 습득을 하는 것도 주변의 사람에게서 나오는 잘못된 지식이 당신의 인내력을 뒤흔들 수 있었으며, 집중과 반복도 사람에게서 나오는 부정을 이기기 위한 방법이 된다. 즉, 당신의 인내력을 키우는 데 있어서 가장 중요한 역할을 하는 것은 바로 '당신 옆에 있어 줄 사람'이다.

당신이 알고 있는 세상 모든 사람이 당신을 호구라고 생각을 한다면 당신은 새로운 사람을 사귀어서 당신의 습관을 키우고 인내력으로 버티는 데 힘이 되어줄 사람이 필요하다. 사람을 뜻하는 한자 '인(人)' 역시도 혼자서는 곧게 서 있을 수 없으니 서로서로 받쳐 주면서 버텨내는 것인데, 당신 혼자만으로는 아무리 강한 목표와 소망, 자신감, 계획, 지식, 집중, 반복 역시도 인내력의 한계에서 끊어지게 될 수 있다. 스스로 강하고 탄탄하고 튼튼하고, 견고하고 배려어까지 만들었지만, 결국엔 한 가지다. 그러나 그 순간에 누군가 손을 내밀어주고, 쓰러지는 당신을 받쳐줄 수 있다면 당신의 인내력은 원하는 목표까지 당신이 갈 수 있도록 인도해줄 수 있을 것이다.

몰랐다면 알아야 할 이야기

· 손발은 나중으로 머리부터 바꾸자

아무리 좋은 기술을 알려줘서 눈으로 거짓말을 보고, 멋진 말을 구사하도록 입을 움직이게 하여서 그것을 컨트롤 하는 것은 머리다! 당신의 머리부터 이 책을 다운로드 받을 여유 공간을 만들어라.

· 습관도 금·은·동메달이 있다

바꾸려고 하는데 거치적거리는 것이 있다면 그 일에 대해서 하루를 고민하면서 순위를 매겨라. 중요하지 않은 것에 시간을 투자할 필요가 없다는 사실을 필히 인지하며 말이다.

· 튼튼하지 못한 습관은 그저 해프닝

심지가 없다면 무엇이든 튼튼할 수 없다. 그러니 스스로 습관을 탄탄하게 만들 수 있는 심지를 구축하고, 그 심지로 튼튼한 습관을 다져서 호구의 길에서 벗어나는 것이다.

· 버릇만 있다면 새로 만들자

지금까지의 버릇으로 호구의 삶을 살았다면 그 삶을 벗어날 수 있는 습관을 키움으로써 자신의 버릇을 버리도록 하자. 지금의 버릇만으로 호구 탈출을 하겠다는 것은 불가능에 가깝다.

· 참는 것도 방법이 필요하다

좋은 습관을 생각하고 만들었는데, 그것을 유지하지 못한다면 한순간의 추억일 뿐. 스스로 습관을 버리지 않고 몸에 배고 탄탄하게 다져두면서 시간과 충격에도 버틸 수 있는 인내력을 키우는 것이다. 이 책의 내용이 당신에게 인스톨 될 수 있도록!

제2장
눈에 보이는 게 반이다

눈에 보이는 모습부터 정리하자

당신은 지금 거울 앞에 가서 당신을 머리끝에서 발끝까지 봐라. 그리고 생각을 해라. 당신이 바뀌어야 할 부분이 어디인가를 찾아보아야 한다.

지금 당신의 외모에 전혀 문제가 없는데 '호구'가 되었다면 당신은 그저 잘 모르기 때문에 '호구'가 되었을 수 있으니 이번 장은 넘어가도 좋다.

하지만 외모에 대한 100% 만족을 하는 사람은 이 세상에 단 한 명도 없다고 한다. 누군가의 장점이 있다면 다른 사람에게는 그 장점이 단점이 된다. 가령 눈이 작은 사람은 웃을 때 눈이 ^^ 이런 모양이 마치 그림으로 그린 것처럼 보여서 좋게 볼 수 있지만, 진짜 눈이 작은 사람은 눈 작은 게 콤플렉스일 것이다. 그렇다고 눈이 큰 사람은 단점이 안 될까? 눈이 크면 큰 대로 문제가 있기 마련이다.

하지만 지금 나는 외모에 대해서 지적을 하더라도 예뻐지거나 잘생겨지라고 말을 하고 싶은 것이 아니라. 사람들이 봤을 때, '호구'로 보지 않을 비주얼을 갖추는데 필요한 이야기를 할 것이다. 키가 작은 사람을 '호구'로 본다고 한다면 '키가 작다는 것은' 누구를 기준으로 하느냐에 따라서 달라지기 때문이다. 아무리 키가 180cm인 사람이라고 해도 190cm~2m가 넘는 사람에게는 그저 작은 사람 중에 조금 올라와 있는 사람으로 보일 것이다. 키와 얼굴의 형태는 절대적이기 때문에 금전을 사용해서 조치하지 않는다면 힘들다. 하지만 표정과 몸매는 금전이 필요 없이도 만들어질 수 있다. 여기서 헬스를 받아야 하니 PT를 받아야 하니 하는 이야기보다는 적어도 기본적인 체형을 갖추었으면 하는 마음이다.

뚱뚱한 사람과 마른 사람은 그냥 눈에 봐서도 사람들이 '호감'으로 봐줄 만한 비주얼이 아닐 것이다. 그렇다면 적어도 운동을 한다면, 하루 24시간 중에 1/24 또는 1/48만이라도 본인을 위해서 시간을 사용한다면 많은 변화를 주게 될 텐데, 그저 말을 조금 잘하면 호구로 안 보이지 않을까, 옷을 잘 입으면, 돈을 잘 벌면……. 이런 생각만 가지고 있으니 아무런 생활의 변화가 없이 '꾼'들에게서 '호구'로 보이게 된다. 모든 뚱뚱하고 마른 사람이 호구의 취급을 당하는 것은 아니다. 허우대 멀쩡하면서 호구 취급을 당하는 사람도 있다. 그러나 그들은 호구 탈출을 위해서 다음 장에서 설명할 '거짓을 보는 눈과 귀', 그리고 이 책에서 전반적으로 다룰 '말'의 기술만 알게 된다면 바로 탈출을 할 수 있다. 즉, '달인'으로 올라가는 데보다 빠를 것이다. 하지만 신체적인 조건은 '호구'를 만들 때 보는 비주얼에서부터 감점이 들어간다. 반대로 생각하면 호구가 되는 조건에서 '플러스'의 가산점을 받고 들어간 셈이다. 참 쓸데없이 필요 없는 플러스 점수이지 않은가. 기왕 플러스 점수를 받을 거라면 당신을 호구가 아니라 호감으로 보는데 필요한 점수가 되면 훨씬 더 좋다. 눈에 보이는 것으로 상대를 판단하는 '꾼'이나 '보통 사람'들에게서 당신은 감점을 받지 않아야 한다는 미션을 지금 가지고 있다.

십 년도 전에 만들어진 방법이라고 해서 지금은 효용성이 떨어지지만, 당신의 신장(키)에서 100cm를 빼고 남은 숫자에 남자는 0.9를 곱하고, 여자는 0.8을 곱해서 나온 숫자가 본인의 체중과 오차 범위가 ±3kg 정도라면 다행이다. 지금 당신은 신체적인 비주얼에서는 노력해 왔던 것이라고 할 수 있다. 그러나 그렇지 않은 경우에는……. 노력하자.

헬스장으로 내가 유도를 하는 것도 아니다. 나는 헬스장을 운영하는 사람도 무엇인가 다이어트를 코칭해 주는 사람도 아니다. 나는 좋은 자동차 서비스업을 소개해 주는 '마스터즈'를 운영하는 사람이며, 호구가 되는 사람들을 많이 보면서 그 호구의 공통점과 나와 내 주변에서 호구 취급을 단 한 번도 받지 않은 여러 사람의 공통점으로 지금 당신을 호구 탈출을 위해서 돕는 것인데 여기서 오해는 하지 않았으면 한다. 당신이 필요하면 헬스장을 가거나 무술을 배우면서 당신의 심신을 단련하는 것도 좋은 방법일 것이다. 내가 보았던 천 명 가까운 사람 중에서 운동을 꾸준히 했던 사람 중에서 비주얼 때문에 호구 취급을 받았던 사람은 단 한 명도 없었다. 그리고 당신이 이성 관계에서 호구가 되고 있는 상황이라면 적어도 당신의 신체를 관리하는 것은 매우 필수적인 코스가 될 것이며, 지인 관계, 친구 관계에서도 당신의 신체를 건강하게 유지하는 것만큼 당신을 호구로 보이지 않는 수 없이 많은 방법 중에서 첫 번째 순서로 들어갈 것이다.

다만 바가지를 씌우는 경우에 대해서는 비주얼의 이야기가 끝난 후에 나올 거짓을 읽어내는 방법을 통해서 알아보도록 하고, 계속해서 비주얼에 관해서 2번째 이야기를 진행하겠다.

당신의 옷에 날개를 달아라

아마 운동을 해서 몸을 만들면 당연히 좋겠지만, 운동한다고 해서 하루아침에 변화를 주긴 힘들다고 생각을 할 것이다. 맞는 이야기니깐 부정을 하지 않겠다. 하루 이틀 운동한다고 해서 몸이 좋아질 수 있었다면 아마 누구나 괜찮은 몸매를 만들어서 '몸짱'이 아닌 사람은 진짜 의지라곤 보이지도 않는 사람이라고 취급받았을 것이다. 그만큼 몸매를 가꾸고 만드는 것은 쉬운 일이 아니다. 특이하게 유전적으로 원하는 체형이 약간의 노력만으로 만들어지는 사람이 있는가 하면, 엄청나게 피나는 노력을 해야 하는 경우가 있으니 쉽지 않다. 그렇다고 시작도 안 하고 포기를 하는 것은 절대 금물이다.

당장 몸매를 갖추기 힘들다면 '비주얼을 만드는데 다른 방법은 없는 것일까?' '비주얼을 갖추는데 힘들게만 만들어야 할까?' 하는 생각만 한다면 절대 우주보다 깊은 생각의 늪에서 헤어 나올 수 없게 된다. 우리가 보디빌더 대회를 나가거나 수영장에서 몸매 자랑을 하기 위해서 비주얼을 갖추는 것이 아니라 '호구'로서 보이는 비주얼을 바꾸기 위해서 지금 이렇게 변화를 주려고 생각을 해야 한다. 그렇다. 사람이 몸매가 아무리 좋게 되더라도 알몸으로 다닌다면 그런 '호구'가 아니라 노출증 환자이며 '변태' 취급을 받을 것이다. 물론 그 대상과 다른 이성이라면 그 상황에서 다른 감정이 생길 수 있겠지만, 일반적인 경우에는 알몸이라면 '변태'이다. 즉, 우리 사람은 옷을 입고, 신발을 신으며, 각종 액세서리로 우리를 치장해서 보다 더 좋은 비주얼을 갖출 방법을 알고 있다. 그러나 호구로서 살아가는 당신은 그러한 모습에 대해서 별로 비중 있게 생각하지 않았을 것이다.

내가 지금까지 봐 왔던 수 없이 많은 사람 중에서 '호구'로 취급을 받으면서 '옷'을 잘 입는 사람은 단 한 명도 없었다. 단지 '옷' 잘 입는 사람을 따라 한 것일 뿐, 본인의 스타일에 맞춰서 입고 있는 모습 따위는 본적이 없는데, 마치 자기가 옷에 맞는 사람이 된 듯이 따라 한 패션으로 외출을 하여서 '호구'로서 살아가고 있다. 지금 많은 사람을 볼 수 있는 로데오거리를 다녀보면 10명 중의 5명은 아마 거의 70% 이상 비슷한 패션을 갖추고 있을 것이다. 그것이 무난하니까 이라고 생각하고 입는다고 스스로 생각하고 평범한 것이 최고라고 생각하기 때문일 것이다.

하지만 당신은 어떻게 옷을 고르고 맞추고 있는가? 단지 쇼핑몰의 패션을 보고서 그대로 구매를 하는가? 쇼핑몰 모델이니깐 그 비주얼이 나올 수 있지, 당신이 그렇게 입는다고 해서 그 모습을 연출하기 힘들다는 것은 당신 스스로가 알고 있을 것이다. 가끔가다가 쇼핑몰에서 구매한 옷이 확률적으로 괜찮아 보이면 당신은 '역시 나도 잘 받는 옷이 있다니깐.'이라고 스스로 위안하고, 다음에도 몇 번의 실수로 입지도 않을 '쓰레기'를 만들면서 인터넷 쇼핑을 할 것이다. 인터넷 쇼핑에 대해서는 부정적이지 않다. 나도 그렇고, 내 주변에 옷을 잘 입는다는 지인들은 인터넷에서 옷을 구매하는 경우가 많다. 다만 나도 그렇고 그들도 그렇고 옷을 고르는 방법이 조금 다른데, 옷을 고를 때, 자기 취향에만 정확히 맞추기보다는 보여주는 것에 대해서는 신경을 많이 쓰고 있다. 하지만 인터넷 쇼핑은 혼자 하는 쇼핑이고, 모델이 입고 있는 사진을 캡처해서 카카오톡이나 페이스북으로 어떤 옷이 괜찮을 것 같냐고 물어보는 질문은 서로를 위해서 안 하는 것이 좋다. 아마 이렇게 물어보는 당신은 자신이 인지하지 못하고 있으면서 무엇인가를 골라야 한다는 생각을 하고 있을 것이다. 그런데 상대방의 의견에서 '이견(異見)'이 발생하였을 때 당신은 상대방의 말에 그대로 수긍을 할 것인가? 호구들의 특성에서 이럴 때만 꼭 자기의 주장이 옳다고 믿고 누군가의 말을 듣지 않고, 저지른 다음에 후회하는 모습이 당신의 모습과 어느 정도 비슷할 것이다. 그렇지 않고 상대의 의견을 존중해서 그대로만 맞춰 입는다면 그것도 현명한 방법은 아니고, '호구'의 시작이 될 수 있다.

자신에게 맞는 옷을 원한다면 인터넷이나 잡지, SNS를 통해서 보지 말고, 오프라인의 옷가게를 향하라. 브랜드 메이커 매장으로 향하지 말고, 지하상가에 쭉 이어진 옷가게, 로데오거리에 있는 옷가게 등 번화가에 있는 옷가게로 향해서 그곳에서 자신에게 맞는 옷을 잘 찾아보는 것이 중요하다. 옷을 파는 사람으로서 패션 감각은 누구보다도 뛰어날 것이다. 혹시 지금 당신이 옷을 파는 사람임에도 불구하고 '호구' 취급을 받고 있다면 당신 역시도 다른 옷가게로 향해서 자신에게 맞는 코디를 찾아야 한다. 우리가 비주얼을 맞추는 것은 '자기 만족'을 위해서 맞추기보다는 '상대 만족'이라고 할 수 있다. 상대방에게 호구의 이미지가 아니라 호감의 이미지를 보이기 위해서 지금 비주얼을 맞추는 것이고, 그 모습이 아무리 자기 스스로 만족을 한다 한들 좋게 보이지 않는 이미지라면 지금의 비주얼에 있어서 중요한 열쇠가 될 것이다.

그리고 오프라인의 매장을 다녀도 최소 10곳의 매장을 다녀보면서 자기에게 맞는 스타일을 갖추어야 한다. 인터넷 쇼핑몰이라면 당신을 '호구'로 만들기 위해서 모델과 포토샵으로 작업한 이미지가 당신을 호구로 만들었겠지만, 오프라인 옷가게라면 아마 그곳의 점원, 사장이 당신을 '호구'로 만드는 '꾼'이 되어서 열심히 작업하고 있을 것이다.

하지만 진심으로 추천하는 옷도 존재할 것이고, 10개의 매장에서 교집합을 갖는 그 스타일이 당신에게 가장 어울리는 스타일이라고 할 수 있다. 내가 위에서 브랜드 매장보다는 일반 보세 옷을 파는 곳을 추천한 이유도 브랜드 매장만 간다면 브랜드는 그 시대의 흐름과 유행에 따라서 비슷한 디자인의 옷이 많이 출시되기 때문에 10개를 가든 20개를 가든 거의 50% 이상은 다 교집합이 된다. 하지만 다양한 옷을 취급하는 곳에서는 여러 가지의 스타일을 맞춰볼 수 있으니 분명 당신에게 맞는 스타일을 갖출 수 있다고 본다. 여자들의 쇼핑 시간이 오래 걸리는 이유도 분명 자기에게 맞는 옷을 찾기 위해서 많은 매장을 다니면서 알아보고 비교를 하면서 공통점을 찾기 때문에 쇼핑의 시간이 오래 걸리는 것이 아닐까 생각을 한다. 단, 쇼핑의 시간이 오래 걸려도 '호구' 취급을 받는 상황이라면 '자기만족'을 위한 비주얼을 고집하지 않았는가 생각해 봐라.

우리가 '호구' 탈출을 하기 위함은 상대방으로부터 당신을 호구로 비추어 보이지 않기 위함임을 다시 한번 명심해라. 당신에게 맞는 옷은 분명 '옷이 날개'라는 말이 있듯이 당신의 모습을 더욱더 좋게 보이게 하는 방법이 될 것이다.

컬러의 마술사가 되어라

컬러의 마술사가 되라고 하였다고, 무지개색이라거나 엄청나게 화려한 색의 옷을 입거나 독특한 머리의 색을 염색하라는 것은 아니다. 단지 당신의 메이크업을 생각해야 한다. 아마 여자인 당신은 언제나 메이크업을 자주 하기 때문에 별로라고 생각할 수 있는데, 물론 외모가 아닌 다른 이유에서 '호구'의 상황이 주어졌다면 어쩔 수 없다. 하지만 여자, 남자를 떠나서 기본적인 메이크업은 필요하다. 자신의 외모가 원래 그렇다고 해서 '사진관'에서 사진을 찍고서 찍혀 나온 대로 달라고 말하는 사람은 없을 것이다. 포토샵 등으로 자신의 외모를 거짓을 꾸미는 것이 대부분이다. 이 경우는 남자의 경우도 마찬가지인데, 그렇게 그 거짓된 모습을 원한다면 메이크업을 통해서 당신의 피부의 컬러와 음각을 조절할 수 있다면 분명 좋게 변할 것이다. 요즘은 메이크업의 기술이 뛰어나서 뼈의 구조상 어쩔 수 없다고 할 부분마저도 어느 정도 커버가 가능하다. 진짜 칼 없이 성형수술을 한다고 볼 수 있다.

특히나 남자의 경우에 '남자가 무슨 화장이야?' 하고 하고서 신경을 안 쓰고 다니는 남자들이 많이 있다. 하지만 '꾼'도 그렇고 '보통 사람'도 그렇고 자신의 피부색에 대해서 더 좋게 보이기 위해서 BB크림이나 CC크림 등의 간단한 화장품으로 본인의 모습을 꾸미고 있다. 유독 '호구'로 취급을 받는 남자일 경우 메이크업에 신경이 무딘 경우가 많은데, 자신의 모습을 더 좋게 보이는 습관 역시도 필수이며, 피부의 색깔을 변화시켜주는 컬러의 마술은 상대방으로 하여금 '호구'로 보기보단 '호감'으로 볼 수 있는 확률이 더 높기 때문이다.

'남자가 무슨 화장을~' 이라고 생각을 할 수 있는데, 우리 대한민국이 아닌 다른 국가에서라면 분명 화장을 하는 남자라고 한다면 특이하게 보일 수 있다. 하지만 전 세계에서 대한민국의 남자는 피부의 컬러를 위해서 화장을 가장 많이 하고 있으며, 온라인 쇼핑몰, 패션 잡지 등부터 우리가 미디어 채널을 통해서 접하는 거의 모든 남자는 피부에 화장하고서 우리에게 보여지고 있기에 보다 더 좋게 보이게 된다. 우리 역시도 좋게 보여줌으로써 '호구'처럼 보이지 않기 위함이라는 목적이 있으니 귀찮더라도 외출을 할 때는 필히 화장을 하는 것을 추천한다.

추가로 우리나라 화장품은 오로지 미용만을 위한 화장품에서 이제 건강까지 영역이 넓어져서 자외선, 미세먼지 등으로 발생할 수 있는 피부 트러블과 피부 노화의 방지 등의 효과를 가질 수 있다는 점을 생각한다면 한 번에 여러 마리의 토끼를 붙잡게 되는 셈이다.

혼자 안 되면 관리를 받아라

여기까지 운동을 하고, 패션 감각을 올리면서 기본적인 비주얼을 맞추어 주었다면 다음은 비주얼의 종결점을 짓도록 해야 한다. 사람을 판단할 때 멀리서 본다면 신장과 체형의 형태, 그리고 옷으로 판단을 하지만, 이목구비가 보이는 시점부터는 신장과 체형, 패션은 2순위로 밀리게 되면서 다른 비주얼을 본다고 한다. 당신이라면 어떤 비주얼이라고 생각을 하는가? 여러 전문가의 말을 듣고 알게 된 사실로 우리는 사람을 근거리에서 볼 때, 이목구비보다는 '피부'와 '헤어(머리카락)'의 상태에 따라서 그 사람에 대한 호불호가 결정된다고 한다. 당연히 예쁜 얼굴, 잘생긴 얼굴 등을 결정하여서 사람에게 호감을 주는 이유가 외모라고 생각했지만, 예상과는 다르다는 이야기다.

그리고 피부와 헤어의 경우에는 피부 관리, 헤어 관리를 통해서 전문가의 손길을 받는 편이 아무래도 더 빠르고, 뛰어난 효과를 자랑하게 될 것이다. 나 역시도 천원 마트나 지하철, 길거리에서 폐업처분을 한다는 곳에서 가지가지 여러 마스크팩으로 피부관리를 시도했지만, 생각만큼 뛰어나게 좋은 효과를 가져오지 않았다. 습관이 되는데도 상당히 오랜 기간이 걸려서 다른 방법을 찾기로 하여 피부관리실을 찾아갔다. 확실히 이 분야에서 수년간 전문가로서 업을 해오던 분들이었던 만큼 놀라울 정도로 빠른 변화를 주었는데, 더욱더 놀라운 것은 바로 주변의 반응이었다. 평소랑 비슷한 스타일, 평소랑 크게 다를 것 없는 비주얼이라고 생각했지만, 확실하게 반응이 달라졌다. 그래서 주변 사람들에게 무엇 때문에 그렇게 생각인지 물었을 때, 잘은 모르겠지만, "인상이 좋아진 것 같다." "얼굴색이 밝아졌다." 라는 소리를 가장 많이 들었다. 평소에 선크림부터 BB크림, CC크림 등으로 얼굴의 컬러를 밝은색으로 하고 다닐 때는 듣지 못했던 이야기를 피부관리를 받고 2주 정도가 지났을 때부터 많이 듣기 시작했는데, 여기서 고민을 해 보면 화장품으로 바꾼 피부의 컬러와 피부관리를 통해서 피부 자체의 컬러가 바뀌게 된다면 확실히 큰 차이를 보여주는 것이다.

그리고 헤어 역시도 길게도 필요 없이 유명하다고 소문나 있거나 번화가에서 몇 년 동안 잘나가고 있는 헤어샵을 딱 3번 정도만 찾아가라. 당신이 지금까지 스타일을 유지하던 헤어 스타일이 당신에게 어울려서 하기보다는 그저 유행이 그렇게 하니깐 그중에서 당신의 취향에 맞춰왔던 것일 가능성이 높다. 사람마다 전부 그 얼굴의 형태와 이목구비에 따라서 어울리는 헤어 스타일이 존재하는데, 그냥 집 주변에 있는 미용실, 이발소에서는 아쉽게도 그렇게 맞춰줄 수 있는 실력자분들이 많지 않았다. 가끔 내 얼굴 형태에 맞춰줄 수 있는 헤어를 만들어 주는 사장님이 있었지만, 몇 년 안 돼서 은퇴를 하시거나 돈을 벌어서 그런지 다른 곳으로 떠나버려서 결국엔 우리가 알고 있는 익숙한 동네 미용실만이 우리의 주변에 남아 있을 것이다. 여기서도 어떻게 보면 '호구'가 될 수 있는데 동네 미용실에서 머리하고서 사람들 앞에서 자랑하는 사람을 본 적이 없다. 그냥 '머리 스타일 바뀌었네?'라고 하는 정도. 그렇다면 확실히 유명인이나 번화가에서 사람들이 있는 곳에 특히 예약제로 운영을 하는 헤어샵에 예약을 하고서 찾아가서 본인에게 맞는 서비스를 받아봐라. 1번만 받아서는 잘 알 수 없고, 2번째로 모든 것을 판단하기에는 조금 섣부른 판단이라고 생각한다. 3번 정도 헤어샵을 이용하면서 그 헤어 스타일을 본인만의 헤어 스타일로 맞추는 것이다. 자기 얼굴에 안 어울리는 헤어 스타일을 하게 된다면 자기의 얼굴의 점수마저도 깎이게 되고, 반대로 나이 들어 보인다. 거나 늙어 보인다는 말까지 나오기도 한다. 그런 말을 듣게 된다면 자신감이 더 떨어지고 자연스럽게 '호감'의 이미지가 아니라 '호구'의 이미지를 충족시키는 비주얼이 되면서 행동까지도 소심해지면서 '호구'가 탄생할 수 있게 된다.

　지금까지 호구로 살아오지 않았는가? 당신 스스로 멋진 이미지를 만들고 있으면서 '호구'로서 남들에게 이용당하기만 하고 살아왔다면 당신에게 다른 문제가 있을 것이고 그 문제에 대해서는 다음 이야기에서 나올 수 있다.

보이지 않지만 보기 싫은 그것

　사람은 흑인, 백인, 황인으로 나뉘고, 또 국가별로 나뉘게 된다. 각각의 국가별로 사람들만의 특색이 있다. 그리고 우리 한국인은 정말 다행스럽게도 1등을 차지하고 있는 것 중에 '체취(體臭)'가 가장 없는 민족'이라고 통계가 나와 있다. 가까운 일본이나 중국인들도 비슷한 식습관을 가지고 있음에도 불구하고 체취가 일정 수준 있지만, 한국인은 거의 0에 가까운 체취를 가지고 있다고 한다. 거의 모든 음식에 마늘과 생강, 파 같은 아시아의 허브라 불릴 수 있는 재료가 들어가는 식습관을 가지고 있는데 신기하게도 '무 체취(無體 臭)'에 가깝다고 한다. 그만큼 우리가 깨끗한 민족이라고 자부할 수 있겠다.

　하지만 그런 한국인이면서 냄새가 나는 사람들이 있다. 아무래도 우리가 체취가 없는 만큼 다른 사람의 체취를 느끼기 쉬운 후각이 발달하여 있을 것이다. 실제로 해외에 가 보면 '와우~' 인간들이 안 씻고 다니는 건가? 함께 하는 데 있어서 거슬리는 냄새가 난다. 길거리에서도 거리를 두고 싶은 냄새가 심각하게 날 정도이니 말이다. 이렇게 우리는 다른 사람의 체취에 대해서도 민감한 편인데, 그런 체취를 신경을 안 쓴다면 보이지 않는 비주얼에서 '비호감'이 되고, 그 사람을 멀리하게 되고, 자연스럽게 '호구'의 포지션을 갖추게 될 것이다.

그래서 자주 씻는 것은 기본이며, 옷도 일주일에 1회의 세탁은 당연하다. 입을 때 옷에서 냄새가 난다면 탈취제를 사용해서라도 기본적으로 냄새가 나는 것을 방지해야 한다. 또 신경을 자주 안 쓰는 부분이 입 냄새이다. 담배를 피우는 사람이라면 양치를 자주 하는 것을 권장하며, 못 한다면 구강청정제를 사용해서 당신이 가지고 있는 구취를 제거할 수 있도록 해야 한다. 흡연자가 아니라 하여도, 구강은 호흡하면서도 수없이 많은 세균이 들어와서 구취를 만들고 있으며, 그 구취를 제거하기 위해서 같은 방법으로 노력해야 한다. 급할 때는 '마우스 스프레이'나 '필름 타입 구강청정제'를 언제나 가지고 다니면서 입 냄새가 나지 않도록 신경을 쓰고 있어야 한다.

보이지 않는 모습에서 당신이 상대방에게 감점을 당하게 된다면 상대방은 당신을 우습게 볼 것이며, 그 결과는 당신을 '호구'로 만드는 '꾼'을 만든 격이 될 것이다. 커피를 자주 마셔서 입에서 커피 냄새가 난다고 생각을 할 수 있지만, 그 냄새 역시도 입안에서 세균들과 뭉치게 된다면 커피 냄새는 온데간데없고, 그냥 구취가 되어 버린다.

눈에 보이는 비주얼이 싫은 사람은 사람들이 처음부터 가까워지거나 '호구'로 만들기 위함을 하지 않을 수 있다. 그러나 눈에 안 보이는 냄새는 함께 하기 싫어지면서, 그 사람을 어떻게든 멀리하기 위해서 당신을 이용하거나 금전적으로 갈취할 수 있다. 다시 한번 더 자신을 돌아보고 자신이 어떤 비주얼을 갖추고 있는지 확인해야 한다.

그렇지 않고서는 당신은 상대방이 거짓말을 하는지 판단하는 이 머릿속의 프로세스를 언제나 작동시켜야 하며, 그렇게 된다면 당신은 '호구'로 이용당하는 경우는 없을 수 있지만, 당신의 주위에 남는 사람조차도 없게 될 것이다.

내가 이 책에 담은 내용은 이용만 당하는 '호구'를 탈출 방법도 될 수 있지만, 주변에 당신을 이용하는 사람조차 없는 외로운 사람의 문제까지도 해결할 방법들이 많이 있으니, 자신을 돌아보아야 한다.

다른 것보다 일단 당신부터 봐라

· 남들의 눈을 동그랗게 만들자

　누군가 당신을 보았을 때, 어떠한 표정을 짓거나 어떠한 마음가짐이고 하고 싶은지 생각을 하면서 스스로 상대방의 마음에 들 수 있도록 가꾸는 연습을 하는 것으로 충분히 다르게 보인다.

· 사람은 옷이 가죽이다

　공작새의 깃털을 다 뽑아두면 누가 공작새로 볼 것인가. 멋진 공작새도 깃털이 있어서 멋진 것이고, 호랑이도 가죽이 있어서 호랑이다워 보이는 것이다. 이 세상의 멋진 날개는 사방에 있는데 지금까지 제대로 된 날개를 가지지 못했다면 멋진 날개를 찾아서 날아보자.

· UHD 시대에 흑백이 무슨 소리!

　사람마다 잘 어울리는 색상은 존재하고 있는데, 가장 보편화한 흑백의 컬러만 찾고 있지 마라. 자신의 장점을 드러낼 수 있는 컬러라면 좋겠지만 분명 다른 컬러만으로도 더 좋게 보이는 효과를 가져올 수 있다.

· 전문가는 괜히 있는 것이 아니다

　혼자 관리하면 저렴하다. 함께 관리하면 좋아진다. 이 말을 알아야 하며, 더 이른 시간 안에 더 좋아진 모습을 기대한다면 필히 전문가를 찾아가야 한다.

분명 당신과 비슷한 상황도 멋지게 해결해 준 전문가들이 우리의 주변에서는 널리고 널려 있지만, 가짜 전문가의 거짓에 속아서 진짜마저도 거부하고 있는 것이 아닐까 싶다.

· 말을 잘해도 마이너스

언변 능력이 뛰어나더라도 냄새는 말로 가릴 수 없고 아주 자연스럽게 ING로 진행되고 있다. 스스로 거울에서 느낄 수 없는 부분마저도 체크를 해야만 같이 있기 싫은 사람으로 인식되는 것을 피할 수 있다.

제3장
당신을 속이는
뱀의 헛바닥을 눈치채고 뽑아라

거짓을 보는데 방해되는 5가지

거짓말. 이 말은 참 나쁜 말이면서도 어느 때는 도움 되는 말이 된다. 선량한 거짓말에 대해서 TV나 인터넷에서 많이 보았지 않은가? 하지만 지금 당신에게 들려오는 거짓말은 대부분이 나쁜 거짓말이며, 그 거짓말은 결국 당신을 이용하는 데 사용될 것이다. 그러니 아래의 5가지 방법을 통해서 지금까지 당신이 확실하게 모르던 거짓말을 보는 데 방해되고 있던 내용에 대해서 확실히 알아보아라.

첫째, 상대방을 신뢰. 당신을 호구로 만드는 '꾼'들에게서 이야기를 들을 때, 당신은 상대방을 믿고 신뢰하게 될 것이다. 그 믿음은 당신의 금전을 갈취할 것이며 당신의 시간, 당신의 노동력을 가져가게 될 것이다. 우리가 그렇게 된 이유는 어릴 적부터의 교육에서부터 시작된다.

잘못은 용서하되, 거짓은 용서를 안 한다고 우리를 교육을 받으면서 성장하였고, 권선징악의 여러 이야기를 들으면서 상대방이 무조건 나쁘다고 믿기보다 먼저 상대를 좋게 보려는 생각을 가지게 된다. 하지만 이 경우가 나쁜 건 아니다. 상대를 의심하는 것이 결코 좋은 이야기가 아니기 때문이다.

그러나 사람들은 거짓말을 하면서 살고 있다. 평균적으로 누가 되었든 간에 진실만 말하고 사는 사람은 거의 없으며, 하루에 10번 정도의 거짓말을 하면서 살아가는데, 그 거짓말이 상대를 속여서 자신의 뱃속을 채우는 거짓이 아니라 '상대의 기분을 위한' 거짓말이기도 하다.

사람을 믿는 또 다른 이유는 상대방을 의심하는 것은 상대방의 공격에 대한 방어라기보다는 상대방을 공격하는 방법이라는 생각도 있기 때문이다. 우리는 누군가를 상처 주는 데 쉽게 생각을 해야 한다는 악한 마음은 대부분이 없다. 그렇기 때문에 거짓을 보는 데 있어서 가장 크게 방해되는 것은 바로 상대방이 거짓말을 하지 않는다는 믿음에서부터 당신은 '호구'의 늪으로 발을 담그게 된 것이다.

상대방의 말에서 거짓과 진실을 가려내는 일과 상대방을 평가하는 일은 같은 일이 아니라 서로 다르다는 사실을 알아야 하고, 상대방의 평가를 거짓과 진실을 가리는데 적용을 하게 된다면 검정색 선글라스를 쓰고, 한밤중에 터널을 똑바로 걷겠다고 말하는 것과 비슷하다.

둘째, 복잡한 의사소통. 당신은 의사소통이 복잡하다고 생각한 적이 있었는가? 누군가 꽉 막힌 사람하고 말을 할 때는 답답하고, 부담 가는 사람과 대화를 할 때는 긴장되고, 편안한 사람과 이야기를 할 때는 전혀 문제없이 이야기했을 것이다. 하지만 당신이 생각했던 것보다 의사소통은 복잡하며, 몇 가지 이유로 아주 불확실한 문제가 될 수 있다는 점이다.

하나는 언어의 부정확성으로 우리는 어떤 말을 들으면 이를 나름대로 해석하고, 그 해석을 바탕으로 우리에게 전달된 메시지를 각각 자신의 지식과 정보, 경험을 기반으로 이해를 하고 난 후에 행동하게 된다. 다른 하나는 의사소통을 분석할 때 고려해야 하는 게 말(언어)이 전부가 아니라는 점을 모른다는 것이다. 잘 몰랐겠지만 알고 보면 의사소통을 할 때 말은 상상했던 것보다 그리 큰 비중을 차지하지 않는다. 연구 결과에 따르면 의사소통을 할 때 두 가지로 나누어서 언어적인 것과 비언어적인 것으로 나눌 수 있는데, 이때 의사소통의 대부분은 영향력이 더 높은 것은 언어적인 것에 비교해서 비언어적인 것에 영향을 더 받는다고 한다.

그런데 당신은 아마 '비언어적 의사소통'에 대해서 익숙하지도 않고, 훈련되어 있지도 않기 때문에 어떻게 해야 할지 더 모를 것이다. 그렇다고 해서 당신이 '언어적 의사소통'을 통달하고 있지도 않은 상황일 가능성이 높다. 당신이 평소에 신경 쓰지 않았던 의사소통이 이렇게 복잡한 특성이 있으며, 그 특성을 알아차리게 되면 당신은 거짓말을 판단할 수 있는 능력이 한층 더 높아지게 될 것이다.

셋째, 편견의 늪. 당신은 2개 이상의 존재 중에서 어느 하나를 좋아하고 있는가? 아마 편견이 없는 사람은 절대적으로 없다. 국가를 운영한다는 정부의 사람들과 정치를 하는 사람들은 더 큰 편견을 가지고 있다. 스포츠팀만 하더라도 당신은 좋아하는 팀이 있고, 상대방 팀에 대해서는 부정적으로 생각할 것이다. 그리고 거짓말을 판단하는 데 있어서 당신이 가지고 있는 편견은 절대로 걸림돌이 될 것이다.

당신이 편견이 있다는 내용에 대해서 한 가지 이야기를 예시로 들겠다. 90년에 일본에서 있었던 일이다. 일본의 지역 종교 단체의 교주가 10대 여중생들을 상대로 성추행 및 성폭행을 했다고 고소를 당해서 경찰에 잡혀간 일이 있다.

40대의 교주는 자신의 종교의 교원의 자녀를 신과 교접할 수 있는 존재로 만들기 위해서 15세 미만의 여중생을 성행위를 일삼았다고 한 것이다. 경찰에서 조사를 받던 그 교주는 당연히 무슨 말도 안 되는 소리라고 피해자를 자처하는 소녀와 소녀의 부모에게 제시한 혐의를 모두 부인했다. 그리고 이 상황에서 피해 소녀 측에서 이야기하는 피해 증거가 하나도 없었다는 점에서 수사는 어려움에 봉착하게 되었다.

당신이라면 이 상황에서 어떻게 생각을 하는가? 지역 종교 단체라면 사이비 종교일 가능성이 높고, 그 사이비 교주가 증거가 없기에 부정하는 것일지, 소녀와 소녀의 부모가 증거가 없어서 억울하게 피해를 증명하지 못한다고 보는가. 이 상황을 지금같이 온라인 매체가 활발한 시대였다면 그 교주는 두말할 것도 없이 혐의를 부정하는 것까지도 악으로 취급을 받으면서 마녀사냥을 당했을 것이다. 다행히도 이때 일본 형사 중에 높은 수사기법을 가진 형사는 증거가 없는 상황에서 양측을 취조하였고, 그 취조 중에 소녀 측에서 교주가 재산이 많이 있기에 그 재산을 탐하기 위해서 소녀의 처녀를 상실하게 하면서까지 교주를 고소했던 것으로 밝혀졌다.

당신 역시도 처음 윗부분의 이야기만을 들었을 때, '사이비 교주'라는 점에서 어떠한 편견을 가지고 이야기를 떠올렸을 것이다.

편견은 당신이 상상하는 것 그 이상의 힘을 가지고 있으며, 그 편견이 미치는 힘은 과소하게 평가를 하게 된다면 당신은 반드시 거짓에 놀아나며, 바가지를 쓰게 되고, 당신이 가지고 있는 시간과 노력, 능력을 당신을 위해서 사용하지 못하게 될 것이다.

넷째, 무분별한 정보. 당신에게 정보는 어떤 방법으로 전달이 되고 있는가? 뉴턴의 사과처럼 사과나무 밑에 있다가 떨어지는 사과를 보고서 만유인력의 법칙을 알아내고, 아르키메데스처럼 욕조에 몸을 담그면서 넘치는 물을 보고서 '유레카!'라고 할 만큼 새로운 정보를 알아낸 것이 있는가? 아마 내가 전달하고 있는 이 '호구 탈출의 정석' 역시도 내가 당신과 시간의 차이만 발생할 뿐 내가 당신에게 정보를 전달해 주고 있다.

그리고 그 정보가 새로운 정보일수록 당신은 새로운 정보에 대해서 진실인지 아닌지 알아내고자 할 때면 알게 모르게 당신은 모든 유형의 행동을 파악하고 분석하는 데 초점을 두는 방법을 사용하고 있게 될 것이다. 마치 PC나 스마트폰에 데이터를 다운로드 받는 것처럼 생각할 것이고 그 정보 중에서 당신에게 필요한 정보를 판단해서 당신이 낼 수 있는 최고의 결정할 것이다. 설명되는 내용만 다를 뿐 모든 인간은 정보를 받아서 최고의 결정을 하려고 하지, 최악의 결정을 하려고 생각을 하지 않는다. 하지만 문제는 우리 인간의 뇌는 휘발성 메모리는 어떠한 PC나 스마트폰의 메모리보다 뛰어나지만, 비휘발성 메모리는 아쉽게도 뒤떨어지게 된다. 그 말은 수없이 많은 정보가 머릿속에 들어와도 그 모든 정보를 처리할 만큼 당신의 뇌가 감당할 수 없다는 것이다.

무엇보다 당신이 추리한다고 해서 그 추리가 정답이 아닐 수 있다는 것이다. 예를 들어서 당신이 카페에 앉아 있었는데 당신의 친구가 들어와서 손을 들면서 반가워하며 인사를 하고 있다. 이때 당신은 무슨 생각을 할 것인가? 친구가 저렇게 나를 반가워 하나? 나도 손을 들어야 하나? 못 본 척할까? 등등 여러 가지 생각을 하고 결정할 것이다. 그런데 만약에 그 친구가 당신이 아니라 당신의 뒤, 도는 당신이 인지하지 못했던 위치에 있던 친구의 지인이 있었고, 그 사람에게 반가움을 표현할 수 있다는 것이다. 당신이 새로운 정보가 수없이 계속해서 들어오고 있으며, 그 데이터는 당신에게 필요한 것과 불필요한 것을 구분하는 방법이 필요하다. 그렇지 않고 모든 데이터를 다 받아서 처리하겠다고 한다면 당신의 머릿속에는 앞으로 수십 년 후에 출시될 20세대 정도 되는 인텔 i7 CPU가 머릿속에 있어야 한다는 것이다.

다섯째, 잘못된 판별법. 우리는 지금까지 살면서 잘못된 거짓말을 판별하는 방법에 대해서 많이 알게 되었다. 그 방법을 통한다면 당신은 거짓을 판단할 수 있다고 믿을 수 있으며, 그 조건을 만족한다면 상대가 거짓을 한다고 믿고, '호구'가 되지 않기 위해서 거절, 회피 등의 방법을 선택했을 것이다.

하지만 그 방법이 정말 거짓말을 판별하는 방법이라고 당신은 확답할 수 있는가? 그렇게 해서 당신은 거짓말을 모두 가려내었고, 호구의 생활을 하지 않고 지내왔는가? 그 방법은 '그럴 것 같아.'라는 생각에서 당신에게 잘못된 정보로 전달이 된 것이다.

그럼 어떠한 방법이 잘못된 거짓말 판별법이었는지 알아보자.

하나, 시선 피하기. 당신이 알고 있던 방법이나 추리영화, 드라마, 만화에서 시선을 피하는 것은 거짓말을 하고 있다는 증거라고 할 수 있는데, 이건 지극히 개인적인 일이다. 진실을 말하면서도 상대의 눈을 똑바로 못 보는 사람도 있고, 거짓을 말하면서도 상대의 기를 눌러버릴 만큼 상대의 눈을 주시하는 사람이 있다. 그리고 거짓말을 하고 있다고 추궁을 받는 상황에서 과연 똑바로 눈을 보면서 '난 아닌데요.'라고 말을 할 수 있는 사람이 몇이나 될까? 그 뜬금없는 상황에서 몰아가고 있는데 긴장하지 않고 버틸 수 있을 것인가?

둘, 닫힌 자세. 상대방이 대답을 안 하거나 그 상황에서 협조적이지 못한다면 거짓이라고 판단하는가? 단지 성격상 말이 없을 수 있고, 사람들과 함께 하는 것을 두려워하는 대인공포증 환자이거나 협동심이 부족한 사람일 수 있다. 그리고 그 모습에서 버릇처럼 되어 있는 팔짱을 끼거나 주머니에 손을 넣고 있거나, 웅크리고 있는 자세가 그저 그 사람에게 편한 자세일 수 있다.

셋, 일반적인 긴장. 거짓말을 하고 진실이 탄로 나게 되면서 당연히 불안감을 가지고 긴장할 수 있다. 그러나 위에서도 시선 피하기에서도 말했고, 닫힌 자세에서도 말했지만, 그저 그 상황에서 긴장할 수 있고, 거짓말쟁이로 몰아가는 상황에서 긴장할 수 있다. 개인적인 차이가 분명히 발생하는 데 반해서 마치 긴장을 하는 것은 거짓말을 하고 있다고 판단을 하는데, 과연 누가 그 사람의 긴장 이유에 대해서 정확히 어떠한 이유 때문이라고 본인이 아닌 자가 설명을 해 줄 수 있는가?

넷, 성급한 대답. 질문하는 도중에 대답했다면 거짓을 말하고 있을까? 자기의 결백을 주장하고 싶어서 안달이 나 있고, 자기가 범인이나 용의자, 거짓말쟁이로 몰릴 수 있다는 점에서 빨리 탈출하고 싶은 마음이 있지 않을까? 반대로 생각한다면 범인, 용의자, 거짓말쟁이가 질문에 대해서 빨리 대답하는 이유도 자신의 거짓이 들킬 것 같기 때문에 자기에게 유리한 대답을 하기 위해서 거짓말을 빠르게 답을 할 수 있다. 또는 성급한 대답이 거짓이라고 알려져 있다면, 무엇보다 거짓말을 하는 사람이라면 절대로 질문이 끝나기 전에 대답하는 바보 같은 짓은 하지 않을 것이다.

다섯, 붉어지는 얼굴. 사람은 거짓말이 들키고 흥분할 때, 얼굴이나 귀가 붉어진다고 하는데, 대중 앞에서 발표하는 사람 중에 부끄러움이 많아서 붉어지는 경우도 있고, 누군가에게 고백하면서 붉어지는 경우도 있다. 그렇게 생각한다면 발표자는 대중 앞에서 부끄럼을 타면서 거짓을 말하고 있는 것이고, 누군가에게 고백하면서 거짓된 고백을 하는 것일까? 물론 상황을 이렇게 얼굴이 붉어지는 때를 말했기 때문이라고 생각할 수 있지만, 내 이야기를 한 번 읽고 나서 당신의 상황을 보자.

지금 당신은 '호구'다. 당신은 절대 이 책을 통해서도 지금의 상황은 절대 변함이 없을 것이다. 말이 되는 생각을 해라. 당신이 호구로 살아온 날이 얼마나 긴데 그 상황을 극복할 수 있을 것 같은가? 지금보다 더 많은 사람에게 이용당하고, 시간을 손해 보며, 노동을 손해 보고, 당신의 삶 따위는 없이 오로지 남을 위해서만 살게 될 것이다. 내가 이 책을 쓴 이유도 당신 같은 호구한테 책을 팔아먹으려고 쓴 거다. 근데 지금 당신은 믿고 있었는가? 답답하다. 그러니 당신은 호구이다. 평생 그런 삶만 살다가 인생을 종결짓게 될 것이니 걱정하지 말고 이제 이 책을 덮고 호구 짓이나 하면서 살아라. 앞으로 어떤 호구 짓을 당할지 상당히 궁금하다. 미안하다. 지금 당신을 흥분하게 하려고 최대한 독자가 자극을 받을 수 있는 글을 만든 것이며, 전혀 본심이 아니다. 그렇다고 당신의 흥분을 유도하기 위해서 나른 방법으로 표현해 본 것이다. 이 내용만큼은 절대 이 책의 팩트가 아니니 거부하고 걸러내야 한다.

위에서 말했지만, 당신 무분별한 정보를 모두 받아들이기에 당신이 거짓을 판별하는 능력을 떨어뜨리는 것이다. 위의 갑작스러운 이 쓰레기 같은 멘트의 글을 보았을 때 지금 당신은 어떤 기분이 들고, 당신은 흥분하지 않을 수 있는가? 물론 개인적인 차이는 있겠지만, 내가 지금 '호구 탈출'을 위해서 책을 읽고 있는데, 이런 소리를 듣게 된다면 나는 극히 분노할 것이며, 아마 지금 당장 출판사에 전화해서 폭언할 것 같다. 당신은 이 상황을 부정하고 싶은 마음에서 얼굴이 붉어졌을 수 있는데, 상대방은 거짓이라고 생각한다면? 얼굴이 붉어지는 그 신체의 화학 반응에 대해서는 자세히는 모르지만, 거짓말을 하므로 모든 사람이 얼굴이 붉어진다고 믿지는 말았으면 한다.

여섯, 꽉 쥔 주먹. 사면초가에 처한 사람이 주먹을 꽉 쥐는 모습을 볼 수 있다. 가령 자신의 범죄가 들통나면서 주먹을 꽉 쥐는 범인의 모습 말이다. 위에 말했던 거짓말을 판단하는데 잘못된 정보들 역시도 그런 식으로 표현을 하고 있다. 방금 말했듯이 '표현'을 그렇게 하다 보니깐 우리가 자연스럽게 그 행동이나 그런 모습을 보이면 거짓이라고 판단을 하는 오류를 범하는 것이다. 주먹을 꽉 쥐게 되면 피가 안 통하면서 손이 전체적으로 하얀색이 되는데, 그런 행동을 한다면 거짓이라고 보는 것도 오류이다.

누군가를 치기 위해서 주먹을 꽉 쥐고 있을 수 있고, 나 같은 경우에는 용변이 엄청나게 급한 상황에서 참기 위해서 주먹을 쥐는 방법을 이용한다. 내가 용변이 급할 때면 거짓말을 하는 것도 아니며, 반대로 정말 죽을 것 같다고 진실을 더 임팩트하게 전달해서 화장실로 가려고 한다. 용변이 급해서 죽을 것 같을 때 다른 곳에 고통을 주면 단 몇 초만이라도 그 용변으로 오는 고통이 약해지기에 나는 그러한 행동을 하고 있다.

그리고 주먹을 꽉 쥐는 행동을 하는 것은 두려움에서 나오는 행동이기도 하다고 하는데, 겁을 먹었기 때문에 방어하기 위해서 주먹을 쥘 수 있고, 두려움에 긴장하면서 신체의 말단 부위가 움츠러드는 상황일 수도 있다. 주먹을 꽉 쥐는 행동도 거짓을 나타내는 행동으로 보는 데 있어서 맞지 않다.

일곱, 평소와 다른 행동. 평소와 다른 행동을 하면 거짓일까? 지금 내가 수없이 많이 언급하면서 지금부터 당신은 바뀌어야 한다고 말했고, 그 말을 실행으로 옮기는 멋진 당신은 거짓말을 하는 것인가? 새로운 습관을 만들거나 기존은 좋지 않았던 버릇을 버리고 다른 행동을 하는 것은 거짓일까? 그리고 평소의 기준은 무엇인지에 대해서 불명확하다. 당신이 누군가를 판단할 때, 과연 그 사람의 모든 것을 다 알고서 '평소'라는 말을 하고 있는가? 당신이 모르는 부분이 절대적으로 없다고 생각하고서 그 사람이 평소와 다르다고 확실하게 구분할 수 있는가? 거의 모든 사람이 그렇지만 절대 그럴 리 없다고 보고 있다. 어떻게 그 사람의 모든 것을 알 수 있는가? 부모와 자식 간에도 모르는 면이 있으며, 부부 사이에도 모르는 면이 있다. 하물며 자기 자신도 자기가 몰랐던 모습을 다른 사람이 알게 될 때도 있는데, 평소라는 기준은 어디에서 나온 것이며, 다르게 행동이 거짓을 만든다고 할 수 없다.

여덟, 기준 설정. 이 내용은 위에서 말할 편견과 믿음이 설정되는 방법이기도 하다. 당신은 누군가 그러하리라 생각을 하고서 짐작을 하고 그렇게 생각할 것이다. 그 짐작의 기준은 당신이 진실이라고 믿는 부분을 기준으로 둘 것이다. 그런데 거짓말쟁이의 거짓말 중에 거짓을 당신이 기준을 잡게 된다면? 앞으로 거짓말의 모든 말이 진실로 들릴 수 있고, 진실을 말하는 사람의 진실이 거짓으로 들릴 수 있다. 내 기준은 '일반적인 사람들이 다 그렇게 생각하겠지.'라고 생각하는 그 기준부터가 잘못되었다고 할 수 있다.

내가 예시의 이야기를 할 테니 판단해 봐라.

첫 번째 이야기. 어떤 사람이 공중전화를 이용하다가 공중전화 박스에 떨어져 있는 지갑을 보고서 경찰서에 가져다주었다. 경찰서에 그 사람은 자기의 이름과 연락처를 남기고 가고 후에 경찰은 지갑의 주인에게 연락해서 지갑을 찾아주었다. 그리고 지갑의 주인은 누가 찾아주었는지 알려 달라고 해서 경찰은 지갑의 주인에게 지갑을 주운 사람의 연락처를 알려 주었고, 지갑 주인은 지갑을 주운 사람에게 연락해서 만나자마자 따귀를 올려붙였다.

이 경우 당신은 어떻게 생각하는가? 지금 당신의 생각에서는 기준 설정이 되고 있을 것이다.

여기서 나아가 나쁜 사람이 '지갑을 주운 사람'이라고 생각을 하는 것과 나쁜 사람이 '지갑 주인' 또는 나쁜 사람이 '경찰'이라는 기준을 잡는 것에 따라서 지금 당신의 기준에 따라서 어느 쪽의 정당성을 생각하고, 어느 쪽의 악상을 떠올리고 있다. 하지만 아무것도 모르지 않는가. 결과를 내가 이야기를 해 주지 않는 한. 지금 여기서 누가 선이고 악이고, 거짓이고, 진실임을 나눌 수 없다. 그런데 지금 잘못된 기준설정의 방법으로 인해서 당신은 거짓을 구분하려고 하고 있다. 결과를 알지 못한다면 기준의 설정은 절대적이지 않고 오로지 상대적일 수밖에 없다.

이렇게 지금 거짓을 보는 데 있어서 당신에게 색안경을 낄 방법들을 잘 구분하지 못한다면 당신은 진실을 보는 눈마저도 어두워지고, 그 상황에서 누군가의 달콤한 말 놀림에 놀아나면서 이용당하고, 갈취당하고 빼앗기는 호구가 되어버릴 것이다.

이다음에는 당신을 호구로 만드는 거짓말의 법칙 중 하나를 알려 주겠다.

거짓을 진실로 코팅한다

　자기가 저지른 잘못을 덮기 위해서 우리는 흔히 거짓말을 하게 된다. 일반적인 거짓말들이 그러한 패턴으로 만들어진다. 당신이 거짓말을 하더라도 어떻게 할 것인가? 지금 당장 누군가를 속인다면 어떻게 거짓말을 할지 고민하게 될 텐데. 당신을 호구로 만드는 꾼의 거짓 기법 중에 이 발상을 뒤집는 방법이 있다.

　바로 거짓을 덮기 위해서 진실을 이용하는 것이다. 잘못된 진실을 덮기 위해서 거짓말을 했는데, 거짓을 덮기 위해서 진실을 말을 하다니 얼마나 뛰어난 지략가들인가. 이러니 당신이 '호구'의 상황에 놓일 수밖에 없는 이유가 만들어진다.

　예를 들어서 이야기를 하나 해 주겠다.

　어느 식당의 카운터에서 계산을 하는 종업원이 있다. 그 음식점은 정말 많은 사람이 다녀가는 맛집으로 소문난 곳이며, 토요일과 일요일의 주말만 매출이 1,000만 원이 넘고 그중에서 50%는 현금으로 계산을 할 정도의 장사가 잘 되는 맛집이었다. 그런데 식당 주인이 어느 날 가게의 매출을 확인하는데 무엇인가 이상한 것을 확인하였다. 카운터를 담당하는 종업원을 불러서 추궁하였지만, 아니라고 말을 하였고, 물증이 없지만 가장 유력한 용의자여서 그 종업원을 경찰에 넘기기로 하였다. 경찰은 그 종업원과 사장의 말을 전부 들어보기로 하였고, 종업원은 이렇게 말을 하였다.

"제가 돈을 훔친다면 카운터의 CCTV가 지속해서 돌아가고 있는데 어떻게 제가 돈을 훔칠 수 있나요? 그리고 돈이 없어진다면 누구보다도 가장 먼저 용의 선상에 오르는 사람은 저입니다. 제가 만약에 돈을 훔칠 기회가 있다면 CCTV가 고장이 나서 제 모습이 찍히지 않았을 때만 제가 훔칠 수 있겠죠. 그렇지만 CCTV가 고장이 난 적이 있었나요?"

실제로 CCTV가 작동을 멈추는 구간은 없었다. 종업원이 화장실이나 식사 등을 위해서 카운터에서 자리를 비울 때를 제외하고는 지속해서 종업원은 찍히고 있었기 때문이다.

그리고 경찰은 사장에게 CCTV를 조사하였고, 종업원의 이야기가 진실로 나타나면서 재판소까지 가게 되었던 사장이 종업원을 거짓으로 모함을 하였기에 반대로 사장은 종업원에게 손해 배상을 주라는 판결을 받게 되었다. 하지만 아무래도 꺼림칙했던 사장은 돈을 건네주면서 가게의 단골로 오던 형사가 알려준 수사기법을 통한 질문을 하였고, 놀랍게도 종업원은 사장에게 죄송하다며 가지고 싶었던 자동차를 구매하기 위해서 돈을 빼돌렸다고 실토하였다.

어떻게 된 일인가? 우리는 종업원의 CCTV에 대해서만 진실이라고 믿고 있으며 종업원이 억울한 누명을 받고 있다고 생각했을 것이다. 종업원은 돈을 받아서 CCTV의 사각을 이용해서 돈을 일부를 지속해서 보이지 않는 곳으로 빼돌리고 있었지만, CCTV에 돈을 빼돌리는 모습이 찍히지 않으면서 자신의 거짓을 진실로 증명을 한 것이다.

또 다른 이야기가 있다. 어느 부부가 있었다. 둘의 사이는 원만하며 좋은 관계가 이어지고 있었고, 둘 사이에는 어린 딸아이도 있었다. 그런데 회사에서 퇴근한 남자의 옷에 언제부턴가 여자의 화장품 냄새와 향수 냄새가 나고 있었고, 남자는 회사로 가는 중간에 여자 대학교가 있어서 언제나 여자 대학생으로 버스와 지하철이 붐비어서 그곳에서 묻은 냄새라고 말을 하였다. 남자의 퇴근 시간도 평소와 별 차이가 없이 퇴근 시간이 되어서 가족의 품에 돌아와 주었고, 돌아온 남편은 집안일도 도와주며, 아이와도 잘 놀아주는 가정적인 남편의 모습을 하고 있어서 여자는 남편을 의심을 접기로 하였다. 남편에 대해 의심을 하였다고 하여서 여자는 스스로 의부증이 있는 것이 아닌가 하는 생각에 남편에게 사과하였다. 그러던 중 TV에서 나온 거짓말을 알아내는 질문법을 알게 되었고, 시험 삼아 반은 농담 반은 진심으로 남편에게 질문하였고, 질문의 결과 남편의 예상 밖의 실토에 여자는 경악하였다. 남자는 동네 이웃집의 유부녀와 불륜 관계에 있었고, 유부녀가 사 준 자동차를 이용해서 출퇴근의 시간을 대중교통보다 30분씩 앞당겨서 이동하고 있었다. 남자가 말한 거짓을 덮을 수 있는 진실의 이야기로 여자는 자기 자신을 돌아보면서 반성까지 하였는데, 남자의 거짓말에 놀아난 셈이 되었다.

여기서 핵심은 각각 상대방이 거짓말을 하는지 알고 싶다면 그의 진실한 행동을 무시해서 그런 행동이 더는 고려되지 않도록 해야 한다는 점이다. 모든 것을 찍는 CCTV에 대해서 진실이었고, 여대생이 붐비는 버스와 지하철 역시도 진실이었다. 그래서 그들의 증거에 대해서 부정할 수 없었기에 놀아나게 된 것이다.

　그런데 아마 여기서 진실을 어떻게 고려를 하지 않고 무시를 하면서 추궁을 하거나 할 수 있냐고 할 것이다. 진실에 관해서 이야기하는 것은 바가지를 씌우는 방법도 있다.

　내가 마스터즈를 운영하면서 좋은 자동차 서비스 업체를 찾아다닐 때, 어떤 업체는 자기가 지금까지 이야기하면서 수 없이 많은 사람들에게 만족도를 주었던 카카오톡 후기에 대해서 나에게 보여주고 있었다. 아마 많은 사람이 그 내용을 보고서 '나도 그렇게 만족을 하겠지.' 하는 생각을 하도록 말이다. 특히 후기의 내용마다 업체 사장이 추가적인 어떠한 서비스에 대해서 감사함을 담고 있어서 나 역시도 그렇게 생각을 하던 중에 그래서 그들을 받은 서비스에 대해서 자세히 알려 달라고 하였지만, 그 내용은 후기로 증명하였다고 계속 넘기는 것이었다.

　분명 후기와 사례를 통해서 나도 그 업체가 좋은 업체라고 생각은 하였지만, 그래도 실제 해 주는 서비스의 내용을 알고 있어야 만족도가 높은 서비스를 원하는 고객에게 소개를 해줄 수 있기에 말을 했고, 어떠한 내용으로 진행을 하고 있는지 자세히 설명해 달라고 하자. 그 업체의 사장은 사실에 대해서 말을 해 주었다. 고객들에게 자동차 튜닝을 해 주면서 원가를 낮추고, 그 원가가 낮아진 만큼 추가적인 관리를 하나 해 주는 일을 하고 있다고 말이다.

　여기서 나는 업체의 사장 후기, 사례라는 진실을 보고서 좋은 업체라고 판단을 했다면 어떻게 되었을까? 그 업체가 진행하는 상술에 나도 함께 걸려서 고객 만족을 모방한 술수에 걸리게 되었을 것이다. 진실한 행동을 무시하면 편견을 통제할 수 있게 되고, 결국에는 상대의 거짓말을 밝혀낼 때 편견에 대해서 신경을 쓰지 않을 수 있게 된다. 게다가 상대의 진실성 여부를 판단하기 위해서 처리해야 하는 정보의 양을 현격히 줄여 준다. 필요 없는 정보를 더 많이 걸러낼수록 상대의 거짓을 더 쉽게 알아챌 수 있기 때문이다.

또한, 거짓말을 하는 사람은 진실한 대답을 할 때 나타나는 행동을 얼마든지 쉽게 흉내 낼 수 있다는 사실도 알아둬야 한다. 진실한 반응은 직접적으로 자연스러운 경향이 있다. 하지만 준비만 철저하게 한다면 거짓말하는 사람도 그렇게 보이도록 대답할 수 있다. 일반적으로 진실을 말하는 사람이 눈치가 빠르고 침착하며 주의 깊은 것처럼 거짓을 말하는 사람도 정도의 차이는 있을지언정 똑같이 행동할 수 있다. 해결법은 간단하다. 무시하는 것이다. 상대의 진실한 행동은 너무나도 쉽게 당신을 겨누는 공격무기가 될 수 있다는 사실을 말이다.

세 가지의 거짓말 종류

혹시 법에 관련된 영화나 드라마를 통해서 증인 선서문에 대해서 들어본 적이 있는가? '양심에 따라 숨김과 보탬이 없이 사실 그대로 말하고, 만일 거짓이 있으면 위증의 벌을 받기로 맹세합니다.'라는 이 선서문은 '오직 진실만을 말하겠다.'는 깊이 있는 말이지만, 우리는 그냥 당연하다고 넘어가는 경우가 있다. 하지만 이 선서문이 가진 효력은 정말 엄청나게 크게 작용을 한다. 재판 중에 거짓말하게 된다면 거짓에 따른 판결을 좌우할 수 있는 발언에 대해서 '위증(僞證)'을 한 처벌을 받게 된다는 뜻이다.

이것을 강조하는 이유는 우리가 이번 장에서 말하게 될 거짓말에 대해서 세 가지의 종류가 있음을 말하고, 그 세 가지의 모든 거짓말을 아우르는 말이 되기 때문이다. 세 가지의 거짓말은 '노골적 거짓말' '생략에 의한 거짓말' '영향력 있는 거짓말' 이렇게 세 가지로 나뉘게 되는데, 여기서 '양심에 따라 숨김과 보탬이 없이'는 '생략에 의한 거짓말'을 하지 않았다는 의미가 되며, '사실 그대로 말하고'는 '노골적 거짓말'을 하지 않겠다는 의미를 전달한다. 마지막에 나오는 '만일 거짓이 있으면 위증의 벌을 받기로 맹세합니다.'의 말은 '영향력 있는 거짓말'을 하지 않겠다는 말이 되며, 모든 거짓말에 대해서 하지 않겠다는 선서문이 되는 것이다.

그럼 각 거짓말에 대해서 간단하게 설명을 하자면, '노골적 거짓말'은 상상력이라곤 없는 말 그대로의 거짓말을 뜻하며, 일명 '허언증(虛言症)'이라고 할 수 있으며 세 가지 거짓말 중에서 가장 낮은 '하급 거짓말'이다. 하지만 이 노골적 거짓말이 상상력 따윈 없는 이 거짓말도 당신을 '호구'로 만들어 버리는 위험한 거짓말이라는 점을 알고 있어야 한다.

다음은 '생략에 의한 거짓말'인데 가장 당신에게 바가지를 당할 때 사용하는 거짓말이 된다. 어떻게 보면 거짓말을 하지 않는 편리한 거짓말로 '중급 거짓말'이며, 이는 알아야 할 진실을 숨기고서 보낸 거짓말이라고 할 수 있다. 거짓말을 할 때 가장 편리하다. 거짓말을 하지 않았기 때문에 "내가 언제 거짓말을 했어?"라고 잡아뗀다면 정말 답이 없기 때문이다. 하지만 법정에서 선서문에서도 말을 하고 있듯이 '숨김과 보탬 없이 사실 그대로'를 말을 해야 한다. 사실을 숨기는 것조차도 거짓이다.

그리고 '영향력(影響力) 있는 거짓말'은 잘 알아차리기도 힘든 거짓말로 '상급 거짓말'이라고 할 수 있다. 상급 거짓말인 만큼 알아채지 못할 만큼 그 힘이 너무나 강력한 파워를 가지고 있고, 당신이 누군가의 이 거짓말에 속았다면 상대가 별 상관없는 일을 당장 주제와 관련 있는 것으로 느끼게끔 했기 때문이다. 영향력 있는 거짓말은 진실 또는 거짓을 우리에게 전달하여서 우리의 인식에 영향을 미치게 하여서 앞으로의 거짓말에 힘이 되고 편견을 주게 되며, 자신을 믿고 신뢰하게 만들어 주는 힘을 가지고 있다.

이 모든 거짓말은 언어적 거짓 행동의 기초가 되는 전략으로 이를 밝혀내는 일은 이 분야에서 늘 중요하게 여겨져 왔다. 그 결과에 따라 거짓말을 성공적으로 가려내기도 했고, 거짓말에 속거나 거의 속을 뻔한 상황들도 연출되기도 한다. 예를 들어서 이런 이야기가 있다. 외제 차 정비업체를 통해서 정비를 받던 고객이 정비 기사에게 이렇게 말을 했다. "제가 운전하면서 브레이크를 밟으면 차가 부르르 떠는데요." 그러자 정비기사는 "예. 이따가 볼게요."라고 대답을 하였다. 그리고 차 정비가 완료된 후에 정비기사는 "확인했고 조치해 드렸어요."라 말하며 청구서를 건네주었고, 오너는 예상했던 비용보다 훨씬 높은 비용을 청구받게 되었다. 이러한 상황에 놓였다면 오너의 기분은 어떠하겠는가? 바가지를 당한 기분으로밖에 느껴질 수 없다.

이와 같은 상황에서 정비기사는 '생략의 거짓말'을 사용했다고 할 수 있다. 브레이크를 밟고서 차가 떨림이 있다면 브레이크 계통을 확인하겠다고 하고, 그리고 예상되는 비용에 대해서도 말해 주며, 작업을 받을 것인지 물어봐야 했다. 모든 것이 생략되고서 확인하고 조치를 했다고 말했다. 과연 오너는 무슨 문제가 있어서, 어떻게 해결을 하였는지에 대해서 궁금하지 않을까? 어떠한 문제가 발생이 되었다면 그 문제의 원인을 듣게 되고, 해결하는 것에 대해서 오너는 결정의 권한이 있어야 하는데 서비스 업체에서는 오너가 문제가 있다고 하니 해결을 해 주면 된다고 일방적으로 생각하고 조치한 것이다. 오너는 그 문제를 그곳이 아니라 다른 곳에서 조치하기 위해서 찾아볼 수 있었고, 지금 당장 조치를 원하지 않았을 수도 있다. 이런 경우에는 분명 바가지가 아니라 정상적인 청구였음에도 불구하고 바가지를 당한 기분이 들며, 오너는 생각지도 못하게 '호구'가 되어 버리고 만 것이다. 상대방에게 거짓을 하지 않고서도 거짓임을 느끼게 하였다면 그것 역시도 거짓이다. 당신이 거짓말에 놀아나는 이유 중에도 바로 이렇게 거짓말을 당하지 않고서 호구가 되어 버리는 경우가 있기 때문이다.

무의식에서 나오는 거짓말의 신호탄

첫 번째, 대답하지 않는다. 상대에게 질문하고서 상대가 대답하지 않는다면 의심은 들 것이다. 다만 그 대답을 하지 않았다는 것만으로 상대가 거짓말을 하고 있다고 규정지을 수 없다고 위에서도 이야기하였다. 하지만 상대가 대답하지 않는 이유는 분명 있을 것이고, 그 이유에 대해서 알아보면서 상대가 거짓말을 하는지 안 하는지에 대해서 알아봐야 한다.

두 번째, 분명하게 부정하지 않는다. 첫 번째에서 말한 '대답하지 않는다'와 비슷하게 연관을 지을 수 있는데 자신이 부정함으로써 더 불리해질 수 있음을 알고 있어서 긴가민가한 상황에 위치하고 있는 것으로 알 수 있다. 여기서 부정에 대해서 여러 가지를 알 수 있는데, '개방적 부정'과 '묻힘 부정'으로 나누는데, 둘 다 확실한 부정이 아니라 분명하지 않은 부정에 포함이 된다.

먼저 개방적 부정은 '아니요.'라고 딱 잘라서 말을 할 수 있는데, '~아니라'라고 여러 가지를 생각할 수 있는 개방적인 대답을 통해서 사람들의 해석에 따라서 엇갈릴 수 있는 대답을 하는 것이다. 또 예를 들면 "~ 해줄 수 있나요?"라는 질문에 대해서 확실하게 "우리는 솔직히 그렇게는 못해요." 라는 부정이 아니라 "보통 그렇게 해 주는 건 힘들어요."라고 딱 잘라서 부정을 하지 않는다. 여기서 중요한 의미가 있는데, 너무 소소해서 넘어갈 수 있는 내용이다. '그렇게 못 해요.'라고 그냥 못한다고 부정했지만, '보통 그렇게'라는 말은 자기가 보통이 될 수도 있고, 아닐 수도 있다는 뜻으로 심리적으로 자기의 입장을 언제든지 변경을 함으로써 책임을 회피하려는 것으로 볼 수 있다.

거짓말을 꿰뚫는 연습을 하지 않는다면 그 상황에서 애매한 부정으로 인해서 해줄 수 있다고 하고 있다고 믿을 수 있는 상황으로 가면서 그 서비스를 받지 못한다면 그 업체는 자기를 '보통'이라고 할 수 있다는 것이다. 그리고 묻힘 부정은 잘못된 것에 대해서 질문을 받았을 때, '아니'라는 딱 끝을 내는 것이 아니라 뒤에 군말이 따라붙으면서 자기의 부정을 심어서 자기는 부정했지만, 그 부정을 상대방으로부터 느끼지 못하게 하는 방법이다. 예를 들어본다면 "이렇게 해줄 수 있나요?"라는 질문에 대해서 "아니, 일반적으로 그렇게 해 주는 곳이 많죠. 그래서 저희도 그렇게 하는 것처럼……." 이렇게 대답을 한다면 필요 없는 군더더기의 말로 부정을 했다는 것을 상대적으로 못 느끼도록 한다는 것은 지금 거짓말을 하고 있다는 징후로 볼 수 있다.

세 번째, 대답을 꺼리거나 거부한다. 어딘가 바가지를 당한 거 같아서 말을 하면 꼭 이런 말이 들리죠. "제가 사장이 아니라서 이런 얘길 해도 되나 모르겠네요."라고 말을 하면서 자기가 그 이야기에 대해서 대답을 해 줄 수 있는 사람이길 꺼리는 것이다. 분명 그 사람은 확실하게 답을 알고 있지만 누군가가 말을 해줘야 하기 때문이라고 대답을 회피하는데, 같은 상황에서 사장에게 말했을 때는 "지금 담당했던 직원이 나오지 않아서 제가 어떻게 답을 해드리기가……." 이렇게 나온다면 사장으로서 일단 자격이 없는 것으로 볼 수 있고, 그 상황에서 사장이 그 문제를 해결할 방법에 대해서 모를 리가 없다. 그런데도 회피를 원하는 것은 당신에게 바가지를 씌운 후에 회피함으로 호구로 굳히기에 들어갈 수 있는 가장 기초적인 거짓말의 신호라고 볼 수 있다. 그러나 역시 신호이기에 다른 신호들과 겹치는 것을 판단하면서 '거짓'임을 구분해야 한다. 이 기초적인 신호하나만 믿고서 상대방이 거짓말을 한다고 판단하는 것은 아직 이른 감이 있다.

네 번째, 받은 질문에 반복한다. 거짓말을 하는 사람 중에서 "어? 뭐라고?" 이러면서 받았던 질문에 대해서 한 번 더 질문하면서 잠시라도 시간을 벌어서 어떻게든 거짓말을 하려는 상황이 있다. 내가 갔던 카페에서 있던 일로 커플이었던 연인의 대화 내용이다.

"오빠, 저번에 나한테 어디에서 누구랑 같이 있었다고 말했는데, 내 친구가 오빠를 어디에서 봤다고 했는데 왜 거짓말하고 거기 있었어?"라고 여자의 질문에 "어? 뭐라고 내가? 어디서?" 그렇게 남자가 대답하면 여자는 다시 언제, 어디서, 무엇을 이라는 이야기를 하고 "아~ 그때 말한 거구나~" 하면서 남자의 거짓과 변명이 시작되었다. 이 거짓말의 수법은 웬만한 사람들이 거의 다 사용하는 수법으로 '시간 벌기' 인데, 끽해봐야 3~4초 정도밖에 안 되는 시간 동안에 무슨 거짓말을 생각하겠냐는 생각을 할 수 있다. 하지만 말의 속도보다 생각의 속도는 약 10배 정도 빠르다고 한다. 그렇다면 3~4초는 30~40초의 시간을 만들 수 있고, 그 정도라면 그 상황에서 당장 거짓말을 만들어 낼 수 있는 데는 충분한 시간이 될 수 있지만 진짜로 질문을 이해하지 못해서 할 수 있고, 다른 곳에 집중하느라 이야기를 못 들었을 수도 있으니 다른 질문을 몇 가지 더해서 거짓임을 확인해 보자.

다섯 번째, 엉뚱한 대답을 한다. 거짓말을 하는 사람 중에서 가끔가다가 동문서답을 하는 경우가 있다. 과장이 대리에게 잔업을 맡기고 가려는 중에 대리가 "과장님, 오늘은 저도 약속이 있어서……." 이렇게 나온다면 당연히 그에 대해 대답을 해야 하는데, "어. 김 대리 그런데 그때 어떻게 됐어?'라고 하면서 엉뚱한 대답을 한다. 이 경우도 질문을 반복하는 것과 비슷한데 조금 더 많은 시간을 벌기 위해서라고 할 수 있다. 상대방에게 다른 질문을 던져서 질문에 대한 대답을 받아내고, 다시 질문한다면 더 많은 시간을 벌 수 있고, 그 상황에서 자기도 거짓말을 준비할 수 있기 때문이다. 사람을 호구로 만들어 버릴 때, 상황을 바꾸는 질문형 대답을 통해서 아마 지금까지 많은 호구가 탄생한 것으로 나는 알고 있다. 그리고 '꾼'들의 경우에는 더 나아가 호구를 만드는데 필요한 질문형 대답을 하는데, "아 진짜? 많이 중요한 일이야?'라는 식의 질문으로 당신이 이 말을 해야 하나? 대답하면 어떻게든 자기가 더 높은 위치로 올라갈 방법을 생각하면서 상대방이 당신을 어떻게든 이용할 수 있는 실마리가 당신의 입에서 나올 수 있도록 거짓으로 동요를 해 주는 방법이 될 수 있다. 엉뚱한 대답을 지속해서 한다는 것에서 거짓과는 조금 다를 수 있지만, 분명 당신을 어떻게든 속여서 이용하기 위한 수단임을 알고 있어야 하고 당신도 그 질문에 대해서 역공의 대답을 잘 할 수 있어야 한다. 엉뚱한 대답이 나오고 있다는 것은 당신을 속이려는 수작일 가능성이 높다.

여섯 번째, 일관되지 않는 대답을 한다. 이 경우는 누구라도 눈치를 챌 수 있다. 말의 앞과 뒤가 다르다거나 질문에 대한 대답의 두 개가 서로 같은 내용으로 성립이 되지 않는다면 둘 중 하나는 거짓일 가능성이 높고, 둘 다 거짓일 가능성도 높다. 이 내용을 확인하기 위해서는 병존하지 않는 질문에 대해서 다시 질문을 지속적으로 하는 것이 상대방의 거짓을 더욱 빠르게 캐낼 방법이며, 두 가지 이상의 대답이 모두 맞는 대답이라며 근거를 붙이더라도 그 방법에 넘어가지 않기 위해서 지속적으로 처음의 일관치 못했던 대답에 대해서 질문을 하여야 한다. 그렇지 않다면 상대방은 당신을 속이기 위해서 서로 다른 질문의 대답이 어째서 연관이 있었는지를 거짓말로 하여금 연관을 지어서 지금 자신이 추궁을 받는 것이 당신이 이상해서 추궁하는 것이라고 몰아갈 수 있다.

일곱 번째, 화를 낸다. 사람이 거짓말을 하던 중에 자신의 입장이 불리해진다면 화를 낼 것이다. 그때 호구였던 당신은 상당히 당황할 것이고, 자신이 잘못했나? 하는 생각까지 하게 된다. 예를 들어서 "아, 진짜! 네가 그것에 대해서 얼마나 잘아서 그러는데?!" "지금 내가 왜 너한테 이런 시간을 쓰고 있어야 하는데?!" 등과 같은 당신이 무슨 자격, 무슨 권리로 나한테 이런 질문을 하면서 거짓말을 캐내려 하냐는 반응을 보일 것이다. 걱정하지 마라. 그냥 회피하거나 거짓말이라고 생각을 하면 된다. 단, 사람이 화를 낸다고 해서 다 거짓말을 통해서 화를 내는 것이 아니라 당신의 질문이 진짜로 상대방을 자극했을 수도 있다.

여덟 번째, 떠받들어 준다. 상대방이 거짓말을 할 때, 자신의 포지션을 잡는 것인데, 당신을 떠받들어 주는 경우도 있다. 웃는 얼굴에 침 못 뱉는다는 말처럼 당신에게서 호감을 받으려고 하는데 그 이유가 근거도 없는 이유라면 의심의 여지가 있다. 차후 거짓말을 하게 되더라도 상대방은 당신이 "아, 이 사람한테는 이런 질문을 하기가……." 이렇게 생각을 하며 거짓말을 알아차린다 해도 그냥 받아들이게 만드는 수법일 수 있다. 사기꾼들이 이 방법을 통해서 더욱 깊이 호구의 마음속으로 침투한다.

아홉 번째, 초점을 바꾼다. 거짓말을 할 때, 당신의 초점을 바꾸는 방법을 통해서 거짓말을 넘기는 경우도 있는데, 예를 들어서 "이게 뭐가 중요한가요?" 등의 말을 듣게 된다면 당신은 거짓말을 당해도 초점이 바뀌게 되면서 마치 그 상황을 당연시하게 받아들이게 만드는 거짓말의 기술이다. 당신이 원래 가지고 있던 문제에 대해서 확실한 해결이 되고 있는지를 알면서 넘어가는 방법이 중요하며, 이때 '꾼'은 '호구'인 당신과 동등한 위치로 내려가서 당신과 비슷한 상황에서 이렇게 보면 된다고 초점을 바꾸는 것이다.

열 번째, 질문을 고립시킨다. 거짓말을 하고서 상대방이 나올 수 있는 질문에서 자신의 거짓말을 추궁할 수 있는 질문에 대해서 폐쇄를 시켜서 당신이 할 수 있는 질문의 범위를 한정 짓게 만드는 거짓말의 기법인데, 고급 거짓말의 스킬로 당신의 생각에 영향력을 주어서 앞으로 당신이 하는 질문이 '꾼'으로 하여금 진실만을 말하게 하는 거짓말이게 된다. 예를 들어서 바가지를 씌우는 가게가 있다고 하자. 그곳에서 "당신이 지금 여기에 들어왔던 이유만큼 나가신다면 아마 이 주변에 당신이 원하는 것을 찾을 수 없을 거예요." 이 말을 들은 당신은 이런 생각을 할 수 있게 된다. '이 주변에서 이곳이 가장 좋은 곳인가? 하긴 내가 여기에 들어온 이유가 있지, 다른 곳에는 정말 없을까?' 등의 생각을 하면서 "아, 그래도 나갈게요." 한다면 당신은 이제 그곳으로 다시 돌아가기가 조금 힘들어질 수 있고, 일단 그곳에서 원하는 것을 말하면 당연히 그곳에서는 준비되어 있던 멘트만을 사용할 수 있게 된다. 그렇게 된다면 당신은 그 멘트에 대해서 거짓임을 판단하는 질문하기 어려워지며 그 늪에서 헤어 나오기 힘들어지게 될 것이고 다시 호구가 될 수 있게 된다.

열한 번째, 거짓을 반복한다. 거짓말을 하면서 아까 했던 거짓말을 사실인 것처럼 말을 하는 거짓말이 있다. "아까 ~했던 말처럼~" "어디에도 언급이 되어 있듯이~" "다른 분께 말씀드린 것처럼~" 등처럼 거짓말이 마치 진실이었던 것처럼 말을 반복하게 된다. 그런데 거짓말도 반복하면 진실로 느껴지는 것을 알고 있는가? 거짓으로 선동을 할 때 가장 자주 쓰는 방법으로 거짓말을 지속 적해서 반복을 하다 보면 어디서부터 거짓말이 나왔는지 알 수 없게 되면서 그 거짓이 진실로 믿게 만드는 방법이다. 당신은 처음 거짓말을 듣고, 두 번째 거 짓말을 듣고, 세 번째, 네 번째 거짓말을 듣게 되면서 거짓말에 빠져들게 되고 서 올가미에 걸린 것처럼 거짓말에서 빠져나오지 못하고 호구가 되어 버리고 말 것이다.

열두 번째, 무엇인가를 건다. 무엇인가를 걸고서 이야기하는데 그 무엇인가 가 당장 빼앗길 수 없는 것을 걸고서 이야기를 하는 경우가 있다. '신께 맹세한 다.' '부모님을 걸겠다.' '자기 이름을 건다.' '내 양심을 걸고서' 등과 같이 무엇 인가를 걸어도 거짓임이 드러나도 당신이 가져갈 수 없을 것에 대해서 걸고 있 다면 그것은 거짓일 가능성을 염두에 두어야 한다. 진심으로 말을 하고 있다면 당신에게 당장 줄 수 있는 금전이나 법적으로 양도 절차가 필요 없는 물건으로 걸어보라고 말을 해야 한다.

열세 번째, 기억에 없다. 술 마시고 하는 가장 유리한 거짓말의 방법이다. 이 성에게 고백하고서 거절을 받아도 다음 날 기억이 없다고 잡아떼면 그 말의 진 실의 여부를 확인할 수가 없다. 특히 무엇인가를 해 주기로 하는 거짓말을 하 고서 당신이 왜 안 해 주냐는 질문에 대해서 "제가요? 그때 정신이 없어서 기억 이……." 그 상황을 바꾸고자 하는 말을 하기 위한 거짓말의 신호탄으로 당신 에게 해줄 수 있는 내용이었다면 "아, 맞다. 그랬었죠~" 등과 같이 기억이 잘 나 지 않더라도 약속을 이행하려고 할 것이다. 하지만 기억을 거들먹거린다면 당 신에게 거짓말을 한 것에 대해서 자기가 착각을 한 것 같다고 하면서 당신과 상대방의 상황을 어떻게든 변화를 주려는 기술이 된다.

열네 번째, 꾸미는 말을 한다. 마지막으로 거짓말의 신호탄은 당신을 속이게 되었을 때, 그것을 인정하도록 하는 방법이 있다. 당당하게 거짓말을 치는 것과 마찬가지인데, 우리는 그것에 대해서 당연하거나 보편적, 일반적으로 생각을 하면서 그 거짓말을 거짓말로 받아들이지 않게 된다. 두 가지의 방법으로 꾸미게 되는데 특정 정보를 끝까지 주지 않으면서도 진실성 있게 대답을 할 때로 '꼭 그렇지는 않지만…….' '본질적으로…….' '기본적으로…….' '대부분은…….' '아마도…….' '대개는…….' '어쩌면…….' '많은 경우에…….' 이렇게 말을 하며, 신뢰도를 높이기 위해서 하는 거짓말로 '솔직히…….' '사실을 말하자면…….' '터놓고 말해서…….' '한 치의 거짓도 안 보태고…….' '진심으로…….' '진실로…….' 이런 말을 붙이면서 뒤에 거짓이 따라오게 된다면 거짓이 거짓으로 느끼지 않게 되는 심리의 기술로, 상당히 고급 거짓말의 스킬이라고 할 수 있다.

이런 말이 붙는다고 해서 무조건 거짓말이라고 할 수는 없지만, 이 말과 거짓말이 합해진다면 꾼들에게는 당신을 호구로 만들어 버리는 것은 정말 쉬운 일이 될 수 있다.

거짓말의 그물

거짓말을 하더라도 설득하게 된다면 어떻게 될까? '보통 사람'들은 당신을 호구로 만들기 위해서 그 정도의 거짓말의 스킬을 사용하기는 힘들 것이다. 하지만 꾼들은 당신이 거짓말에 당했다고 느낄 수조차 없는 스킬을 구사하는데 바로 이 '설득'을 통한 거짓말을 하는 것이다.

그 거짓말은 당신이 모르는 사이에 이미 당신의 몸에 꽉 끼어 있는 그물처럼 도저히 탈출하기가 힘든 거짓말을 스킬이다. 위에서 말한 거짓말의 신호탄 중에 몇몇 고급 거짓말의 스킬. 즉, 영향력 있는 거짓말을 하는데, 설득에 당한 당신은 거짓말임을 알아차리기도 힘들 것이며, 그것은 나 역시도 거짓말을 알아차리기 힘들게 된다. 그 사실이 거짓이라고 알게 되는 건 결과에서 나오는 진실과 거짓의 차이에서 우리가 설득의 그물에 걸렸다는 것을 알 수 있게 된다.

그럼 어떠한 방법으로 설득의 그물에 걸리는지 생각해 보자.

첫째, 거짓말을 할 때, 진실과 함께 거짓을 이야기한다. 마스터즈와 함께 했었던 어떤 튜닝샵은 이렇게 말했었다. "우리 샵은 이 많은 고객을 만족시켜드리기 위해서 모두 다 같은 서비스를 제공하고 있다."라고 말을 했고, 나는 고객만족을 이끌어내는데 있어서 정말 좋은 샵임을 알게 되었다고 좋아하며 그곳으로 고객을 소개해 주었다. 하지만 몇몇 고객은 불만을 제기하였는데, 그 고객들은 모두 저렴한 작업을 요청한 고객들이었다. 수익성에서 떨어지는 고객을 받으면서 그 업체는 고객 만족을 위해서 모두 다 같은 서비스를 제공하지 않은 것이다. 내가 다시 찾아가서 '모두 다 같은 서비스'라고 했는데 어째서라는 질문에 대해서 업체는 "서비스의 차이는 없었다. 단지 가격이 낮았던 만큼 제공할 수 있는 서비스가 틀린 건 어쩔 수 없다."라고 말했다. 처음과 말을 바뀌게 된 것이다. 나는 그럼 어느 수준 이상의 서비스를 받기를 원하는 사람이라는 기준을 두기로 하고, 그 이하의 금액을 요하는 고객들에게 맞출 수 있는 다른 업체를 찾아다녔던 경험이 있다. 이처럼 그는 100% 거짓말을 하지 않았다. 진심으로 수익성이 괜찮은 작업을 해줄 때는 서비스도 충분히 해 주며 고객 만족을 이끌어내었다. 하지만 '모두 다 같은'이라는 것은 진실이 아니었다.

둘째, 설득할 때는 감정을 동반해서 설득하게 된다. 사람은 감성에 대해서 '이성(理性)'을 마구잡이로 흔들어버리고 감성적인 판단을 하게 만들어 준다. 아마 당신들 중에서 결혼 후에 가정에서 호구의 취급을 받는 경우가 있을 것이다. 그런데 그런 취급을 받게 되었을 때 과연 이성적인 판단이 들어갔는가? '가족이니깐.'이라는 감성적인 판단에 들어가게 된다. 그리고 설득의 거짓말을 할 때도 상대방에게 "내가 설마 사기꾼도 아니고 그런 일을 할 리 없잖아요." "당신이 보기에는 지금 여기 이 자리까지 와 있는 제가 당신을 속이기 위해서 있다고 생각하시나요?" 등과 같이 이성적인 판단보다는 감성적으로 설득하는 거짓말을 하게 된다. 사기꾼들이 이성적이고 계산적으로 사기를 치지 않는다. 특히 보이스피싱의 거짓말을 할 때는 오로지 감성적인 이야기로만 당신을 자극해서 호구로 만들어 버리는 경우가 있을 것이고, 그러한 기사들은 수없이 많이 있다.

셋째, 설득을 위한 편견을 만든다. 편견이 진실을 보는 데 있어서 큰 장애물이라는 것은 이미 언급한 바가 있다. 그런데 당신은 자신도 모르는 사이에 편견이 만들어진다. 예를 들어서 "무슨 무슨 업체는 이렇게 바가지를 씌우던데 설마 제가 그렇게 바가지를 씌우겠어요?" 등과 같이 말을 하게 된다면 당신은 그 방법을 알면 바가지가 아니게 된다는 편견을 가지게 되고, 바가지를 씌우는 방법을 알게 되었으니 그 방법만 조심하면 된다. 그리고 그 업체는 필히 이용하지 말아야겠다는 편견이 생기게 된다. 이런 편견 속에서 당신에게 바가지를 씌우는 방법을 알려준 사람에 대해서 당신은 어떠한 마음 가질 것인가? 당신이 드는 마음은 여러 가지일 수 있지만, 그 사람에게 다른 바가지를 씌우는 방법이 궁금하면서 그 말을 해준 사람을 점점 당신의 편으로 생각하게 될 것이다.

이와 같은 세 가지의 설득의 방법은 우리의 영업 현장에서 충분히 좋은 방법으로 사용할 수 있다. 위에서 말했던 내용으로 사기꾼부터 거짓말쟁이들이 당신을 호구로 만드는 것은 당신의 금전, 시간, 노동, 기술을 갈취하기 때문이다. 그러나 영업인들은 다르다. 당신에게 도움이 될 방법과 물건을 구매해서 당신이 이익을 추구할 수 있도록 당신에게 신뢰를 얻는 것이다. 그 사람의 한 끗의 마음의 차이로 이익과 손해가 '꾼'과 '영업'을 가르게 되는데, 당신에게 다가오는 사람들은 대부분이 '꾼'일 가능성이 높았고, 당신을 설득시켜서 어떻게든 자기의 배 속만 채우려 했던 사람들이 많았을 것이 아닌가. 물론 영업인도 도움을 주면서 금전적 이득을 취해야 한다. 유니세프나 자원봉사자가 아니기 때문이다. 그러나 거짓말을 하는 것이 아니라 당신을 도움을 주기 위함임을 잘 구분을 할 수 있어야 한다. 그러기 위해서 다음과 같은 방법으로 당신을 옭아매는 거짓말의 그물을 탈출할 수 있는 스킬이 필요하다.

설득력 있는 거짓말 그물을 탈출하기 위해서는 그 말을 묻어두고 가는 것이다. 무슨 소리인가? 묻는다니? 씨앗도 아니고 시체도 아닌데 어떻게 거짓말을 묻는다는 걸까? 간단하게 생각해서 설득의 거짓말을 인정하고 받아주는 것으로 그 효과를 보다 낮춰 버리는 것이다.

우리가 설득을 당하는 데는 분명 이유가 있다. 우리의 머릿속에 영향력 있는 거짓말이 들어와서 그 거짓을 진실로 믿기 때문이다. 그렇게 되어서 거짓을 거짓으로 볼 수 있는데, 그냥 인정하는 말로 상대방에게 당신이 거짓말을 하든 진실을 말하든 "나는 전부 믿는다." 라고 말을 하는 것이다. 단, 말로는 인정하되, 말 이상의 행동에서는 인정해서는 안 된다.

예를 들어서 바람을 핀 아내와 말을 하는 남편 있다고 하자. 아내는 남편에게 "내가 당신과 자녀, 그리고 우리 가정을 이렇게 생각하고 사랑을 하는데 내가 어떻게 다른 생각을 하고 다른 짓을 할 수 있는 시간을 가질 수 있겠어." 이 말을 들은 남편은 아내의 말에 대해서 반박을 한다면 무조건 아내를 의심하기만 하는 발언을 한다면 다음에 아내가 감정적인 발언을 한다면 남편으로는 이 상황에서 이길 수 없게 된다. 심증이 있지만, 증거가 불충분한 상황에서 어떻게 남편이 이길 수 있을까?

방금 설명을 했던 것처럼 남편은 거기서 "어디서 거짓말이야?!" 등과 같은 말을 하는 것은 절대적으로 불리해진다. 하지만 남편이 "여보, 당신이 나와 우리 아이들, 그리고 우리 가정을 사랑하는 것은 당연히 알아. 그건 누가 봐도 분명한 사실이야."

이 말을 듣게 된다면 바람을 핀 아내는 '내 거짓말이 먹혔나? 난 분명 바람을 피웠는데?' 이렇게 잠시 생각하게 될 것이다. 그리고 아내가 대답하기 전에 남편은 위의 말을 하고서 약 1~2초 후에 이렇게 질문을 한 번 더 해야 한다. "여보, 이제 어떻게 된 일이지 얘기해 줬으면 해. 당신의 이야기를 다시 한번 듣고 싶어."

이 말의 메시지는 이러하다. '나는 당신에게 질문했다. 나는 당신의 이야기를 들었지만, 당신의 이야기는 지금부터 나누려는 대화와는 아무런 상관이 없다.' 이렇게 메시지가 전달된다면 아내는 더 이상 감정호소가 힘들어지게 된다. 감정호소는 받아주겠다. 대신 내가 하고 싶은 이야기는 따로 있다. 이렇게 나오고 있으니 여기서부터는 아내는 상당히 곤란해진다.

이 방법의 장점을 말하면 상대방의 그물망을 회피해서 이 메시지를 전달하였다는 것이다. 그물 속에서는 남편은 "잠깐 여보! 다신 말을 믿지 못하겠어. 왜 그런 거짓말을 하는 거야?!" 와 비슷한 말을 일반적으로 많이 할 것이다. 그렇게 된다면 당연히 호구가 될 것이다. 왜냐하면, 이런 말을 하면 상대방은 곧바로 방어기제를 자극해 상대의 말문을 닫아 버린다. 당신이 해야 하는 일은 당신이 상대의 마음의 문을 강제로 뜯어내어서 여는 것이 아니라 상대가 당신에게 들어올 수 있도록 마음의 문을 스스로 열게 하는 것이다.

아마 물고기가 그물에 걸린다면 분명 그물을 뚫고 나가려고 할 것이다. 그러면 그럴수록 더 이상 답이 없이 그물이 걸려서 결국 상대방에게 먹히고 만다. 그러나 상대가 스스로 그물의 탈출구를 열어 준다면 아무런 상처도 없이 그물에서 벗어날 수 있다.

우리는 사람으로서 지구상의 가장 우월한 고등생물로 하급 생물을 잡아내는 능력을 갖추었는데, 그 고등생물인 사람 중에서는 같은 사람마저도 하등 생물로 보고서 잡아먹어 버리려는 수단을 가지고 있는 사람들이 있다. 그리고 잡혀버린 사람들은 자연스럽게 호구가 된다는 점을 잊으면 안 되며 당신은 그물을 끊거나 찢으려 하지 말고 상대방의 그물을 걷도록 하는 방법을 사용하였으면 한다.

거짓을 품은 행동

의사소통에는 언어적 의사소통과 비언어적 의사소통이 있다고 하였다. 그 중에서 비언어적 의사소통이 우리의 의사소통에 대부분을 차지하고 있고, 이 내용에 대해서는 많은 연구 결과에서 나오게 되었다. 예를 들어서 당신이 카카오톡이나 문자, 페이스북 메시지로 누군가와 연락을 하는 것과 전화로 연락을 할 때, 그리고 직접 만나서 연락을 할 때 다 같은 멘트를 사용을 하더라도 분명 차이는 엄청난 차이를 줄 것이다. 연애 초반의 경우 전화나 메시지로 대화를 하는 연인보다 직접 만나서 대화를 하는 편이 훨씬 더 높은 연인 관계를 가지게 되고 있다는 연구 결과도 있으며, 텔레마케팅을 통한 영업보다 직접 영업인과 대면한 상황에서 영업이 훨씬 더 좋은 계약률을 올렸다는 사실도 있다.

이처럼 비언어적인 의사소통은 우리의 의사소통에 크게 작용을 하고 있는데, 그 비언어적인 의사소통에 거짓말 즉, 비언어적인 거짓말이 담겨 있기도 한다. 그러나 비언어적인 행동에 모든 행동이 비언어적인 거짓말이 아니라는 일부의 행동이 거짓이라는 점을 알고 있어야 한다.

당신이 비언어적인 의사소통에서 비언어적인 거짓말을 추려 내는데 모든 것을 집중한다면 언어적인 의사소통의 언어적인 거짓말을 놓칠 수 있으며, 또 너무나도 많은 정보가 지속적으로 들어오기 때문에 당신은 스스로 포기를 하거나 머릿속에 블루스크린이 떠 버리고 말 것이다.

그렇기 때문에 특정 행동, 자세나 반복되는 행동을 통해서 당신이 추측한다면 가위, 바위, 보에서 당신이 이기기 위해서 끝없이 생각하는 것과 마찬가지이다. '추측'은 당신이 진실을 가려내는 데 있어서 편견을 줄 수 있기 때문이다. 내가 당신에게 알려주는 거짓말을 가려내는 방법은 질문을 통해서 상대방이 자극을 받고 직접적이면서인 때에 맞춰서 나오는 적절한 반응만 집중적으로 분석할 줄 알면 되며, 그 경험을 쌓게 된다면 어떤 행동이 어떤 방식으로 나오게 될 때 상대방이 거짓말을 할 가능성이 높은지 밝혀낼 수 있게 될 것이며, 그 행동에 대해서 하나씩 알아보자. 그리고 이 행동들 역시도 단 1개만 보고서 상대를 거짓말로 단정하면 안 되며, 여러 질문을 통해서 상대의 반응이 거짓말을 하고 나오는 행동과 겹치게 될 때 거짓말을 하고 있다고 볼 수 있다.

첫 번째, 반응속도의 차이. 질문을 받은 상대가 더욱 빠르게 반응을 하거나 아무런 반응을 하지 않다가 일정 시간 이후에 반응한다면 거짓말로 봐야 하는 가이다. 거짓말의 가능성이 있지만, 그 질문에 따라서 다르게 된다. 즉, 여기서 '일정 시간'이라는 것에 대해서 상대방과 대화를 통해서 알아볼 수 있다. 대화하면서 상대방이 생각하고 대답을 하는데 걸리는 시간에 비해서 거짓을 할 때의 걸리는 시간은 갑자기 짧아지거나보다 지연이 될 가능성이 높다. 짧아지는 이유는 거짓말을 숨기기 위한 즉시 부정일 가능성이 있고, 길어지게 된다면 그 상황에 가장 적절한 변명을 떠올리는 시간이라고 볼 수 있다.

단, 질문이 너무도 터무니없는 내용이라면 이 방법은 제대로 사용할 수 없다. 상대도 기억하거나 알고 있을 만한 질문에 대해서 말을 해야 하는데, 갑자기 대답을 쉽게 할 수 없는 "당신은 2년 전 여름휴가 첫날에 무엇을 먹었는지 기억을 하나요?" 이렇게 말을 한다면 지금 당신만 봐도 생각이 길어지게 될 것이다. 아니면 기억이 안 난다고 할 수 있다. 그리고 대답을 하기 곤란한 질문으로 "당신은 첫 성 경험은 누구와 했나요?" 이렇게 말한다면 즉시 "난 누구와 언제 첫 경험을 했다."라고 답을 할 수 있는 사람은 드물 것이다.

두 번째, 언행불일치(言行 不一致). 즉, 말과 행동이 따로 노는 건데, 말은 긍정하면서 행동은 부정하거나, 반대로 행동은 긍정하면서 말을 부정하는 것이다. 거짓말을 할 때면 본인들도 모르게 그렇게 하는 경우가 있다. 한 번 지금 시도해 봐라. 고개를 좌우로 흔들면서 "맞아."라고 하거나 고객을 끄덕이면서 "아닌데"라고 하는 것이 말하는 것이 생각보다 의식하지 않고서 한다면 그 행동은 잘 나오지 않는다. 그런데 지금은 짧은 단답형 대답일 경우에는 마음먹고 한다면 언행 불일치가 가능하다. 하지만 조금 더 길어지는 대답을 한다고 생각을 한다면 어떠하겠는가? 서술형으로 부정문을 말하면서 자신의 행동을 긍정적으로 나타내는 것은 꽤 어려운 행동이며 거짓말을 할 때, 착오로 인해서 나타나는 행동이라고 할 수 있다.

세 번째, 눈과 입을 숨긴다. 이는 상대방이 거짓말을 당해서 나타나는 행동을 보고서 자신이 숨기기 힘든 표정을 가리기 위해서라고 할 수 있다. 당신을 호구로 만들어서 자기 이득을 취한 사람이 그 상황이 얼마나 기쁘겠는가. 그 상황에서 웃음이라도 나오게 된다면 당신이 거짓말에 당했다고 눈치를 챌 수 있으니 자연스럽게 눈을 감거나 손으로 입을 가리는 동작을 하게 될 수 있다.

또는 거짓 눈물을 흘리는 척 눈을 가리거나 고객을 돌리는 것조차도 당신을 속이려는 방법인데, 이는 우리가 드라마나 영화에서 많이 보았기 때문에 충분히 알아차릴 수 있는 일이라고 생각을 할 수 있지만, 우리가 봤던 상황이 드라마나 영화여서 그 장면을 클로즈업시키거나 나타내 줘서 알 수 있는 장면이며 그렇지 않고서 쉽게 알아차릴 수 없는 상대방의 반응이다.

네 번째, 헛기침과 침 삼킴. 이 반응은 만화에서 많이 나타났던 장면이기도 하다. 이때 질문에 대해서 대답을 하기 전에 나오는 헛기침이나 침 삼킴 등이라면 거짓말의 가능성이 있지만, 대답을 다 하고 나서 하는 헛기침이나 침 삼킴 등은 그냥 생리적인 작용일 수도 있으니 신경을 쓰지 않아도 된다.

다섯 번째, 신체 말단 부분을 만지는 행동. 사람들은 거짓말을 하다가 걸리게 될 것 같으면 신체의 생리적 반응이 일어나게 된다. 그 반응은 불안감에서 나오게 되며 사람의 신체가 불안감으로부터 방어하기 위해서 신체 능력을 올리려 하고 그렇게 되면서 근육에 혈액을 더 많이 공급하게 된다. 필요한 근육을 더 활발하게 이용해야 한다는 생리적인 반응을 일으키는 것이다. 그때 근육에 더욱 많은 혈액을 공급해야 하는데, 헌혈을 갑자기 받지 않는 한 신체에 있는 혈액을 이용해야 하고, 당장 혈액이 부족하게 들어가도 괜찮은 신체의 말단 부분의 모세 혈관에 있는 혈액을 대출받아다 쓰는 것이다. 그리고 이때 모세혈관이 자극을 받으면서 가려움이나 '한기(寒氣)'를 느끼면서 자기도 모르게 신체의 말단 부분에 손이 가거나 스스로 움직일 수 있는 부분이라면 움직이기도 한다. 입술을 깨물거나 하는 행동이 그러면 거짓말이 들통이 나면서 귀를 만지거나 코를 만지는 등의 행동도 이에 따른 행동이라고 할 수 있다. 그리고 두 손을 맞잡거나 비비고, 손가락을 서로 꼬는 행동이 거짓말을 하고서 불안감에 나오는 반응으로 볼 수 있다.

여섯 번째, 신체 고정 점의 이동. '고정 점(固定 占)'이라는 말이 생소하게 들리지 않는가? 고정 점에 대해서 간단하게 설명하고 시작하겠다. 고정 점은 우리가 자세를 잡고 있는 데 있어서 움직이지 않게 해 주는 부분을 뜻하는데, 일어서 있을 때는 우리가 서 있는 자세를 잡기 위해서 머리카락이 고정 점이 된다. 그리고 고정 점은 제1 고정 점과 제2고 정점이 있는데, 서 있는 자세에서는 두 발을 제1 고정 점이라고 할 수 있으며, 팔짱을 끼고 있었다면 팔이 제2고정점이 되며, 주머니에 손을 넣거나 허리에 손을 얹었다면 손이 제2고정 점이 될 수 있다. 서 있는 자세와 달리 앉아있을 때는 허리, 엉덩이, 발이 제1 고정 점이 되며, 팔걸이가 있다면 팔꿈치가 제2고정 점, 팔걸이가 없거나 걸치지 않고 서 있을 때는 손이 있는 위치가 제2고정 점이라고 할 수 있다. 이 고정 점의 이동이라는 것은 신체 말단 부분을 만지는 행동과 비슷한데, 거짓말을 하면서 그에 추궁을 받거나 거짓말이 탄로날 수 있을 만한 질문을 받게 되면서 상대방은 처음의 고정점에서부터 다른 자세로 바꾸면서 이동을 하게 될 것이다. 서 있는 사람이 앉거나 앉아있는 사람이 서 있는 행동이라면 누구라도 고정점이 이동하는 것을 확인할 수 있는데, 그렇지 않고서 같은 자세에서도 고정 점의 이동이 있다면 확인할 수 있다. 특히 발이나 다리를 제1 고정 점으로 두는 이유는 평소에 다른 저항을 별로 받지 않고 활동에 비해서 크게 신경을 쓰지 않는 부분이기 때문이다. 그래서 다리를 떠는 행동 등이 여기서 나왔다고 할 수 있다.

앉아 있을 때도 소파 같은 고정 점의 이동을 놓치기 힘든 의사에서는 유심히 관찰해야 하지만, 바퀴가 달려 있고, 조금만 움직여도 삐꺽거림을 알 수 있는 사무용 의자에서 거짓말에 따른 질문을 잘 확인할 수 있다. 단, 이때 당신이 던진 질문이 거짓말을 나타내는 질문인지를 확인하여야 한다. 내가 이 방법을 호구 생활을 너무 오래 했던 지인에게 알려주었더니 온갖 사람이 거짓말쟁이 투성이라며 나무라는데, 거짓말을 캐내기 위한 서로 대화를 하는 중이라면 몰라도 사람이 자세를 바꿔 잡거나 움직이는 점에 대해서 모두 다 의심하는 방법이 아님을 알아야 한다.

일곱 번째, 품행 정리. 거짓말을 하고서 받는 질문에 대해서 반응할 때, 자신의 신체를 만지거나 자세를 바꾸는 등의 행동 외에 한 가지 더 행동이 있는데, 자신의 품행을 깔끔하게 하거나 주변의 사물을 정리하는 등의 행동을 한다. 자신의 품행을 가다듬을 때는 남자라면 넥타이를 가다듬거나 옷깃을 정리하고, 소매를 바로 잡는 등의 행동을 하고, 여자라면 귀 뒤쪽으로 머리 몇 가닥의 머리카락을 넘기거나 치마를 똑바로 정리하는 등의 행동을 할 수 있고, 공통적인 행동으로 안경을 고쳐 쓰거나 시계를 만지고 옷의 매무새를 가다듬는 등의 행동을 한다. 땀을 흘릴 때도 신경을 써야 하는데, 그 땀을 그냥 흐르게 둔다면 상관없지만, 송골송골 맺히는 땀을 대답하면서 손수건 등으로 닦거나 맨손으로 닦고 있다면 거짓말을 하면서 자신이 땀이 나고 있고, 상대방이 눈치를 채지 않을까 하는 상황에서 나오는 행동이다. 주변을 정리하는 행동도 거짓말에 따른 행동으로 볼 수 있으며, 주변 컵이나 펜을 움직이는 등의 행동, 핸드폰을 사용하는 것도 아닌데 움직이는 행동, 시간을 보는 것도 아닌데 시계를 만드는 행동 등이 거짓말에 따른 불안감에서 나오는 행동이라고 할 수 있다.

지금까지 질문에 따른 상대방의 일곱 가지의 행동을 기반으로 거짓말을 하는지 확인을 할 수 있는데, 그저 상대방이 불안감에서 나타나는 비언어적인 행동임을 인지해야 하며, 여러 가지의 질문을 통해서 상대방의 반응을 지켜봐야 한다. 그저 상대가 이러한 반응을 한다고 해서 무조건 의심을 한다면 당신은 호구 생활을 탈출하기보다 인생을 피곤하게 살게 되는 상황일 수 있다. 거짓말로 당신을 구슬리는 행동에 카운터를 주기 위해서는 당신부터 상대의 거짓을 판단하는 데 있어서 일부분임을 잘 인지하고 있어야 한다. 당신이 상대방의 거짓말이 있다고 무조건 믿는 것은 절대 제대로 거짓말을 볼 수 없는 눈을 가지게 되는 것이다.

상대방의 말을 그대로 이해하라

상대방의 거짓으로 당신을 호구로 만들어가는 상황이라고 느낌을 받게 되었을 때, 우리는 상대방의 거짓말을 알아야 한다. 그런데 상대방이 진실과 거짓을 섞어가면서 거짓말로 당신을 희롱한다면 당신은 무엇까지 거짓이고, 나머지 진실은 무엇인지에 대해서 알 수 없으니 혼돈이 오게 된다. 그럴 때 진실된 정보를 얻을 목적으로 대화할 때 그 사람의 대화에서 정확하게 말하는 의도를 파악하고 나에게 전달되는 정보를 문자 그대로 이해하는 것이 중요하다.

예를 들어서 대학의 조별 과제를 하는 상황에서 조원이 조 모임이 나오지 않아서 조장이 연락하는 상황이라고 하자. 조장이 "지은 씨(가명), 오늘 조별 모임인 거 모르셨나요?"라고 말했을 때 오지 않았던 조원 지은이 이렇게 대답을 한다. "아, 오늘이 조별 모임이었어요? 저는 내일인 줄 알고서 내일 약속을 오늘로 바꿨는데~ 다음 주의 모임 때는 꼭 참석할게요. 죄송해요."라고 말을 했다. 그럼 당신은 이 대화에서 진실은 무엇이라고 생각하는가?

여기서 진실은 '오늘 조별 모임이었어요?'라는 말이 진실일 수 있다. 그리고 조원이 조장에게 말하지 않으려고 했었던 '전달한 의도가 없던 메시지가 있는데 나는 조별 모임에 대해서 완전히 망각하고 있었다.'라는 뜻을 가지고 있고, 그 거짓말을 뒷받침하기 위해서 뒤에 말을 이어서 자신이 '조별 모임에 신경을 쓰고 있었다.'라고 거짓된 진술을 말한 것이다.

전달할 의도가 없는 메시지를 당신은 읽을 줄 알아야 상대방의 거짓을 판단할 수 있게 되고, 당신이 듣고 싶었던 내용을 알아차릴 수 있다. 그렇지 않다면 당신은 상대방의 거짓말에 속아서 상대방이 숨기고 싶었던 이야기가 아닌 상대방이 숨기기 위해서 했던 이야기를 믿어버리게 되고 마는 것이다.

조별 과제에 대해서 더 이야기해 보면서 상대방의 거짓에 대해서 알아보자.

질문하는 방법 중에 '벌칙'에 대해서 말을 하도록 하는 것이다.

조장은 조별모임에 참여하지 않는 조원에 대해서 이렇게 질문을 한다. "그럼 지은 씨. 조별 모임에 오지 않는 조원을 어떻게 하면 좋을까요?" 이 질문은 받게 된다면 상대방은 자기의 처벌을 스스로 만들어야 하는 상황이고 말을 잘못한다면 처벌을 그대로 받게 된다는 사실도 인지하고 있게 된다. 꾼들에게 거짓말을 한 사람에게 어떠한 처벌을 받겠냐는 질문에 대해서 나는 그 처벌을 아주 단호하게 처벌해야 한다고 말을 하는 사람은 그 처벌을 받지 않아도 되는 사람이 말을 한다는 사실을 알고서, 꾼들은 그 상황에서 아주 강력하게 처벌을 해야 한다면서 자신의 입장을 버리고서 말하고 있었다. 그렇게 생각하는 것으로 꾼을 우리는 거짓말을 하지 않는 사람으로 인식하였기 때문이다. 하지만 이 점은 꾼들이 당신의 머리에 영향력을 가하는 고급 거짓말이었다. 꾼들은 거짓말에 대해서 프로이다. 통달한 거짓말쟁이가 당신을 속이기 위한 방법은 얼마든지 있으며, 그중에서 가장 좋은 방법은 자신의 거짓말을 읽을 수 없게 만들어 버리는 것이다.

즉, 꾼의 기질을 가지고 있던 지은이라면 지금 이 상황에서 불참석 조원 지은이 "저라면 조원들의 의견을 종합해서 그 조원에 대해서 퇴출을 시켜야 한다고 생각해요."라고 말함으로써 자신이 받을 수 있는 처지임에도 강한 말을 함으로써 조장의 생각에는 '그럼 너를 퇴출해도 될까?'라고 생각을 할 테지만 여기에 조건이 붙는다는 사실을 보지 않고 조장은 생각했을 것이다. 그 상황에서 조장이 "그럼 지은 씨가 오지 않았으니 퇴출할게요."라고 말을 받고서 "조원들의 의견이 종합이 되어 있는 건가요?"라고 반박할 것이고, 그 상황에서 "조원들의 의견을 저도 같은 자리에서 듣고서 그럼 제가 나가도록 할 테니 다음 조 모임에서 결정을 하죠."라고 말할 것이다. 현재 상황을 뒤집어버린 것이다. 자신을 퇴출하기 위해서는 조원들과 의견을 자신이 함께 있는 자리에서 해야 한다는 조건을 걸어서 자신의 거짓말보다 다른 쪽으로 눈을 돌리는 방법을 사용하였다. 이 상황에서 꾼을 꺾기 위해서 조장은 "오늘 조 모임에서 지은 씨가 불참한 이유에 대해서 상황을 전달하고 종합의견을 정하고 잠시 후에 알려드릴게요."라고 말한다면 꾼은 자신의 상황전달과 종합 의견의 참석이라는 목적성이 낮아지면서 결국엔 퇴출을 당하게 될 수 있다는 사실에 진실을 말하게 될 것이다. 이러한 방법으로 당신을 호구로 만들려는 꾼에게 카운터를 날려야 한다.

그러나 꾼의 기량이 부족한 보통 사람이 호구를 만들 때 거짓말을 했다면 조장의 벌칙질문에 대해서 이렇게 대답을 할 것이다. "음~ 물론 불참한 조원에 대해서 다시 한번 더 시간을 공지해 주면서 다음부터는 잘 나오는 방향으로 해야 한다고 생각은 드는데, 잘 모르겠어요."라고 자신이 받게 될지 모르는 처벌이니, 자기 스스로 관대한 벌칙을 주게 되는 것이다. 여기서 전달하지 않으려 했던 메시지가 보이는가? 이 정도의 답변에 대해서 캐치할 수 있는 능력이 필요하다. 여기서 그 메시지는 '내가 불참한 것에 대해서 처벌이라니? 너무 오버하는 것 아닌가?'라는 메시지가 담겨 있다. 그리고 잘 모르겠다고 하는 것은 자신의 처벌을 받아야 하는 것에 대해서 잘 모르겠다는 메시지로 읽을 수 있다.

　스스로 처벌을 어떻게 하면 좋겠냐는 질문에 대해서 '꾼'의 기량이 떨어지거나 보통 사람이 호구를 만들기 위한 거짓말을 할 때는 자신에게 받을 수 있는 리스크를 한없이 줄이게 된다. 바가지를 씌우는 사람에게 "이것이 잘못되었다면 어떻게 조치를 해야 할까요?" 라거나 직장 상사가 잔업을 강요시킬 때, "과장님, 부하직원이 회사에 대해서 큰 불만을 품고 있을 때, 어떻게 조치를 해야 할까요?" 등의 질문에 대해서 어떻게 반응하는가에 따라서 당신은 상대방의 말 속의 메시지를 읽어낼 수 있도록 하고, 꾼의 기량이 높은 사람이었다면 감정적인 내용에 대해서 묻어두고서 당신이 전달하는 질문에 대해서 어떻게 해결을 하면 좋을지에 대해서 말을 하는 것이다. 법치주의 국가에서 법보다 위에 있는 사람은 없고 모든 사람은 법에 평등하기 때문이다.

진실을 낳는 질문

여기서 내가 당신에게 여러 가지 질문의 방법을 알려줄 것이다. 이 질문의
방법을 통해서 당신은 거짓말을 캐낼 수 있는 단서를 많은 것을 알게 되고, 꾼
들이 당신을 거짓말로 농락하려고 할 때, 역으로 카운터를 먹일 수 있을 것이
고 당신은 점차 거짓말에 대해서 '도(道)'가 튼 사람이 될 수 있다.

첫 번째, 유추 질문. 추정을 통해서 하는 질문인 유추 질문은 당신이 익히 알
고 있는 '유도 질문'과는 조금 비슷하면서도 다른 질문의 방법이다. 유도 질문
은 "당신은 ~을 했어요. 그렇죠?" 와 같은 질문인데 그 질문을 받게 된다면 대답
은 Yes or No의 답만 주어지게 되므로 상대방이 유도 질문에 대해서 파악을 하
고서 거짓을 말한다면 당신은 더 이상의 정보를 이끌어낼 수 없다. 그렇지만
유추 질문은 "당신이 보기엔 ~이 어떻다고 생각하나요?"라고 말을 받는다면 상
대방은 거짓을 하지 않았을 때의 답은 "내가 아는 것은 ~것이다. (같은 대답으

로 진실을 이야기할 테지만, 거짓으로 당신을 우롱하던 상대라면 당신의 유추 질문에 대해서 "~대해서 어떻게 생각하냐고요? 나한테 왜 ~ 관해서 묻는 건가요? 내가 ~대해서 어떻게 알겠어요? 나는 ~에 대해서 모른다고요." 등과 같이 짧게 답을 할 수 있음에도 길게 대답할 것이다. 그리고 흥분할 일이 전혀 아니다.

예를 들어서 보자면 당신이 지금 최신 스마트폰을 바가지를 쓴 상황에서 대리점 사장에게 상황을 묻고 있다. 그때 "사장님께서 생각하기에 지금 이 조건에 대해서 어떻게 생각하시나요?"라고 했다고 하자. 그럼 사장이 거짓이 없이 당신을 위한 최적의 조건을 했다면 "내가 해줄 수 있는 한 이 조건이 최적이에요." 등과 같은 이야기를 하겠지만, "이 조건에 대해서 어떻게 생각하냐고요? 아니, 그럼 여기서 더 어떻게 해 줘요? 여기서 어떻게 더 해드려야 할지 모르겠는데요." 등과 같이 말을 할 것이다. 이렇게 이야기한다면 두 가지의 답변으로 모두가 가능한 답변이라고 생각할 수 있지만, 첫 번째 대답은 '최적이에요.'라고 하고 종결을 지었다. 즉, 바가지를 씌우지 않았다면 손해 볼 것이 없기에 당신이 여기서 무슨 말을 하더라도 더 이상의 답은 나올 수 없다고 말한 것이며, 여기서 당신이 떠나가더라도 아쉬워할 수 없는 조건이라고 메시지를 담고 있다.

그런데 두 번째의 답은 당신의 답에 대해서 우회적으로 돌리며 그 상황에서 상대방이 유리한 위치로 올라가기 위한 답변이라고 할 수 있으며, 잘 모르는 당신이라는 사실을 알고 있기에 자신도 모르겠다고 하고, 여기서 더 무엇인가를 바라는 것은 안 된다. '내가 제시한 조건에 왜 불만을 품는 거냐?' 등의 메시지를 가지고 있고, 무엇인가 다음 질문에서 당신이 조건을 수긍하도록 하는 방법이 될 수 있다. 그리고 그 상황에서 분명 더 좋은 조건 등을 뽑아낼 수 있기 때문에 당신이 나오는 말에 대해서 어떻게든 받아칠 수 있는 거짓말을 만들고, 당신이 할 수 있는 말에 대해서 한정적으로 좁히는 방법이라고 할 수 있다. 거짓으로 당신한테 바가지를 씌웠는데 떨어져 나가려고 한다면 호구가 벗어나려는 조건에 대해서 당연히 불만이고, 당신의 불만을 들으면서 불만을 처리하려는 기법이라고 할 수 있다.

두 번째, 사고 질문. '사고(思考)'를 불러일으키는 질문이라고 할 수 있는데, 당신이 호구로 잡혔을 때, 상대방에게 던지는 이 질문으로 상대방은 좋은 쪽이 아니라 안 좋은 쪽으로 계속해서 생각하는 질문이라고 할 수 있다. 예를 들어서 회사원인 당신에게 "사장님께서 지금 당장 사장실로 오라고 하시는데?" 이런 말이 떨어졌다면 어떻게 생각하겠는가? '사장님께서 당신을 승진시켜주려고 부르시려나? 무슨 포상을 주시려나? 하는 좋은 생각을 할 수 있진 않을 것이다. '아— 무슨 일이지? 내가 무슨 실수 했나? 내가 제출한 기획서가? 술집에서 내가 하는 이야기를 들었나? 누가 내 험담을 했나? 내가 무슨 잘못을 한 거지? 등과 같은 생각을 하게 될 것이다. 이와 비슷한 방법으로 그 사람의 사고를 한순간에 다른 생각이 없이 그 생각만을 할 수 있도록 사고를 지배하는 질문이 사고 질문이라고 할 수 있다.

이러한 방법의 질문으로 미끼 상품으로 당신을 매장으로 부른 중고차 딜러한테 바가지를 당할 것 같은 상황에서 당신이 딜러에게 이러한 질문을 해 보자. "혹시 제가 지금 이 차 말고 다른 차를 봐야 할 이유가 있나요?" 그 차를 팔려고 하는 딜러라면 당연히 그 상황에서 '아니요. 이 차를 가져가시면 됩니다.'라고 대답하게 될 것이다. 하지만 그 차가 미끼 상품이라면 딜러는 '이 차에 대해서 어떻게 안 좋게 이야기를 하지? 더 좋은 차가 있다고 해야 하나? 아예 안 산다고 하면 어떻게 하지? 여기서 이 사람을 잡을 방법은 무엇일까? 등과 같은 생각을 하면서 즉시 나올 수 있는 대답임에도 잠시 침묵을 하고서 말을 할 것이다. 당신이 이 차가 아니면 안 될 것 같다는 뉘앙스를 담은 그 질문에 대해서 그 차를 깎아내리게 된다면 당신은 떠날 가능성이 크기 때문이다.

이처럼 질문을 할 때는 명확하게 해야 한다. 위의 '사장님' '사장실' '지금 당장'이라는 명확한 이야기가 있었고, 딜러한테 질문에서 '지금' '이 차' 등과 같이 명확한 말에 대해서 상대방이 거짓을 말하고 있었다면 당신을 바가지 씌우기 위해서 머리를 굴려야 하므로 잠시 시간을 두거나 전혀 엉뚱한 동문서답을 할 수 있다. 질문할 때에는 '혹시 ~ 할 이유가 있나요?'의 표현을 하면 상대방이 거짓말을 할 상대일수록 수없이 많은 사고를 하게 되면서 당신을 속이기 위한 다른 거짓말 등을 떠올리게 한다. 이때 사고 질문을 '허세'로 생각하는 경우가 있는데 완벽하게 다르다는 것을 알아야 한다. 허세일수록 명확할 수 없으며, 사고 질문을 허세로 한다면 위의 질문을 "누가 사장실로 오라고 하는데?" 라거나 "여기 이 차보다 좋은 차는 없다고 하던데요. 맞나요?" 등과 같이 허세가 낀 말을 하게 된다면 상대방은 당연히 "누가요?"라고 하게 될 것이고 역공을 당할 기회를 주게 된다. 그리고 그 상황에서 '누가'를 대답하지 못한다면 당신은 호구로서 먹히는 일만 남게 된다. 비슷하게 "여기 말고 다른 곳은 ~데요?" 등과 같은 말을 할 대, 그곳에 대한 정확한 정보를 가지고 있지 않는다면 당신은 바가지를 피하기보다는 새로운 바가지를 한 번 더 쓸 기회를 만든다고 생각을 하고 부 명확한 허세는 절대 금물이다.

방금 유추 질문과 사고질문은 상대방이 기분을 상하지 않게 하는 방법으로 정보를 얻어낼 방법이다. 유도 질문 같은 경우에는 상대방을 떠보는 질문으로 상대방이 더 문을 닫고서 정보를 주지 않고, 대화의 길이 닫힐 수 있다는 사실이다. 그리고 유추 질문, 사고 질문 역시도 대화 속에서 지속적으로 한다면 상대방이 당신이 자신의 거짓말을 하고 있다고 생각하고 거짓말이 아닌 진실을 꺼내게 하려고 하는구면. 당신을 호구로 만들라고 했던 것을 눈치챘다고 생각하고서 상황이 어려워질 수 있다. 그러니 대화에서 유추 질문, 사고 질문은 1~2시간의 대화가 된다면 2번까지는 괜찮지만, 그 이상의 사용은 금지이며, 일반적인 대화라면 1시간 미만이므로 1번까지만 사용을 해야 당신이 거짓말을 파악하고 있다고 상대가 생각할 수 없다. 그리고 이 경우도 상대가 확실히 거짓말임을 어느 정도 눈치를 챈 상황이 아니라면 괜히 상황만 이상하게 되니 사용을 안 하는 것이 좋다.

또한, 유추 질문과 사고 질문은 중립성을 가지고 있어야 한다. 솔직히 모든 질문이 중립성이 있어야 한다. 질문에 "네가 나한테 사기 치고 있지?" "너, 지금 나한테 거짓말하니?"의 '편립(偏立)'된 질문을 한다면 상대방은 어떻게 생각을 하겠는가? 그 상황에서 다른 거짓말이 나올 수 있다. 하지만 중립적인 질문을 한다면 상대방에게 진실을 이끌어 낼 수 있다. 편립적인 상황에서는 상대방이 무슨 대답을 유도하기 위함이 뻔히 보이지만, 중립적인 상황에서라면 어느 쪽의 대답이 나올 수 있는지 계산을 하고 있다고 생각할 수 없기 때문이다. 그리고 질문에 대해서 상대방이 거짓 대답을 하더라도 그러한 답이 질문하는 방식이 아닌 질문 자체와 관련이 있길 바랄 것이다.

상대방이 거짓말을 하기로 했다면 유추 질문과 사고 질문은 거짓 행동을 더욱 증폭시키는 경향이 있다. 그리고 상대방이 당신을 속이고 이용하기 위해서 계산을 하고 있던 시나리오가 있을 것이다. 하지만 그 시나리오에 갑작스러운 질문으로 애드립을 이어나가야 할지, 아니면 시나리오대로 진행해야 할지에 대해서 생각을 하면서 상대가 거짓을 하고 있던 점에 대해서 '사실은…….' '솔직히…' 등과 같이 당신에게 거짓말에 대해서 정보가 흘러나올 수 있게 된다.

중립적 이유에 대한 마지막은 당신의 질문에 대해서 상대방이 흥분하거나 화를 낸다면 거의 거짓말일 가능성이 크다. 편립적인 상황이라면 당신은 상대방을 자극할 수 있는 대답으로 유도를 했겠지만, 중립은 상대방 대답을 유도가 없었기에 흥분을 한다는 것은 거짓임을 드러내는 것이라고 볼 수 있다.

진실을 낳는 질문 2

위에서 유추 질문과 사고질문으로 상대방이 스스로 거짓임을 자백할 수 있는 질문을 알게 되었는데, 그 외에 진실의 정보를 알아내는 질문법들이 몇 가지 더 있고 더 알아보기로 하자.

첫째, 공백 질문. 이 질문은 중급 거짓말인 생략에 의한 거짓말을 꺼내기 위한 질문이라고 할 수 있는데, 공백에 대해서 알아내기 위한 질문이라고 할 수 있다. 생략에 의한 거짓말은 정보를 일부러 빼먹으면서 일부분의 정보만 주는 거짓말이라고 했다. 예를 들어서 당신이 어떤 계약을 하면서 "~ 한 조건으로 충분히 만족하실 겁니다."라고 하며 계약을 할 때, 당신이 무엇인가를 놓친 것 같은 기분이 든다. 이렇게 질문을 하라. "내가 더 알아야 할 내용 중에 빠진 것이 있나요?" 이 말을 듣게 된 상대방은 생략의 거짓말로 당신이 알아야 하는 중요한 내용을 일부러 빼고 넘어가던 중에 말을 해야 하는 상황이라 그 말에 대해서 해줄 수밖에 없다.

두 번째, 짧은 질문하기. 당신이 질문할 때, 담고 싶은 말이 있어서 우회하면서 길게 질문하게 된다면 상당히 루즈해지고 질문의 의도를 알 수 없게 된다. 원래 받고 싶었던 답과 다른 답이 나올 수 있으니 질문에 대해서는 간단명료하게 질문해야 한다.

세 번째, 단순 질문하기. 누가 들어도 그 알아들을 수 있는 질문을 해야 한다. 전문용어를 사용하거나 남들이 잘 사용하지 않는 고상한 언어를 사용한다면 상대가 그 질문에 대해서 알아들을 수 있다고 생각하는가? 위의 짧은 질문을 간추리기 위해서 한자어 등으로 내용을 줄이더라도 딱하면 척할 만한 알아듣는 질문을 해야 한다.

네 번째, 솔직한 질문하기. 질문하는 당신이 솔직한 태도를 보일수록 상대방에게 신뢰를 얻을 수 있고 결과적으로 거짓말에서도 진심이 담긴 메시지를 뽑아내기 수월해진다. 거짓을 알아내기 위해서 당신이 거짓말을 했다간 진실이 아니라 다른 거짓이 돌아올 수 있다.

상대방의 거짓말을 알아챘다

지금까지 상대방의 거짓을 보는 여러 가지 방법을 알게 되었다. 거짓말은 당신을 속이고, 그렇게 속은 당신은 호구가 되어서 이용당한다. 그런데 상대가 거짓말로 당신을 속이고 있는 방법을 알아차리면 어떻게 행동을 할 것인가?

처음 부분에도 말을 했지만, 호구가 되는 것을 눈치채고서 가만히 있으면 그걸 내가 어떻게 해줄 수 없다. 지금까지 당신을 거짓말에 속아서 호구가 되었다면 거짓말을 눈치채는 법을 알려주지 않았는가. 그럼 거짓말을 알아차렸을 때, 당신은 여러 가지 방법으로 호구가 되지 않기 위해서 간단한 방법을 알려주겠다. 이 방법에 대해서는 모범답안일 뿐 거짓을 구분한 당신의 행동에 대해서 정답이 없음을 미리 알려준다.

하나, 부정적 질문을 하지 마라. 상대방이 거짓말을 했다고 알게 되었어도 당신은 부정적으로 나와서는 안 된다. 상대방이 스스로 자백을 한 것도 아닌데 당신이 여러 가지 방법으로 거짓말임을 알았다고 해서 상대방을 부정하는 질문을 한다면 상대방은 대화의 문을 닫고서 당신과의 관계에 대해서 좋은 결과는 나오지 못할 것이다.

둘, 밑밥 깔기. 상대방이 당신의 질문을 통해서 거짓임을 이미 어느 정도 눈치를 챘다면 사실을 말하게 만들어야 한다. 하지만 그전에 밑밥을 깔아둔다면 사실을 말하는 데 있어서 윤활제의 역할을 할 것이다. 당신이 질문하는 데 있어서 "내가 정말 중요한 건데." "정말로 중요한 거 같아서." "알고 가야 하는 거라서." 등과 같은 멘트로 당신의 질문이 중요하다고 말하는 것이다. 별로 그 상황과 중요하지 않아도 된다. 그냥 그 말을 할 때, 밑밥을 던져 주는 것으로 상대방의 심리에 영향력을 주는 방법이다.

셋, 가능성을 언급하라. 거짓말이 다 들통이 나도 이 인간들이 계속해서 거짓을 이야기한다면 돌아버리겠지만, 더 돌아버리겠는 건 상대방이 기억이 안 난다고 시치미를 떼면 진짜 미쳐버리는 상황이 온다. 하지만 그때 '내가 미친놈이다~!' 하면서 흥분하지 마라. 그것을 상대가 유도하는 상황일 수 있다. 그럴 때는 "~할 가능성이 있을까요?" 등과 같은 질문을 하는 것이다. 유도 질문과 비슷하다고 할 수 있지만, 사고 질문에 가깝다. 당신은 아무런 생각 없이 가능성에 관해서 물어본 것이다. 기억이 안 난다고 하는 사람에게 생각하게 함으로써 가능성이 현실로 나오도록 질문을 하는 것이다.

넷, 다각도에서 접근하라. 상대가 거짓말을 했다고 해서 그쪽에서 진실을 찾아내기 위해서 질문을 하거나 여러 가지 방법을 하기는 힘들 것이다. 그럴 때는 다른 각도에서 접근하는 방법도 도움이 된다. 아마 거짓말을 했는지 눈치를 챘다고 해도 그 상황에서 화를 내면 더 좋아질 것은 없지만, 일단 당신은 호구를 탈피할 수 있다. 그리고 다른 각도에서 당신이 다가가는 방법으로 당신을 그의 편이라고 느끼게 해 주는 것이다. 당신에게 바가지를 씌우려는 사람이 있

다고 하자. 그 사람이 거짓말로 당신을 속이려고 했다가 당신의 거짓말 판단
방법으로 거짓말을 알아채도 그 상황에서 그 업체를 이용을 거부하기보다는
상대편에게 이러한 거짓말은 나에게 소용이 없다. 그러니 나에게만큼은 깨끗
하게 합리적인 소비를 할 수 있게 해달라고 한다면 상대의 입장에서는 바가지
는 안 통해도 정당한 영업을 할 수 있으니 손님을 놓치지 않은 격이 되어서 서
로 윈윈할 수 있는 방법이 된다.

꿰뚫어보는 눈과 귀에
걸맞은 머리를 가져라

여기까지가 내가 알고 있는 거짓말 기법의 일부분이다. 하나하나 예시로 들면서 이야기를 한다면 그건 호구 탈출이 아니라 아마 당신이 마취 총이 달린 시계를 가지고 다니는 꼬마나 자기의 이름은 걸지도 않고 돌아가신 할아버지의 이름을 거는 고등학생과 비슷한 직업을 가져도 되지 않을까 생각한다. 정말 여러 가지의 거짓말의 기법이 차고 넘쳐나며, 한 가지의 거짓말이 아니라 지금 여기에 있는 거짓말을 알아차리는 기법을 병행하여서 사용해야만 알아차릴 수 있는 거짓말은 수도 없이 많다. 그러나 호구가 되는 상황을 알아차릴 방법이 될 수 있다면 적어도 당신은 그 상황을 회피할 방법이 될 수 있다고 생각하고 있다. 거짓말의 판단 기법을 통해서 속아 넘어가서 호구가 되지 않길 바라고, 절대 거짓말로 상대를 속이는 일은 안 했으면 한다.

잘하는 거짓은 진실보다 더 진짜 같다

안경을 바꿔 써야 깨끗하고 멀리 보인다

지금까지 잘못 알고 있었고, 자신도 모르게 그렇게 생각하던 방법 때문에 거짓을 제대로 보지 못하는 경우가 많았더라면 한 번 제대로 눈을 크게 뜨고서 앞을 보려고 해 보자. 지금까지의 당연함이라고 생각했던 함정이 얼마나 큰 거짓말을 불러오고 있었는지.

이제 진실 속의 거짓을 보자

진실을 숨기기 위해서 거짓말을 한다면 결국은 하나하나 들통나면서 결국에는 숨기려 했던 거짓이 드러나지만, 거짓을 숨기기 위해서 진실을 이용한다면 더 이상 깊게 들어가려고 하지 않는 점을 이용하고 있었다는 것을 다시 한 번 더 확인하자.

거짓말에도 등급이 있다

거짓말을 잘 하는 사람. 그리고 거짓말로 엄청난 수익을 만드는 사람들이 있다. 그 들이 구사하는 상급 거짓말부터 잘 모르면 당하는 중급 거짓말. 그리고 일상에 널리 사용하는 하급 거짓말에 대해서 어떻게 사용이 되는지 알아보며 거짓말 탐지 능력을 키워라.

거짓말은 숨길 수 없다

자기도 모르게 흘러나오는 거짓말의 신호를 통해서 거짓말을 확인하는 것만으로 바가지를 씌우려는 거짓말의 행동을 눈치챌 수 있는 방법이 될 것이다.

알게 모르게 속고 있다

거짓말은 절대 드러나게 하지 않는다. 누군가를 속이기 위해서라면 더욱 거짓말같이 말을 하지 않는다. 거짓말 탐지기 프로그램이 머릿속에 설치가 되어 있다면 분명 극복할 수 있음을 명심하고 다시 확인하여라.

메시지를 알면 누구와도 편해진다

상대방이 전달하려는 뜻을 알아차리는 것만으로도 무슨 이야기를 하는지 알게 되고, 상대방의 의도를 알게 되었다면 그 후부터는 상황의 진행은 당신으로부터 진행이 될 수 있음을 알아라.

던지면 나오는 진실

거짓말도 능숙하게 한다면 알아차릴 수 없게 점점 두꺼운 갑옷을 입는다. 하지만 그런 갑옷도 무장을 해제시킬 방법이 있는데, 바로 질문법이다. 어떠한 질문을 하는 것만으로도 상대방은 숨기려 하던 부분을 전부 노출할 수밖에 없다.

알아도 당하면 진정 호구

거짓말을 눈치채고 상대방이 어떠한 의도를 가졌는지 충분히 이해하고 알게 되었는데, 그대로 상대방의 의도를 따라줄 필요는 없다. 어떠한 이유에서건 상대방은 당신을 속이려 하였으니 그에 따르지 않도록 컨트롤을 하는 자세를 가져라.

제4장
상대방과 같은 층이 되어라

상처를 덜 주는 거절은
이렇게 하라

살다 보면 대개 불편한 사람들이 존재하지 않는가. 그리고 그런 불편한 사람들은 대게 당신을 이용하려고 하거나 곤란하게 만드는 경우도 있다. 일부 그냥 서먹서먹한 사이인 경우도 있긴 하지만, 그런 사이에서 상대방이 무엇인가 부탁을 하거나 할 때 당신은 당당하게 거절할 수 있나?

나 같은 경우에도 과거 알고 지내던 그냥 알고 지내던 친구가 일하는 곳을 '마스터즈'의 추천 업체로 선정해 달라고 하였고, 마스터즈의 신념을 잠시 약하게 생각하고서 우리 고객들에게 서비스를 잘해 줄 것이라는 믿음으로 그 자동차 정비센터를 소개했다가 고객의 불만이 자주 빗발쳐서 고객 소개와 함께 나도 직접 찾아갔다. 현실은 실망 그 이상의 상황을 보여주고 있었다. 과연 어떤 마음으로 나에게 손님을 많이 받을 수 있도록 부탁하는 것인가 생각이 들었으니 말이다.

그래서 생각한 결과 분명히 아예 모르는 사람일 경우에는 부탁에 대해서 거

153

절하는 것을 그렇게 어렵지 않게 생각한다. 당신은 070으로 전화가 오는 인터넷 가입 전화나 핸드폰 광고, 대출, 보험가입 전화에 대해서 쉽게 가입을 해 주는가? 만일 그렇다면 당신은 정말 이 책을 통해서 변화의 방향을 잡길 바란다. 아무리 '호구'라 할지라도 070 전화에 대해서는 거절을 잘하고 있을 것이다.

하지만 알고 지내지만 친하지 않은 사이의 부탁은 거절하기 진짜 애매해지는 경우가 있다. 특히 결혼한 입장이라면 시댁, 또는 처가 측에서 무엇인가를 부탁하였을 때 거절하는 것은 무척 어렵다. 친구 관계에서도 그저 알고 있는 정도 친구의 부탁에 대해서는 바로 거절하기가 힘들다. 그리고 당신보다 위급의 직책을 가진 상사나 선배의 부탁이라면 상당히 어려울 것이다. 위에서 거짓말에 대해서 알아챌 수 있어도, 거절하는 것은 어렵고, 거절하고 싶은데 거짓말이 아닐 경우에는 더 곤란해지기 마련이다.

그렇다면 당신이 거절을 못 하는 이유는 무엇이라고 보는가? 그저 당신이 그 상대방을 어려워하기 때문인가? 거절을 통해서 상대방이 기분이 상하고, 나중에 자신이 무슨 일을 당할지 모른다는 불안감 등이 작용해서 그럴 것이다. 그리고 거절하더라도 확실치 못한 거절, 즉 상대방이 작은 희망이라도 가져볼 수 있을 만한 거절을 하기 마련이다. 이 거절은 세일즈맨들에게 희망을 주는 거절로 '지금 돈이 없어서.' '조금 더 생각해 볼게요.' '집에 가서 상의해 볼게요.' '필요하면 연락할게요.' '나중에 살게요.' 등과 같은 방법으로 금전상, 고민성, 결정성, 필요성, 즉시성 등의 이유로 거절하는데, 그럼 이처럼 거절을 한다면 상대방은 기대를 품게 될 수 있다. 물론 거절을 자주 당한 영업인들의 경우에는 이와 같은 말이 거절이라는 뜻을 알고 있겠지만, '지금 돈이 없어서.'라고 한다면 '그럼 카드나 할부도 됩니다.'라고 할 테고, '조금 더 생각해 볼게요.' 한다면 '그럼 더 자세한 내용으로 설명을 해 드리거나 자료를 보여 드릴게요.'라고 할 수 있다. 다른 거절 역시도 '집에 가서 상의해 볼게요.'라고 한다면 '그럼 내일 연락드릴게요.'라는 답이 나오고, '필요하면 연락할게요.' 나 '나중에 살게요.' '언제 연락드릴까요?' 등의 답이 나올 수 있다. 그때 당신의 속마음은 어떠한가? 딱 잘라서 거절을 하고 싶지만, 거절할 수 없는 것이 아닌가. 물론 그와 같은 거절의 말을 나오게 하는 영업인이라면 영업 능력에 대해서 의심이 간다. 훌륭한 영업인이라면 저런 거절의 멘트가 나오지 않도록 해야 하는 것이 중요하기 때문이다.

그리고 이와 같은 상황에서 거절할 때, 상대방에게 깔끔하게 말을 하는 편이 좋다. '죄송합니다만 구매 의사가 없습니다.'라고 말이다. 당신이 조금 더 부드럽게 거절하기 위해서 한 거절의 방법은 상대방에게 약간의 희망을 주면서 상대방이 거절을 당한 것이 아니라 약간의 희망이 보였다고 생각할 수 있기 때문이다. 그런데 그런 희망을 주고서 나중에 거절한다면 상대방의 기분은 더 심한 상처로 날아오게 될 것이다. 그러니 그럴 때는 깔끔한 거절이 당신도 더 이상 귀찮지 않으며, 상대방도 포기를 하고서 다른 방법을 생각할 수 있다.

구매의 상황이 아니어도 마찬가지이다. 당신이 무슨 이유로 거절을 하거나 할 때, 그 이유가 거짓이라면 더욱이 깔끔한 거절이 필요하다. 당신은 거절을 깔끔하게 할 필요가 있다. 물론 이 같은 경우는 상황에 따라서 다르게 작용을 한다. 당신이 명절날 시댁에서 일하는 것은 인간관계다. 가족관계의 일로 회피하기 어려운 상황이다. 그런데 그 상황이 당신의 시간, 노동력, 기술의 소모라고 생각하며, 상대방이 당신을 호구라고 생각하지 않을 것이다. 내가 알려주는 방법은 당신이 부당하게 호구가 되는 것을 막아주는 것이지, 당신이 하기 싫은 것을 무조건 거절하라고 알려 주는 것이 아니다.

불편한 사람일수록
이렇게 하면 된다

당신이 불편하게 여기는 사람이 있지 않은가? 그런 사람이 당신을 호구로 만드는 꾼 중에서도 바가지를 씌우는 꾼이 아니라 당신의 시간과 노동, 기술을 이용하는 꾼이 있을 것이다. 그 사람이 당신을 우습게 보고서 여러 가지 업무를 시킬 수 있는데, 그렇다면 이 방법을 사용한다면 좋은 효과를 가져올 것이다.

첫 번째, 편한 사이가 돼라. 불편한 사이라면 방법은 간단하다. 편한 사이가 되는 것이다. 물론 그것이 어렵다고 생각할 수 있는데 편한 사이가 되기 위해서 상대방과 최대한 자주 접촉을 하는 것이다. 상대방이 당신과 친근한 사이가 아니라면 더욱 당신은 상대방에게 다가가도록 해라. 그저 접촉하기만 하는 것은 무의미하며 상대방에게 여러 가지 질문을 하고서 대화를 통해서 상대방의 정보를 이끌어내는 것이다. 그 정보를 기반으로 대화를 더 이어 나가는 편이 좋다. 그 꾼이 당신을 우습게 보고 당신을 이용하기만 했을 때, 꾼이 주변의 모든 사람을 전부 다 우습게 보고 이용한다면 이 방법은 통하지 않을 수 있지만, 많은 사람 중에서 유독 당신만을 호구로 보고서 이용한다면 당신에 대해서 아는 것이 부족해서 당신을 우습게 여길 수 있다. 일진의 친구들 사이에서 보면 아무리 힘이 없는 친구라도 재미있거나 함께 하는 친구한테는 무엇인가 시키거나 떠넘기는 경우는 없다. 그리고 그 입장은 나중에 상황이 바뀌어서 직장을 가더라도 친한 사람에게는 잔업을 주는 경우는 진짜 그 상황을 해결해야 하는 상황이라서 잔업을 맡기는 것이고, 잔업을 시키고 본인이 퇴근하지는 않았다. 하지만 잔업을 주면서 본인이 퇴근할 때를 보면 상대방, 꾼과 별로 친밀하지는 않았는지만 알고 지내는 사이의 경우에 그렇게 업무를 주게 될 것이다.

여러 가지의 상황에서 당신은 그 사람에게 거절의 의사를 제대로 표현하기 힘든 위치에 당신이 있기 때문에 거절하기 힘들었다면 당신이 그 사람에게 되도록 많이 접촉해야 한다. 처음부터 굉장히 친해질 수 있다고 생각하기보다는 그 사람의 공적인 일에서부터 사적인 일을 파고 들어가는 것이다. 사적인 이야기를 이끌어내면서 가족, 취미 등의 개인적인 이야기를 하게 되면서 공감을 해준다면 당신과는 점차 친밀한 관계가 형성될 수 있고 점점 당신의 머릿속에서도 그 사람에 대해서 불편한 사람이 아니게 될 수 있다. 사람을 싫어지게 되는 것은 불편함에서부터 시작하기 마련이다. 그런데 그 불편함을 해소하려는 방법이 있다면 친해지면서 편한 사이가 되는 것이다. 상대방만 편한 사이라고 생각을 한다면 분명 당신을 호구의 취급을 받을 수 있다. 그러나 당신이 상대방과 편한 사이라고 생각한다면 상대가 당신에게 무엇인가를 떠넘기거나 이용하려고 할 때, 당신은 큰 고민이나 부담감 없이 거절할 수 있을 것이다.

두 번째, 처음부터 불편한 사이가 아니라 상대방에게 질책이나 꾸중을 듣게 되면서 불편한 사이가 되는 경우도 있다. 그 상황에서는 첫 번째의 방법과는 다르게 상대에게 아주 과할 정도로 사과를 하고서 한동안 아예 접촉하지 않고, 상대방의 시야에서도 벗어나는 것이 중요하다. 상대방이 당신을 미워해서 그런 것이 아닐 경우에는 더욱 효과적이고, 미워하는 상황에서도 '과도한 사과'를 받고서 상대방이 계속해서 자신을 피해다는 것을 보게 된다면 스스로 많은 생각을 할 것이다. 처음에는 상대방이 '그래, 인정했으니 다행이다.' 이렇게 생각하겠지만, 시간이 지나면서 '내가 너무 심했었나?'라고 자책하기 시작한다. 그리고 당신에게 다가올 때는 당신에 대한 화는 모두 가라앉아 있을 것이고, 그 상황부터는 첫 번째의 방법을 사용할 수 있도록 접근을 시도한다면 더 좋은 결과를 가져올 수 있다. 다만 상대방에게서 벗어나는 상황일 때, 절대 당신이 상대방에게 삐져 있어서 무시하는 것이 아니라고 생각을 들게 해야 하며, 피할 때 당신이 계속해서 상대방에 대한 죄송함을 가지고 있다고 생각한다면 그것을 빌미로 당신을 호구로 만들려는 위치를 잡을 수 있으니 주의해야 한다.

세 번째, 마음의 앵무새가 돼라. 앵무새가 어떤 새인지 알고 있지 않은가? 사람의 말을 따라 하는 새이다. 불편한 상대와 대화할 때, 어떤 말을 해야 할지 모른다고 해서 알려진 방법이 상대방의 끝말을 따라 하면 된다는 말이 있다. 예를 들어서 "나 이번에 새 차 뽑았다."라고 말하는 불편한 상대가 있다. 그런데 거기서 "새 차 뽑았군요."라고 말을 한다면 더 이상 길게 할 말도 없고, 아무런 감성도 즐거움도 없다. 이것이 외적인 앵무새 효과로 앵무새처럼 하면 마음을 얻는다. 거울처럼 하면 마음을 얻는다는 말을 제대로 알려주지 않아서 나오게 된 오류라고 할 수 있다. 마음의 앵무새가 되는 것은 자신의 말의 핵심을 뽑아내서 듣고서 말을 해 주는 것이라고 할 수 있다. "나 이번에 새 차 뽑았다."라고 말을 했다면 당신은 "이거 축하드립니다. 이제부터 오너가 되어서 멋진 드라이브를 즐길 수 있으시겠어요."로 말한다면 상대방의 마음속에 생각하고 있던 '차가 생겼다' '운전할 수 있다' 등의 생각을 뽑아내서 말을 해 준다면 상대 말이 말을 하지 않았던 부분에 대해서 뽑아낼 수 있다.

거짓말을 읽는 방법에서 거짓말이 담고 있는 진실의 메시지를 읽는 것으로 상대의 거짓을 알아챘다면 이번에는 그 방법으로 상대방이 담고 있는 메시지를 읽고서 상대의 마음에 드는 소리를 해 주는 것이다. 불편한 상대일수록 이렇게 당신이 상대가 담고 있는 메시지를 읽어내어서 말을 한다면 자신과 코드가 맞는 사람이라고 생각을 해서 더 신뢰감을 느끼게 될 수 있고, 먼저 접근해 올 가능성이 있다. 이 방법을 당신이 꾸중을 듣거나 상대방에게 잘못을 말하고 있다면 상당히 효과를 볼 수 있는데, 상대방이 당신에게 화를 내는 이유가 있을 것이다. 그저 당신에게 아무런 상관없이 화를 내고 있다면 그것은 그냥 당신에게 시비를 거는 것이라고 할 수 있다. 그리고 그 상황에서 당신은 호구가 아니더라도 그 상황에서 누구라도 사과를 해야 한다고 생각을 할 텐데, 상대방이 그 상황에서 사과를 원하는 메시지라고 읽었을 때만 사과를 해야 한다. 그렇지 않고서 그저 사과한다면 상대를 당신보다 높은 위치로 올려주고 더 화를 내거나 권위를 갖게 되기 때문이다.

그렇기 때문에 상대방이 화를 낸다면 "제가 말씀하신 부분에 대해서 이런 식으로 이해를 했는데 맞나요?" 또는 "이 부분을 제가 이렇게 이해를 해서 이렇게 된 거 같은데 그렇습니까?" 등으로 대답을 해서 상대방의 마음 메시지를 읽었으니 "그래." "맞아." 등의 말을 이끌어 내는 것이다. 별거 아니라고 생각할 수 있는데, 이런 표현이 거듭되면서 상대의 분노는 가라앉으며 진정을 되찾고, 상대방의 요구 사항을 정확하게 파악할 수 없는 상황이라면 이 방법을 통해서 상대방이 무엇을 원하는지 찾을 수 있으니 그 방법에 맞출 수 있는 정보를 얻는

데 효과적이며 그 후에 상대방이 원하는 것을 맞춰 준다면 믿음과 신뢰를 얻는 것은 당신의 몫에 따라 달렸다. 믿음과 신뢰를 주는 사람을 호구로 취급하는 사람은 없으니 말이다.

네 번째, 행동의 앵무새가 돼라. 세 번째 방법에서 마음의 앵무새가 되었다면 이번에는 행동의 앵무새가 되는 방법이 있다. 간단하게 상대방과 같은 반응을 보이는 것인데, 상대방의 동작과 똑같이 즉시 따라 하는 것보다 3~4초 정도 후에 따라 하는 것이 좋다. 3초 미만의 시간에 따라 하게 된다면 갑작스럽게 부자연스럽지만, 3초 정도의 시간은 당신이 행동을 보고서 자연스럽게 따라 할 수 있다. 이것을 현재 의식과 잠재의식이라고 한다. 현재 의식은 지금의 순간순간을 의식하는 것을 현재 의식이라고 하며, 잠재의식은 시간이 흐른 후에 과거에 대해서 기억을 하는 것으로 당신이 지금까지 살면서 과거를 회상할 때 잠재의식에서 회상하게 된다. 별로 기억에 담아두지 않았던 현재 의식은 과거의 회상에서 떠오르지 않게 된다. 지금 당신이 여기까지 책을 읽으면서도 내가 이 책의 어느 부분에 대해서 다시 돌아가라고 해도 당신이 그저 책의 글자만 읽고서 흘리고 있었다면 그것은 현재 의식에서 사라지게 되는 것이다. 이와 같은 방법으로 상대방이 인식하는 시간이 약 3초 정도인데, 그 후에 같은 반응을 보이게 되면 자기의 행동을 앵무새처럼 따라 한다고 생각을 하지 의식을 하지 않는다. 3초가 지난 후에 자연스럽게 상대방과 비슷하게 행동을 따라 한다면 자신과 비슷한 생각을 하고 있어서 그런 행동을 취한다고 잠재적으로 느끼게 되면서 당신을 신뢰할 수 있게 된다.

다섯 번째, 콜드 리딩 & 핫 리딩. '콜드 리딩(Cold Reading)'과 '핫 리딩(Hot Reading)'은 주로 점술가들의 기법이라고 할 수 있다. 그 상황마다 말을 하는 기법은 바뀌기에 다음 장에서 말을 하는 기법에 대해서 알려주어 당신이 호구 탈출을 하는 데 도움이 될 수 있도록 하겠지만, 먼저 알아 두어야 할 이 기법에 대해서 알게 된다면 불편한 상대와 대화를 트는 데 효과적일 것이다. 먼저 콜드 리딩도 여러 가지 기법이 있는데, 그중에서 당신이 사용할 기법은 '180도' 기법이다. 당신이 지금까지 불편하게 생각하던 사람에 대해서 갑자기 이야기하기는 힘들다. 게다가 상대방에 대한 정보도 없고, 그 불편한 사람이 과묵한 사람일수록 당신이 먼저 다가가서 이야기하기도 힘들다. 그럴 때 사용하는 180도의 기법은 상대방의 외모에 대해서 그대로 말함과 동시에 내면에 대해 칭찬을 하는 것이다. 상대방이 거칠고 무섭게 생겼다고 해서 마음도 거칠고 무섭다고 생각을 안 하고 있다고 생각하는 것으로, 당신의 직장 상사가 언제나 당신에게는 불편하고 거칠어 보이고, 당신의 실수에 대해서 언제나 지적하며 퇴근하려고 하면 눈치를 왕창 주고 퇴근도 안 하는 모습에서 당신의 생각은 '아, 저 인간은 생긴 거처럼 진짜 딱딱하고 왜 집에 안 가는 거야? 짜증 나. 하나하나 꼬치꼬치 캐서 지적 좀 하지 마라'!라고 말하고 싶겠지만 이렇게 "우리 부장님은 언제나 위엄 있고 강직하게만 보이지만 내면은 정말 따뜻하고, 섬세한 부분이 많으세요." 당신의 생각도 미화시킨다면 분명 상대방도 '나의 내면을 이렇게 봐주는가?'하고 생각하면서 당신에 대해서 호감을 느낄 수 있다. 콜드 리딩은 보이지 않는 뒷모습을 읽어내는 기법이라고 할 수 있다.

그리고 핫 리딩은 콜드 리딩과 반대로 보이는 그대로를 보고서 알 수 있는 기법인데, 그중에서 '라이프스캔'기법을 사용하는 것이다. 라이프스캔은 상대방이 하는 외적인 모습부터 가지고 있는 물건 등을 보고서 상대방의 라이프 스타일을 알아내고 그 내용에 대해서 미화시켜서 말을 하는 것이다. 예를 들어서 위와 같은 부장이 '고급 장지갑'을 사용하고 있다고 할 때, '꼴에 좋은 걸 쓰네!'라고 생각을 하더라도 "우리 부장님은 우리만 소중하게 신경 써 주시는지 알았는데, 돈도 소중하게 여기서서 멋진 장지갑을 사용하고 있으시네요.'라고 말하는 것으로 상대방이 자신과 자신의 모습에 대한 칭찬으로 기분을 업 시키는 방법이다.

여섯 번째, 상대방의 이름을 불러라. 불편한 사람의 이름을 부른 것이 심리학에서 '자기관여가 강해진다.'라고 말을 한다. 진짜 아무것도 아닌 것 같은데 지금까지 당신이 어떻게 상대방을 불러왔는지 생각해 봐라. 상대방의 이름을 부른다는 것이 처음에는 거부감이 들 수 있다. 아니면 지금까지 불러왔다고 생각을 해도 처음 몇 번뿐일 것이다. 상대방이 직급이 높은 사람이라고 한다면 이렇게 말을 하고서 부르면 된다. "~님. 제가 직함으로만 부르면 거리감이 느껴져서 그러는데 이름을 함께 붙여서 불러도 될까요?'라고 말하고 말이다. 실제로 우리나라의 어느 대기업 같은 경우에는 직함이 아니라 사장부터 직원까지 모든 사원에게 '~님'이라고 부르고 있다. 이처럼 이름을 부르는 것은 상대방과 친밀감을 높이는데 더 높으며, 다른 사람들과 있을 때는 '우리'라는 말도 함께 붙여준다면 확실하게 더 높은 친밀감을 가질 수 있다. 그리고 나부터 이름으로 부르고, '우리'라는 이름을 부르는 것으로 상대방에 대해서 불편함에서 편한 관계가 되고 있다고 느끼게 되면서 더 자연스럽게 친밀한 관계로 올라갈 수 있게 된다.

여기까지 여섯 가지의 방법으로 불편한 상대와 친밀감을 가질 수 있도록 하는 것이다. 당신의 본래의 모습은 이런 알량함이 없고, 아부하는 성격이 아니라고 해도 상대를 기분 좋게 하는 것을 무조건 알량함과 아부라고 보지 않는 것이 좋다. 당신이 자존심이 강하고, 강직하다고 생각할 수 있지만, 상대방은 당신이 어둡고, 조용해서 이용하기엔 최적의 조건을 가진 것으로 보인다. 그리고 당신이 이렇게 상대방의 마음을 얻는 방법을 통해서 불편한 사람과도 친하게 지낼 수 있는 사람으로 보인다면 분명 당신이 몰랐던 다른 불편한 사람들의 마음도 여는 데 있어서 중요하게 작용한다. 불편하다고 생각하는 사람들. 즉, 지금까지 당신 주위에 있던 잠재적 '꾼'을 하나하나 불편하지 않은 사람으로 만들어서 당신이 호구의 위치에서 그들과 동등하다고 보게 만드는 것이다. 꾼들의 기질처럼 당신 주위에 사람을 만들고, 그 사람이 당신보다 높이 있었던 사람이라면 당신을 함부로 호구 취급을 하는 데는 힘들어지게 된다. 그리고 사람들은 누군가와 친해지는 데 있어서 중심에 있는 사람을 좋아하기 마련이다.

나 자신의 위치를 만들어라

아마 호구가 되는 당신은 현재의 위치가 '꾼'이라고 불리는 호구를 만드는 존재보다 아래에 있었을 것이다. 당신보다 직급이 낮은 사람에게도 호구 취급을 당하는 경우는 눈에 보이지 않는 무엇인가의 층에서부터 차이가 생겨난 것이다. 그렇다면 그 층을 어떻게 조절을 할 것인가가 당신에게 있어서 인생의 큰 숙제가 되었다. 문제는 그 숙제를 내야 하는 마감 기간이 없으며, 숙제를 채점해 주는 선생님도 존재하지 않는다. 그저 당신의 입장 결과에 따라서 당신이 그 숙제를 하였는지 안 하였는지가 나타나게 된다. 그럼 먼저 당신의 위치를 만드는 방법에 대해서 알아보자.

첫 번째, 능력 있는 사람. 능력 있는 사람이라고 해서 호구가 안 되는 것은 아니다. 하지만 내가 말하는 능력은 '기술적인' 능력이 아니라 '인간관계'에서의 능력 있는 사람이 되는 것이다. 능력 있는 사람으로 보이게 하는 데는 두 가지가 있다. 예상치 못한 갑작스러운 상황에 대해서 대처를 할 수 있는 사람 되는 것과 남들보다 앞서가는 사람으로 보이는 것이다. 상황을 대처하는 능력이 없는데 어떻게 대처를 하느냐고 할 텐데, '해결'하는 사람이 아니라 '대처'하는 사람이 되는 것이다. 대처는 그 상황에 알맞게 조처를 하기만 하면 된다. 호구라고 생각하는 당신이 상황에 대해서 대처를 하기 위해서 나선다면 당신을 보는 눈의 층수가 달라지게 된다. 그리고 남들보다 앞서나가는 사람이 되는 것은 그저 주어진 임무에 대해서 더 많이 하거나 더 빠르게 하는 것으로 가능하다. 호구라고 생각했던 당신에게 잔업이 주어졌을 때, 당신이 그 일을 빠르게 수행하거나, 더 많이 수행을 해내는 것으로 말이다. 이 방법을 보고서 호구 탈출을 하려고 했는데, 'King of 호구'가 되는 길이 아니냐고 할 수 있다. 누군가 당신의 시간, 노동, 능력을 이용해 먹고 자신의 뱃속만을 채우게 되는 상황이 호구가 되는 상황인데 당신이 발휘할 수 있는 능력이 상대가 생각하는 것 그 이상을 보여줌으로써 상대가 당신을 보는 눈의 층수를 바꾸는 것이다. 무엇인가를 '대처'하는 능력과 '앞서가는' 능력은 절대적으로 당신의 가치를 올려주며 당신을 호구로서 취급할 수 없게 된다. 상대방이 당신을 호구로 보고 이용하려 할 때 당신은 그 상황에 대해서 할지 말지 결정권을 쥘 수 있기 때문이다.

두 번째, 맞추는 사람. 무엇을 맞추는 사람이라 되면 내 위치의 변화를 줄 수 있다고 생각하는가. 능력? 직급? 나이? 그런 것들이라면 상당히 오랜 시간과 노력이 필요하고 결국에는 자신보다 높은 사람이 나타나기 마련이다. 방법만 알고 있다면 처음 만나는 사람과도 상 · 하의 관계로 안 느끼게 하는 방법이 있는데, 바로 상대방의 목소리 톤과 말투에 맞추어 비슷하게 말하는 것이다. 사람은 자신과 동일한 방식으로 말하는 사람에게 공감하면서 자신을 잘 이해할 수 있는 사람이라고 착각하게 된다. 단, 이 방법은 자신보다 높은 위치에 있다고 생각하는 사람들에게만 사용해야 한다. 호구인 당신보다 더 호구인 사람이 분명 존재할 텐데 그 위치로 내려가게 된다면 당신은 다른 호구에게 얕잡아 보이게 되는 결과가 된다. 지금 당신은 호구로서 보이지 않기 위해서 위치의 변화를 주려는데 낮아질 필요는 없다. 그리고 상대가 아무리 높은 사람이라도 상대 목소리의 높이, 속도, 투까지 비슷하게 함으로 그 사람이 당신을 낮게 보고서 호구로 취급을 하지 않게 하는 방법이 될 수 있다.

　세 번째, 자기 설득하는 사람. 당신의 마음속 깊은 곳에서부터 당신 자신을 높이는 것이다. 당신 스스로 호구라고 생각은 완전히 버리고, 마음속 깊은 곳에서부터 당신은 뭐든지 할 수 있는 사람이라고 생각하는 것이다. 이 방법을 절대부정을 하지 않는다는 조건을 가지고 있어야 하며, 현재까지 당신이 부정적인 사람이었다고 하더라도 거짓된 자신의 모습을 심층에 심어 두어야 한다. 그렇게 함으로 당신은 무엇을 하더라도 '어차피 나는 호구니깐 누군가 이용해 먹겠지.'가 아니라 '어떻게든 나는 할 수 있겠지. 이 상황을 반드시 해결할 수 있어.'라고 당신의 마음속에 심어두는 것이다. 이것에 대해서 효과는 내가 군 간부로 복무를 하면서 일명 '유리 멘탈'이라고 불리는 마음이 약한 병사들에게 주로 알려주었던 방법이다. 스스로 약하고 이용당하기만 하는 존재라고 생각을 한다면 현실조차도 그렇게 된다. 그럴 때마다 나는 스스로 군대에 있는 동안이라도 거짓된 심층의 모습을 만들어서 그렇게 행동하라고 하였고, 신기할 정도로 그 상황은 탈피되기 시작하였다.

　부정적 사고방식에서 긍정적 사고방식이 된 것만으로 누군가에게 이용당하기만 하던 상황에서 바뀌게 된 것이다. 심층 자기 설득을 하는 사람은 주변의 결과가 바뀌게 되었다고 놀라워하지만, 본인의 모습을 본다면 더 놀라울 것이다. 얼굴의 표정, 말, 행동 모든 것이 바뀌었기 때문이다. 그리고 변화를 주게 될 때는 더 놀라운 것은 자기가 바뀌면서 주변에도 긍정적이고 좋은 에너지를 발산한다. 부정적인 마음을 가지고 있던 사람은 자기는 아니라고 부정을 하지만 그것마저도 부정으로 주변에 부정적이고 좋지 않은 에너지가 발산되어서 주변 역시 별로 좋지 않게 된다. 상대방이 당신을 보는 위치를 바꾸기 위해서 당신의 심층을 지속적으로 설득하라. 호구가 되는 당신이 무감 정적으로 시간과 노동, 능력을 사용할 때, 당신의 긍정적인 감정을 넣어서 하게 된다면 분명 당신의 능력조차도 올라가면서 전혀 다른 결과를 나타내고 상대방이 호구로 볼 수 없는 상황을 만들어 낸다.

네 번째, 대화하고 싶은 사람. 아마 누군가 당신을 평가할 때, 대화하고 싶은 사람이라고 표현을 받는다면 어떠한가? 기분이 좋으면 좋았지, 나쁘지 않을 것이다. 대화하고 싶은 사람은 그만큼 함께하고 싶은 사람, 집으로 초대를 하고 싶은 사람이라는 메시지를 가지고 있다고 본다. 그럼 어떠한 사람이라고 생각하는가. 무엇보다 언제든지 열정을 가지고 있는 사람을 대화하고 싶은 사람에 들어가게 된다. 특히 자기 일에 대해서 열정을 가지고 이야기를 할 수 있는 사람만큼 좋은 모습을 보인다고 생각하지 않는가. 함께 연예인들이 같은 연예인 커플이 탄생하고 결혼을 하는 것은 같은 분야에 있기에 더 이해하고 얼마나 열정이 뛰어난 사람임을 알 수 있어서 좋아하는 감정이 생긴다고 본다. 꼭 연예인이 아니더라도 같은 업을 하는 사람들끼리 커플이 되는 이유도 마찬가지이다. 또 대화하고 싶은 사람은 감정을 나타내는 사람이다. 감정을 나타낸다고 해서 짜증을 부리거나 화만 내는 사람을 떠올리기보다는 그 상황에서 감정이 없이 무표정하기만 한 사람이라면 나중에 그 사람과 그 상황에 관해서 이야기하고 싶어질 리 없다. 각 상황에서 희노애락(喜怒哀樂)의 감정을 나타내는 사람이야말로 나중에 상대방이 비슷한 감정을 가지고 있었을 때, 더 생동감 있는 대화를 전달하기 때문이고, 그 상황에 없었던 사람이라도 마치 그 상황에 있던 것과 같은 기분을 만들어 주는 사람이라면 당연히 누구나 그 사람과 대화를 하고 쉽게 된다. 그리고 대화하고 싶은 사람은 자신의 실패나 실수도 부정적이지 않고 여유와 유머를 가지고 이야기를 하는 긍정적인 사람과 함께하고 싶어질 것이다. 누구나 가질 수 있는 부정적인 상황을 웃으면서 넘길 수 있는 센스를 가진 사람이라면 비슷한 기분이 들 때 당신이 떠오를 테고, 어떻게 그 상황에서 긍정적일 수 있는지 먼저 대화를 걸어올 것이다.

하나 더 말하자면 부정적인 상황을 긍정적으로 생각하면서 주변의 사람들에게도 호의적인 반응을 이끌어 낼 뿐만 아니라 당신도 실수를 빨리 잊으면 실수, 실패가 두려워서 아무것도 못 하거나 반복적 실수를 하지 않을 수 있는 효과도 가져온다.

이 외에도 대화하고 싶은 사람이 되는 방법에 대해서는 뒤에 나올 장에서 말하는 기법과 함께 설명하도록 하겠다.

과거를 돌아보지 마라

아마 당신의 위치를 만드는 데 있어서 이런 생각을 가질 수 있다. '지금까지 이렇게 했는데 어떻게 그래······.' 그렇게 생각한다면 우리는 지금도 나뭇잎이나 동물의 가죽을 대충 두르고서 돌멩이로 들판에 있는 야생동물을 사냥해서 잡아먹으면서 살아왔어야 한다는 사실을 알아야 한다. 지금 당신이 내 글자를 읽을 수 있어서도 안 된다.

세종대왕님께서 한글을 맨 처음에 창제하셨을 때도 큰 나라에서 만든 역사와 전통이 있는 한문이 있는데 뭐하러 글을 만드는 데 시간을 사용하냐고 지적하였다. 한글에 대해서 뒷이야기로는 양반들이 천한 것들이 글을 배워서 세상의 이치를 알게 되는 것이 두려웠기 때문에 자신들도 어렵게 공부한 한문만을 취급하여서 하층민들이 세상을 바꾸는 것이 두려웠고, 자신들의 위치를 지키기 위해서 배우기 어려운 한자를 고집했다는 말도 있다. 그렇게 잘 만들어진 최고의 문자인 '한글'은 수백 년간 사용하지 않다가 조선 후기에 들어서 조금씩 사용하게 되면서 지금 우리는 한글을 사용하고 있다. 무엇이든 바꾸려고 한다면 주변에서 그건 틀린 방법이라고 지적하게 된다.

하지만 당신이 바뀌게 되는 것을 두려워하는 자가 누구라고 생각하는가? 당신 주변에 있는 같은 호구 취급을 받는 사람들인가? 절대 아니다. 당신을 호구로 취급을 하는 보통 사람과 당신을 호구로 이용해 먹으려는 꾼들이 가장 위협을 느낄 것이다. 당신을 편하게 이용해 먹었는데, 당신이 갑자기 바뀌게 된다면 껄끄럽지 않겠는가. 별로 친하지 않아서 일을 시키기에 편리했는데 당신이 불편한 사람과 친밀한 관계가 되면서 주변에 당신을 이용해 먹던 다른 잠재적 꾼들이나 보통 사람들도 당신을 부리기 어렵게 될 것이다. 점차 당신의 위치는 호구가 아닌 위치로 바뀌게 될 것이다. 그런데 당신이 지금까지 수년간, 10년도 넘게 이 위치에 있었는데 어떻게 바뀌냐고 생각을 한다면 내가 당신에게 해 주고 싶은 말은 단 한 마디이다.

"당신은 원래부터 호구가 아니었다."

이 말을 전해 주고 싶다. 당신은 태어나면서부터 계층이 정해져 있었던 조선 시대의 모습이나 인도의 카스트 제도와 같은 신분 세습의 체계는 절대 없고 모든 것을 자신이 만들어가는 시대에 살고 있다. 당신은 원래부터 호구가 아니었으며, 당신을 호구로 보는 사람들도 원래부터 당신을 호구로 생각하지 않았을 것이다.

당신의 모습이 바뀌게 되면 분명히 다르게 보이게 된다. 과거의 호구였던 자신의 모습을 돌아보지 말고 되풀이하지 않는 것으로 호구였던 당신이 꾼들과 같은 눈높이로 올라갈 수 있으며, 보통 사람들처럼 호구 취급을 안 당하는 눈높이가 될 수 있음을 알고 있어야 한다. 가령 당신이 호구의 눈높이가 아닌 더 높은 눈높이가 되었을 때, 꾼들은 당신에게 눈앞의 이익을 던져 주면서 더 높은 곳을 보지 못하게 할 수 있다. '축록자불고토(逐鹿者不顧?)'라 하여 사슴을 쫓는 자는 토끼를 보지 않는다고 한다. 당신은 더 높은 달인의 경지만을 바라보아라. 그 위치에서라면 당신이 악한 마음을 먹었을 때, 당신을 호구로 만들던 사람을 이용할 수 있으며, 당신이 선한 마음을 가졌을 때도 상대방은 언제든지 당신이 자신들을 이용할 수 있음을 알고 있어서 쉽게 여기지 못할 것이다. 그렇기에 당신은 언제나 달인의 상태에서 머무를 줄 아는 성숙한 사람이 되어야 한다. 미성숙한 사람일수록 상대방을 깎아내려서 이용하고 자신의 뱃속만을 채우는 그런 사람. '꾼'이 되어버리기 때문이다. 당신이 과거를 보지 않고 오로지 달인의 경지로 올라갈 수 있도록 자신을 갈고닦는 것이다.

자신의 위치를 만들어라

거절도 노하우가 있다

아무 생각 없이 거절하라고 이 책에서 전달하고 있지 않다. 상대방을 이해시키고, 당신의 의도를 제대로 전달할 수 있는 거절의 방법을 통해서 당신의 입장을 고취하며 호구로 사용할 수 없음을 알려라.

불편한 사람도 편해질 수 있다

가까이 힘든 상대일수록 가까이하면서 당신의 입장을 만드는 것은 상당히 중요한 조건을 가지고 있음을 알아야 한다. 그들은 당신을 깊은지 알고 있지 못했던 만큼 호구의 이미지를 벗는데 확실히 빠르고 효과적이다.

호구의 위치는 버려라

스스로 아니라고 하고 싶지만, 호구의 삶을 살고 있었다면 이제부터라도 호구의 위치에서 벗어나기 위해서 노력을 해야 한다. 그러기 위해서 스스로가 호구의 위치에 서 있으면 안 되면 사람들이 함부로 부릴 수 있는 사람이 아님을 알려야 한다.

뒤돌아보면 되돌아간다

다시 호구의 삶을 돌아보지 마라. 호구의 삶은 절대적으로 좋은 삶이 아니며 앞으로 달인으로서의 삶으로 사람들에게 인정받고 반드시 함께하고 싶은 소중한 파트너라고 인식을 시켜주는 것이다.

제5장
대화의 달인은
말 한마디도 있어 보인다

말할 줄 아는 자가 세상을 바꾼다

당신은 말을 잘하는가? 여기서 잘한다는 것은 그냥 누군가의 말에 대해서 대답을 잘하거나 그저 말이 많은 것이 아니라 당신이 말을 할 때, 상대방이 귀 기울여 들어주고 있는가를 묻는 것이다. 아마 호구가 된 당신의 말은 상대방이 제대로 들어주지 않고 있다고 생각할 테지만 당신이 상대방이 듣고 싶은 말을 제대로 했는지에 대해서는 생각해 보았는가? 그리고 내가 위에서 알려준 상대방의 거짓말을 알아차리고, 자기 뜻을 만드는 방법에서 가볍게 다루었었던 말하는 방법에 대해서 궁금할 것이다.

지금까지 당신이 말을 못 해 왔더라도 괜찮다. 내성적이라 말주변이 없어도 괜찮다. 앞으로 이번 장을 통해서 당신이 방법을 배운다면 당신은 대화의 달인이 될 수 있다. 그렇게 된 당신은 처음 만난 사람과도 대화를 좋게 나눌 수 있으며, 지금까지 당신을 무시해 왔던 꾼들과도 대화를 좋게 나눌 수 있게 된다. 사람은 100가지의 행동으로 100점을 받아내는 방법이 있는가 하면, 1가지의 말로 100점을 받아내는 법이 존재한다. 말은 그만큼 당신의 인생에 있어서 중요하며, 말을 어떻게 하는가에 따라서 모든 일은 변화를 일으키게 될 것이다.

그리고 지금까지 역사를 바꾸었던 사람들이 남기는 것이 무엇인가? 우리가 그들을 기억하기 위해서 그들의 외모나 행동, 지식에 대해서 기억을 하기보다는 그 사람이 했었던 말이 우리가 위인들을 기억하는 방법이 된다. 말 한마디는 전쟁을 불러일으켜서 수없이 많은 사람을 죽이고, 어떤 국가를 없어지게 할 수 있다. 말 한마디는 누군가에게 희망이 되어서 그 말을 한 사람보다 더 위대한 사람이 될 수 있기도 하다. 그리고 말은 마법이라는 글이 기억이 나는가? 영업인들은 말을 잘하는 것으로 일반 사람들보다 10~20배의 수익을 내는 마법과 같은 일을 현실로 만들고 있다. 말을 잘 못 하는 것으로 유명한 인물도 한순간에 몰락의 길을 걷게 된다. 폐쇄된 조직에서는 말로 인해서 스스로 목숨을 끊는 경우도 있으며, 말은 외모가 못난 사람이라도 이성의 마음을 사로잡아서 본인의 것을 쟁취하기도 한다. 이처럼 말은 우리의 삶에 있어서 상당히 중요한 역할이었으며, 알고 있어야 하는 방법임에도 우리는 그저 '말'을 할 수 있고, 말을 뱉을 수 있다는 것만으로 만족하면서 살아오고 있었다.

당신은 말을 잘하고 있었음에도 상대방이 당신을 무시하고 이용하였는가? 호구가 되는 법칙 중에 '언행'이 문제가 될 수 있다고 하였다. 앞으로 당신의 호구 생활을 확실하게 변화시켜줄 '말(言의)' 세계에 대해서 알아보자.

호구의 상황을 바꾸는 마법

호구의 생활을 하면서 바가지도 쓰고, 이용도 당하고, 시간은 낭비되고 이래 저래 소모가 엄청날 것이다. 그 상황에 앞으로 당신의 미래는 어떻게 된다고 생각하는가? 지금 이 질문에 대해서 당신의 표정은 굳어져 있으며, 어떤 말을 해야 할까 고민할 것이다. 모른다고 해야 할지 어떻게 해야 한다고 당신의 생각을 이야기해야 할지. 하지만 모른다고 말을 하거나 지금 당신이 떠오르는 생각을 하는 것은 좋은 방법이 되지 않는다고 본다. 먼저 그 상황의 분위기부터 당신의 말을 사람들이 들을 수 있는 상황으로 만들어 보는 것이다. 그럼 어떻게 그 상황을 만들 수 있는지에 대해서 하나씩 알아보자.

첫 번째, 유머의 번트. 대화하다 보면 상대방에게 질문을 받는 경우도 있을 것이다. 그 상황에 즉시 답을 떠오르지 않아서, 가만히 있는 것보다는 상대방의 말을 전혀 다른 시각에서 보고서 유머를 보내는 것이다. 예를 들어서 당신이 직장인이라고 했을 때 사장님의 주차 구역에 계속해서 누군가 자전거를 가져다 두고 있어서 사장님이 어떻게든 조치를 해 보라고 말하였고, 직원들은 그곳에 주차금지 표시를 해야 한다. 주차를 못 하게 고깔을 세워두고 사장님이 오면 치워야 한다. 이렇게 대화를 나누고 있다고 하자. 당장 좋은 내용이 떠오르는가? 이 상황에서 기발한 아이디어와 같은 유머가 나왔다. "'여기 자전거가 공짜로 드리고 있어요. 아무나 타고 가세요.'라고 해두면 어떨까요?" 여러 가지 대책안을 생각하는 중에 당신이 말을 해야 할 타이밍에 유머와 같은 방법을 말하게 되었을 때, 사람들은 처음에는 웃음을 터트릴 것이다. 그리고 사장님의 문제를 해결한다고 해서 부장, 과장, 팀장까지 모두 다 골머리를 안고 있는 와중에 당신은 전혀 다른 방향에서 시점을 돌려서 유머와 같은 말을 던진 것으로 딱딱했던 분위기를 부드럽게 '유화(柔化)'시키게 되는 것이다.

평소 당신에 대해서 이용만 하려고 했던 사람들은 분명 그 상황에서 자신들이 귀찮지만 해결하는 방법을 대충 떠올릴 것이다. 그리 중요한 사항이 아니라고 생각할 수 있기 때문이다. 그런데 그 상황에 당신은 유머를 던지면서 사람들이 '그렇게도 생각할 수 있구나.' '그런 방법이 있었군.' 이렇게 생각하며 당신을 더욱 새롭게 볼 것이다. 그리고 당신에게 다음 대책안을 발표할 때 사람들은 모두 당신의 말에 대해서 기대하고 귀를 기울이게 될 것이다.

당신이 그저 간단하게 상황에 대처하기 위해서 던진 유머 한 마디는 당신을 보는 시선과 그 분위기를 바꿔주게 되는 효과를 가져온다. 이렇게 '유머 번트'이다. 그리고 유머 번트는 일반 유머와 달리 좋은 효과가 있는데, 다음 대책안을 만들라고 했을 때, 사람들이 기대하지만, 당신이 좋은 생각이 나지 않는 곤란한 상황에서 잠시 웃음을 이끌어 내어서 분위기를 부드럽게 만들어내고 그 사이에 당신은 괜찮은 대책안을 만들어 내거나 다음 사람에게 방향을 토스할 수 있게 된다. 야구에서 번트는 안타나 홈런같이 멀리 칠 수 없을 때, 같은 팀의

도루를 위해서 가볍게 공을 받기만 하는 방법처럼 말이다.

두 번째, 무지 학습. 호구의 상황이 되는 이유 중의 하나는 상대방의 말에 대해서 제대로 이해하지 못했을 때, 사람이 모른다고 해서 무시하는 경우가 있다. 그런 상황을 탈피하기 위해서 공부를 한다고 하지만 당신이 걸어 다니는 '네이버'나 '구글'이 되지 않는 한 그 상황은 어떻게 할 방법이 존재하지 않는다. 그렇다고 '모르겠습니다.'라고 하며 사과를 한다면 더 상황은 안 좋아진다. 몰라도 알려고 하는 자세가 중요하다. 당신은 현재 상대방의 요구에 대해서 알지 못하지만, 그 방법을 알려주면 잘 할 수 있다는 느낌을 주게 하는 것이다.

예를 들어서 동아리 활동을 하는 대학생인 당신이 동아리 선배의 지시를 받았는데 그것을 제대로 해 오지 못하였다고 질책을 받았을 때, 당신은 "죄송합니다." "몰라서 그랬습니다." 이렇게 말을 한다면 상대방은 당신을 더 낮게 볼 수밖에 없다. 그리고 당신의 시간과 노동력만 사용할 수 있는 일을 주면서 이용해 먹거나 금전적으로 불리한 입장을 줄 수 있다. 그럴 때 당신은 '무지(無智)'하지만 '학습(學習)'의 의지는 있음을 보여주는 방법으로 "처음 해 보는 일이라 잘 모르고 실수를 저지른 것 같습니다. 알려주신다면 실수 없이 잘 수행하겠습니다.'라고 말하는 것이다. 이에 대해서 상대방은 '처음 해 보는 일인데 잘 할 수 없었지……' 하는 마음과 '알려줬어야 했는데……' 라는 자신의 실수에 대해서도 생각할 수 있고, 배우겠다는 의지를 나타내고 있으니 더 이상 나무라기 어려워지면서 상대방이 분노를 사그라트릴 수 있으며, 배우고, 가르치는 관계가 되면서 우호적인 관계가 될 수 있다.

여기서 말하는 '처음 해 보는 일'은 다른 말로 '그런 뜻은 아니었는데……' '내가 열심히 하려고 했는데…' 등과 같이 실수를 일부러 한 것이 아니라고 상대방에게 메시지를 전달하는 것이다. 상대방이 그 말의 메시지를 정확히 이해를 못하더라도 적어도 '일부러' 실수를 했다거나 '모르니깐 실수'를 했다는 정당성을 세우지 않는다고 느낄 수 있게 하는 것이다. 실제로 실험 결과에서 2팀으로 나누어진 실험에서 상대방이 퍼즐 맞추기를 하거나 카드 탑 쌓기 등의 시간과 노력이 들어가는 미션을 수행하고 있을 때 도와준다며 상대방에게 접근하여서 일부러 실수하고서 '고의가 아니다.'라며 사과한 팀과 '일반적인' 사과를 한 팀의 결과에서 상대방은 '고의가 아니라'의 메시지를 담은 사과를 듣고서 금방 불만이 가라앉았지만, 일반적인 사과를 들었을 때는 좀처럼 불만이 가라앉는 데 있어서 어려움이 있는 실험 결과가 있다. 또한, 누군가 배우겠다는 것은 사제관계라 느끼면서 상대방이 우월감을 가질 수 있어서 상대의 분노를 식혀주는 데 있어서 효과적으로 작용한다.

그리고 이 방법이 엎질러진 물을 보다 효율적으로 닦는 방법이라면 물을 아예 엎지 않도록 하는 방법으로 상대방의 지시에 대해서 "진행하는 데 있어서 무엇인가 유의할 점이 있으면 알려주실 수 있나요?" 등의 방법으로 당신이 저지를 수 있는 실수에 대해서 사전에 대책을 마련하는 방법이 있다. 당신은 실수할 것에 대해서 미리 물었고 상대방은 그에 대한 대책을 알려 주었으니, 당신은 그 지시에 대해서 진행하면서 그 실수만 유의해서 지킨다면 당신이 가지고 온 결과에 대해서 불만을 제기하기 어렵기 때문이다. 한마디의 말로 당신이 행할 수 있는 실수를 막고, 지적에 대해서까지 막을 방법이 되는 것이다.

세 번째, 타인 거론. 당신이 무엇인가 하기 싫은 내용에 대해서 동참을 하자고 부탁을 받는 경우가 있지 않은가? 잘못하면 당신은 그 상황에 당신의 의도와는 다른 방향으로 잘못 흘러갈 수 있게 된다. 잘못된 일을 하거나 하기 싫은 일을 할 때는 꼭 혼자 하지 않고 누군가와 함께하려고 할 것이며 가장 우습고 만만한 호구인 당신을 붙잡고서 부탁할 것이다. 지금까지의 호구였던 당신이라면 상대방의 부탁에 대해서 거절을 제대로 하지 못하고서 그대로 끌려가고 상황이 악화하였을 때, 뒤집어쓰거나 덩달아 이미지 손상을 입기 마련이다. 그런 상황을 탈출하기 위한 여러 마디의 반론하거나 변론하는 것보다 상대방이 믿고 있는 인물, 또는 특정의 가치 체계를 예시로 드는데, 집단 내에서 절대적인 존재, 또는 특정 유명인물 등을 지칭하게 된다면 '후광효과'라는 작용을 통해서 그 사람의 후광을 당신 역시도 지고서 할 방법이 될 수 있다. 그렇게 특정 인물을 지칭하면서 "누구라면 이런 일을 하지 않았을 것 같아서 저 역시도 하지 않겠습니다."라고 말하는 것이다. 그렇게 말한다면 다른 반론에 비해서 "왜?"라는 반론을 하기 어렵게 된다. 상대방은 당신이 지칭한 인물의 후광에 대해서 알고 있고 본인도 느끼고 있어서 그 후광에 대해서 거부를 하는 것이 옳지 못한 방법임을 자신도 알고 있기 때문이다. 게다가 이 방법은 바로 '타인(他人)'을 '거론(擧論)'하는 것으로 당신이 주저리주저리 변명하거나 말해서 상대를 설득시키는 방법보다 훨씬 더 간편하고 빠른 방법으로 설명이 가능해진다. 상대방이 믿고 있는 특정 인물이나 그런 가치체계를 예시로 들 수 없을 때라면 당신은 종교를 거론하거나 가족, 위인 등을 거론하면서 잘못되었다고 생각하는 그 부탁에 대해서 거절할 수 있으며 "제가 생각하는 누구 씨처럼 저도 내키지 않네요." 이렇게 말을 한다면 상대방은 당신이 지칭한 사람에 대해서 부정을 하는 발언을 삼가야 하는 상황이 된다. 상대방이 높게 평가하지 않는 사람이라도 당신이 높게 평가하는 사람을 깎아내린다면 그것은 자연스럽게 상대방 본인이 당신에게 안 좋은 이미지로 바뀌게 되고 있음을 알기 때문이다. 단, 이 방법은 아무 때나 거절을 위한 방법이 아니라 정말로 당신이 부당하거나 잘못된 일에 대해서 부탁, 동참 등의 권유를 받았을 때 거절하는 것으로 호구라고 생각했던 당신을 쉽게 볼 수 없게 만드는 방법이다.

네 번째, 신중 자세. 호구가 되는 최대의 원인 중에서는 부탁과 권유에 대해서 거절을 하는 데 있어서 어렵다는 점이다. 그렇게 되므로 당신은 여러 가지를 손해 보게 된다. 그렇다면 거절을 해야 하는데, 딱 잘라서 거절하는 것이 최적의 방법이지만, 너무 칼 같이 자르게 되었을 때 당신은 뒷감당에 대해서 불안감을 느낄 것이다. 위에서 거절은 깨끗하게 하는 것이 상대방에게 가장 좋은 방법이지만 그것은 당신이 갑작스럽게 호구 탈출을 하는 방법이고 천천히 호구 탈출을 하는 방법을 알려주는 것이 바로 '신중 자세(信重姿勢)'이다. 신중 자세는 당신이 거절할 때, 상대방의 기대감을 주는 거절이 아니라 상대의 기대감을 낮추는 방법이라고 할 수 있다. 예를 들어서 오후 4시쯤에 "누구 씨, 이 자료 내일 아침에 회의 때까지 필요한 자료니깐 정리해 주세요."라는 참 거지 같은 부탁들 받았다고 하자. 상식적으로 오후 4시라면 하루 업무 시간 중에 3/4, 3/5 정도가 흐른 시간이다. 그렇게 중요한 자료를 그때 와서 준다는 것은 무슨 심보인지 모르겠지만 스트레스를 풀고서 이렇게 말을 하라. "무리일지도 모르겠지만 검토해 보겠습니다." 이 말을 들은 상대방은 당신의 말에서 '무리' '검토'라는 단어만 머릿속에 남아 있을 것이다. 무리라는 말을 듣게 되고서 당신이 그 지시를 수행한다면 상대방이 당신의 평가는 자연스럽게 올라가 된다. 충분히 할 수 있었음에도 '무리'라고 하는 말은 곤란한 상황이 있나? 하는 생각을 가질 수 있기 때문이다. 그리고 상대방이 당신을 배려하지 않고서 '무리' '검토'라는 말에 자극을 받고서 "어째서?" 등과 같은 말을 하였을 때, 당신은 "자료 정리를 완벽하게 하기 위해서는 지금 가지의 경험상 제가 하루 이상의 시간이 필요합니다."라고 말을 함으로 당신의 능률에 대해서 한계를 잡아주는 것이다.

　당신은 일방적으로 거절한 것이 아니라 자신의 능력을 알고 있어서 신중하게 나온 판단으로 그러한 자세를 갖춘 것이다. 그 부탁을 지시한 사람은 그 말을 듣고서 "해 보지도 않고"라는 말을 하고 싶지만, 당신이 '경험상'이라는 말로 이미 선수를 쳤기 때문에 해본 것으로 말한 것이다. 거기서 무리하게 "그냥 어떻게든 난 내일 아침 회의 때까지 필요하니까 정리해!'라고 강압적으로 나온다면 당신의 업무 시간까지는 일해야 하므로 "그럼 우선 빠르게 진행하겠습니다."라고 고분고분하게 일을 맡아라. 이미 당신은 상대방을 제외한 주변 사람들에게 있어서 호구가 아니라 안타까운 존재가 되고, 상대방은 '악'이 되어있을 것이다. 그런데 이 상황에서 상대방이 당신보다 일찍 퇴근하려고 하는 분위기라면 당신은 "제가 지금까지 정리한 결과 내일 아침까지 정리를 완수하기 위해서는 우리 중에서 가장 정리능력이 뛰어난 누구님(상대방)께서 도움을 주신다면 실수 없이 정리가 완수할 수 있습니다." 이렇게 말을 하는 것으로 당신이 신중하게 주어진 업무에 집중하였고, 그러기 위해서 본인을 필요로 한다고 판단을 내렸다고 하였을 때, 거부하는 데 있어서 어려움이 있다. 그리고 당신에게 다음부터 잔업을 주는 데 있어서 자기도 피곤해질 수 있음을 알고 있어서 정말 당신이 무리 없이 편안하게 소화를 할 수 있는 업무에 대해서만 주어지게 된다. 이 방법은 위의 한 번의 말로 상대를 무너트리는 방법과는 다르지만, 당신의 신중함을 알려주면서 호구의 상황을 180° 바꾸는 방법이 될 수 있다. 그리고 "~ 이내라고 말씀하셨는데, ~까지라면 가능합니다." "여기까지는 제 전공이라서 도움이 될 수 있겠지만, 그다음부터는 어려울 것 같습니다." 등과 구체적으로 서술을 한다면 당신은 신중하게 검토 후에 자신의 위치를 알고 있는 자세로 상대의 요구 조건을 해결하는 데 있어서 '그렇게까지 생각을 했군.'이라고 느끼게 하면서 상대방에 대한 호감과 신뢰를 얻는 방법이 된다.

센스 있는 부정의 마법

당신이 호구가 되었을 때, 어떻게 부정하고 있는가? 바가지를 눈치챘다면 상대방에게 어떠한 말을 해 주는 것으로 깔끔하게 거절을 할 수 있다고 생각하고 있나? 분명 상대방에게 '반감(反感)'을 주지 않고서 부정하고 싶을 것이다. 특히 당신은 거절할 때, 딱 잘라서 '싫어.' '안돼.'라는 바로 거절하려고 할 텐데, 딱 잘라서 표현한다면 그 말이 맞지만, 상대방에게 이미지가 나빠지는 것은 어떻게 할 수가 없다.

내가 이 책에서 말하는 딱 잘라서 거절을 하는 방법은 상대가 기대감을 품지 않게 하는 방법이다. 상대가 당신을 이용할 수 있다고 생각을 하므로 당신을 호구로 본다면 당신이 그 상대에게 기대치를 낮추는 방법이 상대가 덜 기분이 나쁘게 된다. 그리고 기대를 품지 않던 상대방에게 당신이 가능하다고 할 때는 상대는 당연함이 아니라 당신에게 고마움과 감사함의 호감도가 상승하게 되는 것으로 당신을 호구로 보지 않게 하는 것이다. 그럼 어떠한 방법으로 거절을 해야 상대방의 기분을 생각하는 거절이 되는지 알아보자.

첫 번째, 시간 끌기. 확답을 주지 않고 시간을 끄는 방법이라고 할 수 있다. 누군가의 당신에게 부탁하였다. 그런데 당신은 그 부탁에 대해서 거절하고 싶은 생각이 드는데 거절하지 못해서 결국 그 부탁대로 일이 진행을 하면서 당신이 금전, 시간, 노동, 능력의 손해를 입기 마련이다. 당신이 원했던 일이라면 그것을 손해라고 생각하지 않았을 텐데, 너무 갑작스럽게 상대방의 권유에 대해서 OK사인을 날려 버렸다면 당신은 "내가 확인해야 할 부분이 있었는데 그 점을 고려하지 않고서 말을 했네. 미안, 확인하고 연락할게."라고 말을 하는 것이다. 물건을 급하게 계약을 한 상황이라고 해도 상황은 같다. 당신이 생각할 시간이 필요하지만 생각해 보겠다고 하는 것은 상대방이 생각을 더 못하게 하려고 하고, 당신의 생각에 따라서 결정이 된 일이라서 당신이 No라는 결정을 하면 분명 호감도는 떨어지고 비호감이 될 수 있다. 하지만 당신이 확인해야 할 부분, 고려해야 할 부분이 있어서 그 이유에 의해서 No라는 답이 나왔을 때는 당신은 OK라는 마음이 있지만, 상황상 그렇게밖에 될 수 없었음을 상대방에게 나타내는 것이다. 그렇게 된다면 상대방도 당신이 거절한 것으로 보지 않기에 어쩔 수 없음을 알게 되고, 당신이 확인해야 할 사항, 고려해야 할 사항, 스케줄 등으로 언급을 하게 되면 상대방은 당신이 뜻하지 않아도 거절의 상황이 올 수 있음을 눈치챌 수 있기에 기대감 역시 낮아져서 거절에 대해서 상처를 받지 않게 된다.

여기서 주의해야 할 점은 상대방에게 '확인 후'라고 말을 해서 생각할 시간을 벌었으니 시간을 길지 않는 시간 안에 상대방에게 먼저 연락을 해서 "확인해 보니깐 내가 놓쳤던 부분 때문에⋯⋯." 등의 말로 거절을 표할 수 있다. 그리고 상대방에게 '다음에는 이런 내용 확인 제대로 하고서 꼭 같이할게. 말을 해 주는 것이 당신이 오로지 거부의 의사만을 가진 것이 아니고 '어쩔 수 없음'을 강조함으로써 상대방에게 당신의 호감이 떨어지는 것을 방지할 수 있다. 호감이 떨어지게 된다면 당신에게 인간관계보다는 호구 관계라는 사용과 이용의 관계가 되는 것을 예방하는 방법이라고 할 수 있다.

두 번째, 저속직구. 돌직구라는 말을 알고 있지 않은가? 다이렉트로 말을 하는 것으로 상대의 기분 따윈 무시하고 하는 발언이다. 아마 당신이 은연중에 호구가 된 상황이 아니라 아예 대놓고 호구가 된 상황이라면 이러한 돌직구로 당신의 마음 상처는 많이 받게 되었을 것이다. 그런데 그런 돌직구를 상대방에게 한다면 당신 역시도 좋은 사람이라고 할 수 없다. 하지만 거짓말을 붙이는 이유 등으로 거절을 할 수 없을 때는 직구로 말할 필요가 있다. 그것도 센스 있게 말이다. 예를 들어서 당신에게 어떠한 부탁이 왔다. "내가 정말 힘든 상황이라서 그런데 보증 좀 가능할까? 내가 다음 달까지 무조건 갚을 수 있어. 제발 부탁이야. 나 이거 못 막으면 파산이야." 이런 감정과 현실을 모두 섞어가는 부탁은 정말 거절하기 힘들다. 하지만 거절해야 한다. 안 그러면 당신은 정말 인생에 있어서 금전적으로 아주 큰 호구가 될 수 있다. 누군가에게 보증을 서달라고 부탁을 할 때는 감정으로 보증을 서주면 죽었다 깨어난다고 해도 거절을 해야 한다. 무엇을 믿고서 상대방에게 그런 금전적인 관계를 맺을 수 있는 것인가. 마음에서는 '싫어.' '끊어.' '이런 거로 연락하지 마.' 등과 같은 말이 당신의 호흡기에서 공기만 불어 나온다면 입 밖으로 바로 나오는 상황일 것이다. 그럴 때 하는 것이 바로 '저속직구(低速直球)'이다. 분명 직구이지만 돌직구처럼 강하게 상대방을 때리지 않는 방법으로 "미안하지만 나도 그럴 사정이 안 돼서." "유감입니다만 아무래도 나도 여의칠 않아서." 등의 말로 당신도 그럴 사정이 있음을 상대방에게 전달하는 것이다. 분명 상대방이 급한 상황이라서 당신에게 연락한 만큼 지속해서 호소할 것이다. "나 진짜 죽을 수도 있어." "우리 가족 다 길거리로 쫓겨난단 말이야." 같이 감정을 벨을 울리다 못해 두드리는 말을 할 테지만 거절해야 한다. 상대가 지속해서 호소한다면 당신도 앞에 했던 말을 반복하면 된다. "미안해. 나도 네가 싫어서가 아니라 상황이 그렇지 못해.", "유감이지만 내 사정도 지금 있어서." 이렇게 앞에서 말했던 것을 그대로 반복하면 된다. 상대방의 호소도 당신의 같은 말을 듣다 보면 당신의 거부 의사를 알게 되고 무리한 부탁을 해서 미안하다고 먼저 사과하며 마무리 지을 것이다.

저속직구의 중요성은 당신이 거짓말로 포장을 해서 상대방을 우롱하지 않고 상대방에게 거부의 의사를 명확하게 전달을 했다는 점에서 중요하다. 당신이 거짓말로 돌려 말하는 거부를 했다가 그 말이 거짓임을 상대방이 알게 되었다면 당신은 신뢰를 잃게 된다. 거짓말을 잘하더라도 앞뒤가 맞는 거짓말을 지어내고 짜 맞출 때는 당신의 어마어마한 창의력이 동반되어야 한다. 그렇지만 이렇게 저속직구는 상대방에게 부드러운 거절로 상대방의 신의를 저버리지 않으면서 해결을 할 수 있으니 어려운 부탁에 대한 거절로 최적의 방법이다.

세 번째, 깍뚝썰기. 상대방이 무엇인가 부탁을 할 때, 상대방의 말이 길어진다면 상대방은 부탁을 받아낼 수 있다고 생각을 하고, 당신은 끝내 거절을 하게 될 텐데 상대에게 미안한 마음이 들어서 상대방의 부탁을 어떻게 거절해야 할지 모르는 곤란한 상황이 연출될 것이다. 게다가 당신은 상대방의 마음을 너무나도 많이 배려하게 되면서 자신이 손해를 보는 '호구'이지 않은가. 영업인 중에서 그런 당신과 같은 사람을 노리고 연락을 하는 것이 바로 '전화영업(Tell Marketer)'인데 이런 전화는 정말 수시로 온다. 일반인의 경우에는 세상에 무슨 공짜폰이 그렇게 많은지 폰을 바꾸라는 전화와 문자가 수시로 오고, 인터넷 가입 전화는 마치 내 애인이라도 되는 것처럼 오후에 여유로운 시간 때 연락을 해 주면서 '사랑합니다. 고객님~'이라고 사랑 고백을 이리도 쉽게 하는지 모르겠다. 이런 전화를 받게 된다면 당신은 일단 시간적으로 전화를 받으면서 손해를 보고, 직접 만나서 이야기를 하게 된다면 시간적 손해는 더욱더 심해지기 마련이다. 그렇다면 어떻게 하는가? 이번에 알려주는 방법은 깍둑썰기 방법으로 상대방의 말이 길어지기 전에 본론, 결론을 말하라고 하는 것이다. "결국, 무슨 말을 하고 싶은 건가요?" "그래서 용건이 무엇인가요?"와 같이 말을 한다면 상대방은 당신에게 할 말이 부탁, 계약, 구매 등과 같이 말이 확실하게 짧아지게 되고, 그 상황에서는 상대방이 거절할 것을 본인도 느끼게 된다. 그렇게 된다면 당신은 거절하는 데 있어서 부담감을 가질 필요도 없고 대화의 주도권을 당신이 쥐게 되는 것이다. 이 방법이 깍뚝썰기로 상대방에 대한 기대감도 높이지 않고, 당신 또한 거부하는 데 있어서 불편함이 없게 된다. 그리고 직접 대면을 한 자리에서 당신이 거절의 의사를 표명해도 다시 상대방이 말을 한다면 "잠시만 멈춰주시고, 지금까지 이야기를 들었을 때 전혀 관심이 생기지 않는군요." "이 이상 이야기를 듣는다 해도 별 마음이 생기지 않겠네요."라고 말한다면 상대방이 앞으로 무슨 말을 하더라도 자신의 말이 당신에게 들어가지 않는다는 것을 인정하고 물러설 수밖에 없게 된다. 그리고 깍뚝썰기2(투)의 방법으로 상대방이 부탁의 의사를 말하게 하는 것이 아니라 당신이 먼저 상대방의 메시지를 알게 되었을 때 하는 방법으로 "어쨌거나" "그러니깐" "따라서" 등의 말을 하는 것으로 결론을 당신이 말하는 것이다. 이러한 말을 상대방이 듣게 된다면 상대 방에서도 당신이 무슨 이야기를 하고 있는지 눈치를 챘다고 느낄 수 있으며 그 상황에서 상대방의 사고(思考)와 행동을 정지시켜버리는 심리적 작용을 주게 된다. 즉, 상대방에게 '더 이상'이란 생각이 들지 않게 된다. 당신이 "어쨌거나 보험 부탁을 하는 거잖아요."라고 말한다면 이미 상대방이 할 의도를 다 알게 되었는데 더 이상 무슨 말을 해야 하는가? 그리고 상대방이 당신에게 대답의 기회를 주지 않고서 이야기를 지속한다면 깍뚝썰기3(쓰리)의 방법으로 "잠시만요." "이야기 중 실례입니다만." "잠깐만요." "그런데요." "좀 다른 이야기지만." 등의 말로 상대방의 말을 중단시킬 방법이 있으며, 이렇게 멈추게 되었을 때는 상대방의 리듬이 깨지게 되면서 상대방에게서 대화의 주도권을 가져올 수 있게 되고 당신도 말하며 그 말에 거절의 의사를 담아내도 분위기가 흐트러지지 않음을 알 수 있다.

그리고 19세기 문명에서 통용되던 이러한 영업방식을 사용하는 영업인들은 하루빨리 줄어들었으면 하고 바라고 있다.

네 번째, 완충 반사. 대화하다 보면 상대방의 질문에 답하고 싶지 않을 때, 상대방의 질문에 이야기하고 싶지 않을 때, 답을 모른다는 것을 상대방에게 알리고 싶지 않을 때, 생각 없는 말로 꼬투리 잡히고 싶지 않을 때, 지금 이 말을 하면 손해 본다는 생각이 들 때 등의 경우가 있다. 즉, 상대방으로 하여금 '호구유도(虎口誘導)'를 당하고 있는 것이라고 할 수 있다. 그 말에 대해서 당신은 답을 어떻게 하든지 곤란한 상황이 될 수 있다. 농담의 상황이라면 농담으로 넘길 수 있지만, 꼭 그런 상황에서는 농담 같지 않고 진지한 상황이 된다. 이럴 때는 당신은 절대 흥분을 하지 않고 냉정함을 유지하면서 온화한 표정 또는 밝게 웃는 미소를 잃지 않아서 여유로움을 상대방에게 주면서 대화를 해야 한다. 그리고 아마 그 대화에서는 당신은 No! 라는 거부의 의사를 표현하고 싶을 것이다. 예를 들어서 상대방이 "요즘 나한테 불만 있는 거 아냐?"라는 질문에 대해서 당신은 평정심을 유지하며 "그러는 너(상대방이 상관이라면 그에 맞는 호칭 사용)야말로 나한테 불만이 많은 것 같은데?'라고 받아치는 것이다. 상대방은 역으로 받은 질문으로 잠시 틈이 생기고 당신을 추궁하려는 기세가 흐트러지게 된다. 이 방법이 바로 '완충 반사(緩衝 反射)'가 된다. 완충되지 않고서 반사가 되는 것은 다툼으로 이어질 수 있지만, 당신은 그 상대의 질문을 완충시켜서 여유롭게 되돌려주는 것으로 상황을 바꾸는 방법이 되기 때문이며 상대의 집요한 탐색에 집중될 때 당신은 거부의 의사를 표현하고 싶을 때, 역질문을 통해서 당신의 거부 의사를 상대방에게 전달할 수 있게 된다. 그리고 상대방의 대답을 듣는 것에 대해서 대답하는 것으로 상대방이 가지고 있었던 곤란한 질문의 의도를 알 수 있게 된다. 당신이 지레짐작으로 상대방이 원했던 것 그 이상의 정보를 말하게 되면 당신을 호구로 만드는 데 있어서 상당히 중요한 역할을 하기 때문이다.

여기서 중요한 것은 언어적 의사소통도 있지만, 비언어적 의사소통이 중요하게 작용한다. 말했듯이 당신은 절대 온화함과 냉정함, 여유로움을 가지고 있어야 역질문을 하게 될 때 상대방의 흥분을 가라앉힐 방법이 되기 때문이다. 상대를 진정시키면서 대화를 하는 방법으로 상대방부터 주변의 사람들까지 당신을 지금까지 호구라고 생각을 하고 있었지만, 전혀 다른 모습에 당신을 달인으로 인정하는 '전환점(轉換點)'이 될 수 있는 기회기도 하다.

다섯 번째, 타깃 다운(Target Down). 당신은 아이쇼핑을 편하게 즐겨본 적이 있는가? 내가 비주얼을 바꾸기 위해서 아이쇼핑 등을 하면서 자신에게 맞는 스타일을 찾으라고 하였을 때, 최소 10곳의 비(非)브랜드 오프라인 매당을 다녀보라고 하였는데, 그 매장을 다니면서 10곳 모두에서 옷을 구매하는 경우가 있다. 내가 호구 탈출을 위해서 하라는 행동이 호구 연장, 호구 증폭 등으로 부작용을 일으킨 것이다. 편안하게 구경을 하는 사람들이 있는가 하면 편안하게 구경을 못 하고 결국 무엇인가 하나 구매하고 나오는 사람들이 있다. 그 물건이 정말 마음에 들어서 구매한다면 상관없지만, 필요도 없는데 구매를 하는 것이라면 더더욱 말이다. 이럴 때 필요한 거절의 방법이 바로 '타깃 다운'의 방법이다. 혹시 지금 당신 남성이고 군대를 다녀온 군필자라면 소화기사격장에서 사격해본 적이 있을 것이다. 사격하면서 타깃이 총알에 맞고서 쓰러지는 경우도 있는가 하면 총알에 맞지도 않았는데 시간 초과 등의 이유로 누워 버리게 된다면 당신은 그 타깃을 조준하여 사격할 수 있겠는가? 여성들과 미필자들도 이해하기 쉬운 예를 들어준다면 구매하려고 했던 물건이 갑자기 판매 중단이 되어서 어디에서도 구할 수 없게 된다면 구할 방법이 없어지지 않는가.

바로 이러한 방법을 이용하는 것이 바로 타깃 다운이다. 상대방이 당신을 타깃으로 설정할 수 없게 만들어서 편안하게 아이쇼핑을 하는 방법으로 매장에 들어갔을 때, 점원이나 사장이 '호객(豪客)'을 하며 당신에게 "이번에 나온 신상품 출시 기념으로 지금 구매하시면 40%나 할인된 금액으로 세일을 하고 있습니다." 와 같은 말을 할 때 "오! 가격도 저렴하고 옷도 예쁘네요."라고 말한다면 상대방은 더 이상 할 말이 없어진다. 자신이 어필했던 할인으로 저렴함을 말하였고, 신상품 출시로 디자인을 말한 것인데 당신이 거부하지 않고서 긍정으로 받아들였기 때문이다. 거기에 당신이 "하지만 오늘은 구경만 하는 거라서요. 그래도 되죠?"라고 말한다면 상대방은 당신이 편하게 아이쇼핑을 하는 데 있어서 문을 열어주게 되고 만다. 다른 말로 "예쁘긴 한데 하지만 지금은 필요 없어요" "미안해요. 그냥 구경만 하는 거라 사려는 게 아닙니다." 등의 말이 있다. 여기서 내가 위에서 상대방이 기대할 수 있는 말, '오늘은' '지금은' '필요'라는 말을 하게 된다면 상대방이 기대하고 당신이 구매하지 않았을 때, 실망하게 된다고 말하지 않았냐고 생각을 하지 않았는가? 그래서 나는 당신이 해야 하는 말에 상대방의 기대감을 제거하기 위해서 "사려는 게 아닙니다." "구경만 하는 거라서요." 등의 말을 한 것이다. 그리고 '필요 없다.'라고 했을 때 상대방이 당신이 필요하게 만들기 위해서 말을 하기 시작한다면 당신은 꾸준히 '필요 없다'로 밀고 나가라. 괜히 다른 변명을 하게 된다면 상대방이 원하는 정보로 받아들이고 '그' 필요 없는 이유에 대해서 필요할 수 있도록 갖은 노력을 다하고 당신이 끝내 구매를 하지 않는다면 크게 실망하게 될 것이기 때문이다.

그리고 오프라인 매장은 계약을 받아내려는 영업인들과는 다르게 내가 다음을 기약한다고 해서 언제쯤 되어서 오라고 재촉을 하거나 내가 분명 올 거라는 기대를 하지 않는다. 그리고 당신은 이러한 멘트 외에 다른 멘트로 추천하는 상품에 대해서 "나는 이것보다~" 이렇게 말을 해서 극복을 할 수 있는가? 그렇게 극복을 할 수 있다면 축하한다. 세상이 바뀌었다고 할 수 있다. 하지만 현실은 그렇지 않다는 것을 알고 있어라. 당신이 상품에 대해서 불만을 말한다면 점원은 그 불만을 만족할 수 있는 상품을 준비해서 가지고 온다. 마케팅의 세계에서 '불만은 정보'라는 말이 들리고 있을 정도니 말이다. 당신이 상품에 대한 불만은 다르게 표현을 한다면 '나는 이러한 상품을 원하고 있다.'라고 말을 하고 편안한 아이쇼핑은 당신에게 주어지지 않게 될 것이다. 그렇기 때문에 당신의 불만이 전혀 없는 상황에서 '아이쇼핑'이 목적이라면 그 업체의 입장에서는 어쩔 방법이 없다. 아이쇼핑이라고 해도 당신이 마음에 든다면 구매를 할 가능성이 있기 때문에 쫓아낼 수 없지 않은가. 당신의 표적을 눕힌다면 상대방은 절대 당신을 조준할 수 없을 것이다.

여섯 번째, 없는 미래. 당신이 상대방의 말에 대해서 거부를 할 때, '다음에'라고 말을 한다면 상대방은 '다음'이라는 말에 대해서 기대를 하게 된다. 그리고 시간이 지나고서 그 시점을 당신이 말한 '다음에'라는 때로 알고서 다시 한번 더 당신에게 부탁, 계약, 구매 등을 권유할 것이다. 그래서 내가 '다음에'라는 말을 하지 않도록 하라고 했지만, 만약에 해버린 당신을 위해서 그 상황에서 거절을 못 해서 호구가 되는 상황이 오지 않도록 알려주겠다. 당신이 '다음에'라고 말을 했다면 상대방은 추측할 수 있는 미래를 생각하게 된다. 그리고 당신에게 "그럼 언제쯤에?"와 같은 말을 남기게 되는데 부담스럽지 않은가. 그럴 때는 "지금 말씀드리기가 어렵네요."라고 말하게 된다면 '다음에'라고 했던 그 미래는 언제가 될지 모르는 미래로 '없는 미래'가 되어 버리고 만다. 이 말을 듣는다면 상대방은 "그럼 그때 잘 부탁드리겠습니다."라고 말은 하고 떠나지만, 당신이 거절의 의사를 알리는 메시지가 상대에게 전달된다. 그리고 확실하게 거절의 의사를 표명하게 된다면 자신이 가지고 있는 상품에 대해서 거절을 했음에도 마치 상대방 본인까지도 거절을 받은 듯한 기분을 받게 되는 것을 '없는 미래'의 방법을 통한다면 상대방은 부정되지 않았다고 느끼면서 물러나게 된다. 둘의 관계는 당신의 선택에 따라서 '없는 미래'이지만 '있는 미래'가 될 수 있어서 끊을 수 없는 관계가 되는 것이다. 인간관계는 유지하면서 거절하는 '없는 미래'의 방법으로 당신이 '다음에'라고 했던 말에 대해서 수습을 하여서 상대방에게 미안한 감정으로 계약, 구매, 부탁을 들어주는 호구가 되지 않길 바란다.

일곱 번째, 아임쏘리(I'm Sorry). 별거 아닌 상황이지만 당신이 어딘가의 모임 등에 불참하거나 길거리에서 앙케트(Enquete), 거리영업(Street Sale)에 거부의 의사를 제대로 표명하지 못해서 시간 낭비를 하고, 정작 당신이 필요한 곳에는 에너지가 가지 못하는 상황이 발생하고 있을 것이다. 게다가 필요도 없을 것을 구매하거나 하면서 돈 낭비까지 된다면 호구의 생활을 지속하는 꼴이 되지 않는가. 그럴 때 사용하는 방법으로 "미안해요."라고 말을 하는 'I'm Sorry'방법이 있다. 호구 탈출을 하는 데 있어서 왜 아무런 잘못도 안 하고 사과를 하느냐고 생각하는가? 가만히 당신이 그 입장에 있게 된다면 호구가 되어 버리기 때문에 내가 호구가 되지 않는 방법을 당신에게 알려주는 것이다. 이 'I'm Sorry' 방법은 아무런 나쁜 짓도 하지 않았는데 상대방에게 사과함으로써 집요한 권유로부터 해방이 될 방법이기도 하다.

당신이 거절하기 위해서 마땅한 이유를 말하거나, 말을 설명하는 데 오래 걸리는 상황일 때는 더욱 효과적으로 작용하는데, 이유를 설명할 것 없이 '미안하다'고 하는데 상대방이 어떤 말을 하겠는가. 그리고 당신이 사과하는 이유를 만들자면 상대방이 당신에게 권유했는데 당신이 '그 권유를 응답하지 않았기 때문에' 사과를 한다면 상대방과 당신의 논리에 어느 정도 부합할 것이다. 상대방도 당신을 설득하기 위한 논리가 어긋나기 때문에 할 말이 없고, 본인의 권유에 대해서 사과를 하는 사람에게 불만을 가질 수도 없게 된다. 그리고 모임에 불참하게 되었을 때도 여러 가지 사정을 말하고 이유를 말하는데 길어지게 되고, 만약에 2중 모임이어서 다른 쪽을 선택해야 하는 상황이라면 상대방은 자신의 가치를 낮게 본다고 생각하면서 상심하게 될 것이다. 그러나 'I'm Sorry'를 사용한다면 상대방의 기대감에 부응하지 못한 것에 대해 사과를 하였고, 상대방도 당신이 부응하지 못하여 사과하는데 나무라고 불만만 제기하기에는 어려운 상황이 된다.

또한, 상대방이 지속적으로 잠깐만이라도 괜찮다고 하더라도 당신은 다른 이유를 대지 말고, 계속 "미안하다. 다음에 갈게." "죄송합니다만 오늘은 안 될 것 같다."라고 말을 이어가도록 해라. 다른 변명을 한다면 당신 거짓말이나 과장되게 말을 하면서 인간관계에 문제가 될 소지를 만들 수 있지만, 이 방법은 당신의 인간관계를 유지하는 데 있어서 좋은 방법이 될 것이다.

여덟 번째, 주파수. 대화하다 보면 잠시 그 상황을 멈추고 다른 방향으로 대화를 돌리고 싶을 때가 있을 것이다. 특히나 상대방이 흥분하거나 격한 반응을 보이는데 대화를 이어나가야 할 때의 방법으로 "우선은 ~부터 하죠."라고 말하는 것이다. '우선은'이라는 뜻에는 '먼저'라는 의미가 있고, 그렇게 함으로 잠시 고조되어있는 상황을 진정시키는 데 도움이 된다. 주파수가 끊어졌다. 원하는 방향으로 쭉 진행하기 위해서 이어졌다는 뜻을 가지고 있으며 주파수 방법은 "우선은 이 안건부터 처리합시다." "우선은 차라도 한 잔씩 하고서 진행하죠." 등의 말로 표현을 함으로 상대방에게 '이야기는 나중에 천천히 들을 테니 지금은 멈춥시다.'라는 메시지를 전달하는 것이다. 그리고 상대방의 이야기를 단방에 끊어버리는 싹뚝 썰기 방법과는 다르게 상대방이 잠시 진정을 하면서 냉정함을 찾게 된다면 천천히 이야기를 다시 할 수 있다는 점에서 상대의 말을 제대로 집중하기 위함을 전할 수 있다. 그리고 잠시 고조된 상황을 멈추면서 당신도 앞으로 상대방의 말에 대해서 어떻게 대처를 할지 고민을 하고 생각할 수 있는 시간을 가지게 되며, 분위기를 수습하는데 효과적인 방법이라고 할 수 있다.

다만 이 방법은 임시적인 방편으로 흥분된 상대를 가라앉히기 위함과 시간상 먼저 해결을 해야 하는 일부터 조치하려는 방법이며 상대방의 흥분을 가라앉히는 데는 그 상황에 맞추어서 해결하는 방안을 생각해야 한다. 그리고 '우선은'이라는 말과 비슷하다고 하여서 '일단은' '지금은' '그럼 먼저'라고 답을 한다면 곤란하다. 당신의 입장에서 지금 격한 상태이거나 흥분한 상태인데 상대방이 "일단은 ~부터 합시다." "지금은 ~문제부터 해결하죠." 등의 말을 했다고 하자. 상당히 기분이 언짢은 감이 있지 않은가? 이 상황에서만큼은 다른 말이 아니라 "우선은"이라는 말만 사용하는 것이 상대를 부드럽게 진정시키고 시간을 만들 방법이 된다. 그리고 그렇게 생각을 진정시키는 모습을 만드는 것으로 상대방과 여러 사람에게 있어서 당신의 상황 통제 능력, 조절능력 등으로 당신의 능력 있는 사람으로 보이게 되며 당신 이용하기만 해야 하는 호구로 보는 시선을 바꿀 수 있는 효과를 가져온다.

이처럼 8가지의 거절방법을 통해서 당신은 호구의 생활을 거절할 수 있고, 당신을 호구로 보는 시선을 거절할 수 있게 된다. 여러 가지의 상황에 맞추어서 언제든지 자유롭게 거절을 함으로써 상대방에게 당신의 이미지 손상을 입지 않고 처리를 할 수 있다는 것으로 상당히 좋은 기대 효과를 가져올 수 있다. 거절하는 방법도 생각보다 많은 방법이 될 수 있는데 이 방법은 앞으로 당신에게 필요한 시간을 소중하게 할 것이고, 금전을 지킬 수 있게 하는 방법이 될 수 있으니 필히 당신의 머릿속에 저장을 해두고 상황에 맞게 사용하길 바란다.

의사를 전달하는 마법

당신의 '의사(意思)'는 제대로 상대방에게 전달이 되고 있는가? 당신의 의사 표현을 사람들에게 전달해줌으로써 상대방은 그 말을 듣고서 당신의 의견에 따라서 동의해줄 것이고 부정을 통해서 당신의 보완점을 말해 줄 것이다. 그런데 호구였던 당신의 의사는 어떻게 되고 있는가? 상대방이 제대로 들어주고 있는가? 분명 그들에게도 당신의 목소리는 들릴 것이다. 다만 당신의 의사 전달력이 제대로 되지 않아서, 또는 말이 횡설수설하면서 전달력이 떨어지기 때문에 당신의 말은 그들의 귀를 통해서 머리가지 들어가지 못한다. 그거 귓가에 앵앵거리는 모기의 거슬리는 소리였을 수 있다. 그러나 당신이 핵심을 찌르는 말을 하는 것으로 확실한 거절, 변화된 상황을 가져왔듯이 이번에는 당신이 가지고 있는 의사를 제대로 전달할 방법에 대해서 알아보자.

첫 번째, 범위 설정. 당신이 누군가에게 설명하거나 말했을 때, 상대방에게 선택권을 주는 편인가. 아니면 당신의 굳은 의지를 강하게 표현하는 편인가.

일단 현재 당신은 호구의 입장에서 누군가에게 끌려다니면서 원하는 의사를 제대로 표명을 하지 못하고 있었다면 상대방에게 선택의 권한을 주면서 당신이 원하는 곳으로 유도를 하는 방법이 '범위 실정'이 된다. 범위설정은 쉽게 말해서 상대방에게 "A가 좋아? B가 좋아?"라고 질문하는 방법이다. 이렇게 상대방은 질문은 받게 된다면 다른 C, D, E와 같은 방법보다는 먼저 A와 B의 두 가지 중에서 고민하고 결정하려고 한다. 여기서 당신은 A와 B의 포괄적인 것을 잡고서 말을 하는 것이 중요하다. 예를 들어서 당신이 평일에 결근하거나 결석을 해야 하는 상황이다. 평일에 나오지 않는다는 점에서 당신은 예상 질문으로 상대방에게 "제가 평일에 결근해야 할까? 조퇴해야 할까요?" 하는 질문을 하는 것이 아니라 "제가 주말을 이용해서 해야 할 일이 있어서 다음 주에 결근해야 하는데, 금요일과 월요일 중에 언제가 괜찮을까요?" 이런 질문을 받게 된다면 상대방은 '한 주의 마감을 위해서 금요일은 있어야 한다.' 또는 '주간 회의 등 스케줄을 위해서 월요일은 있어야 한다.' 등의 생각을 하고 있을 것이다.

하지만 여기서 중요한 것은 당신이 주말을 합쳐서 3일을 사용할 수 있다는 점이다. 결근이라는 목적을 상대방이 자연스럽게 수긍하고서 당신이 던진 범위의 영역에서 상대방을 고민하게 만드는 방법으로 당신의 의사를 제대로 전달할 수 있다. 그리고 상대방은 당신이 언제가 좋겠냐고 질문하였고, 언제라고 선택하였기 때문에 당신의 결근에 대해서 불만을 가지기 어려워진다. 그리고 상대방에게 곤란한 말을 해야 할 때도 마찬가지이다. 당신보다 낮은 직위를 가지고 있는 하급자에게 말을 전달해야 할 때, 그 상대방이 곤란해할 수 있는 일을 상급자가 당신에게 떠넘기는 일이 있을 것이다. 당신이 만만하고, 그 하급자로부터 원망을 받더라도 당신이 받도록 말이다. 예를 들어서 본사에 같이 근무를 하고 있었던 당신이 하급자인 상대방을 지방이나 다른 곳으로 보내야 하는 상황에서 "자네, 어디 지역으로 가주었으면 좋겠는데……."라고 말을 한다면 상대방은 자신의 상황과 의사는 물어보지 않고서 말한 당신에 대해서 원망이 없지 않아 발생한다. 하지만 이럴 때 "자네, A 지점과 B 지점 중 한쪽으로 결국 보내기로 했네만, 자네는 어느 쪽이 좋겠나?"라고 말하는 것이다. 상대방은 당신이 선정한 범위에서 선택하게 되고 그 선택을 본인이 했기 때문에 전근에 대해서 불만은 약해지고 말을 꺼낸 당신에 대해서도 원망을 하지 않게 된다. 그리고 당신이 있는 곳에 여러 곳의 지점이 있고, 상대방이 평소 가기 싫어했던 지점이 있었다면 A와 B의 선택에서 보내야 하는 곳과 가기 싫었던 곳을 선택하도록 하였을 때, 상대방은 당신의 의도대로 보내야 하는 곳을 선택하는 결과를 가져온다. 이 방법은 하급자에게 원망을 사지 않으면서 말하는 방법보다 상대방의 정보를 알고 있었을 때, 당신이 유도를 하는 방법으로 효과적으로 작용을 한다. 단, 주의 사항으로 상대방이 아니라 누구나 싫어할 만한 선택지를 주는 것은 금물이다. 그렇다면 당신이 두 가지의 선택지를 주었다고 해도, 한 가지의 선택을 강요했다고 느낄 수 있기 때문이다.

그리고 추가로 범위설정의 방법의 상급방법이 있는데, 바로 선택을 하는 데 있어서 극과 극, 그리고 중간을 만드는 방법이다. 즉, 3가지의 선택을 하도록 하는 방법으로 상대방이 절충안 등을 선택하기 좋아하는 성격 등을 알고 있을 때 사용하기 좋은 방법으로 어떠한 문제에 대해서 당신의 의견을 표출할 때, 상대방으로 하여금 당신이 현재 상황을 정확히 파악하였으며, 그리고 그에 따른 절충안까지 생각했다는 점에서 문제파악과 정리 능력이 뛰어나다고 느끼게 할 수 있다. 무엇인가 회의를 하거나 협상을 해야 하는 상황에서 극과 극, 그리고 중간을 간결하게 정리하여 준비하는 자세가 필요하며, 평소 당신의 의사가 제대로 전달이 되지 않았기 때문에 상대방의 말을 듣기만 하였던 당신의 호구 단점을 머릿속에 대화 내용을 넣고 정리 능력이 뛰어나 있는 장점으로 바꾸게 된다면 당신은 훨씬 더 수월하게 당신의 능력을 보여줄 수 있을 것이다. 또한, 이 방법을 사용할 때 좋은 점이 한 가지 더 있는데 당신의 말에 대해서 귀 기울이지 않았더라도 당신이 "이번 기획에서 세 가지의 문제점이 있습니다." 등으로 말을 하게 된다면, 일반적으로 "이번 기획에서는 문제점이 있습니다." 또는 "이번 기획에서 몇 가지의 문제점이 있습니다."라고 했을 때 처음 그냥 문제가 있다고 한다면 회의의 내용에 당신이 새로운 문제점을 제시하거나 별 도움이 안 되는 내용을 제시할 것으로 생각하여서 당신의 의사를 생략 당할 수 있고, '몇 가지'라고 말했다면 명확하지 않은 내용에서 두 가지 이상이라는 생각에 말이 길어질 것을 생각해서 듣지도 않고 지겹다고 생각할 수 있다. 하지만 3가지라고 한다면 길지 않는 내용을 정확하게 세 가지로 추려냈다는 점에서 상대방에게 당신의 의사가 제대로 전달이 될 수 있고, 그때 당신이 생각한 극과 극, 그리고 중간에 대해서 말을 하면 된다. 그리고 만약에 당신이 생각해도 네 가지 이상의 선택을 해야 할 때라면 과감하게 가장 중요하다고 생각하는 3가지만 뽑아내어 딱 잘라서 줄여서 말을 하는 것이다. 당신이 중요하다고 생각한 점만 잘 어필이 된다면 아직 남아 있는 문제에 대해서는 그 중요한 문제를 해결하면서 차차 해결해도 늦지 않기 때문이다.

두 번째, 선긍후부. 당신이 누군가와 대화를 할 때, 말을 해 주고 싶은 내용에서 상대방에게 단점을 이야기해 주고 싶을 때가 있지 않은가. 그럴 때, 상대방에게 먼저 긍정적인 이야기를 먼저 해 주고 다음에 부정적인 이야기를 하는 것으로 상대방으로부터 반감을 사는 것을 줄일 수 있다. 당신이 누군가에게 단점을 바로 지적을 당했다면 기분 좋을 리가 없지 않은가. 하지만 당신에게 칭찬하고서 단점에 대해서 말을 한다면 단점보다는 칭찬에 부각이 되어서 단점에 대해서는 약하게 전달을 받게 된다. 사람들은 대부분 좋은 소식과 안 좋은 소식에 대해서 전달한다면 좋은 소식보다는 안 좋은 소식부터 먼저 듣고 싶어 한다. 그렇게 듣게 된 후에 좋은 소식을 듣게 되더라도 별 감응이 없음에도 말이다. 이 내용에 대해서 실험한 결과가 있는데 칭찬을 듣고 단점을 들은 그룹, 단점을 듣고 칭찬을 들은 그룹의 결과와 좋은 소식을 듣고 안 좋은 소식을 들은 그룹, 안 좋은 소식을 듣고 좋은 소식을 들은 그룹의 결과가 비슷하게 나왔다. 당연히 결과는 칭찬을 듣고 단점을 들은 그룹과 좋은 소식을 듣고 안 좋은 소식을 들은 그룹에 불만 지수는 낮으며 행복지수는 높게 나오는 결과가 나타났다. 이 결과를 응용해서 '선긍후부(先肯後不)'의 효과를 가지게 된다. 조삼모사(朝三暮四)와 비슷하지만, 상대를 희롱하는 점이 아니라 당신의 이미지가 손상되지 않고 상대방에게 호의를 얻을 방법이 되는 것이다.

예를 들어서 "추진력이 대단합니다. 어지간한 일에는 좌절하지 않고 거침없이 진행하는 사람이군요. 다만 일 처리가 꼼꼼하고 세밀하지는 않네요." 이 말을 할 때, 당신은 상대방이 꼼꼼하고 세밀해야 한다는 말을 전달하는 것이었지만, 그 단점에 대해 장점으로 '대범함' '추진력'을 풀어서 상대방에게 말한 것이다. 그런데 반대로 "일 처리가 꼼꼼하고 세밀하지 않군요. 다만 추진력이 대단합니다." 이 말을 듣게 된다면 상대방은 어떤 점이 기억에 남겠는가? 먼저 긍정적인 이야기를 해서 당신이 전달하고 싶었던 부정적인 이야기를 약화하는 것도 중요하다. 상대방은 그 이야기를 듣고서 자신의 장점이 있지만 부족한 점이 있으니 그 점도 보완을 하면 자신은 완벽해질 수 있다고 생각을 하게 되는 데 반해, 먼저 부정적 이야기를 듣고 긍정적 이야기를 듣게 되더라도 상대방은 약 주고서 쓴맛 남기지 않게 하려고 물을 준다고 생각하게 된다. 즉, 당신에 대해서 좋은 평가를 하지 않고 '언젠가 깎아내려 주겠어.'라는 상대방의 복수심에서 당신을 호구로 만들 수 있는 잠재적 위협 존재를 만들게 되는 것이다.

　세 번째, 신문형. 당신이 상대방과 대화할 때, 상대방이 당신의 말을 궁금하게 해서 대화를 이끌어 나가길 원하지 않는가? 그렇기 때문에 당신은 이야기할 때, 그 이야기의 결과가 궁금해지도록 대화를 풀어나가고 있었을 것이다. 예를 들어서 "지금 이번 이야기는 당신이 이야기를 하는 데 있어서 가장 중요하다고 할 수 있는 이야기가 되는데 그것이 무엇일지 궁금하죠?" 이렇게 말한다면 상대방이 당신의 말을 집중하려고 하는 사람. 또는 당신의 위치가 상대방으로 하여금 무조건 말에 집중해야 하는 위치였다면 할 수 있다. 그러나 지금 당신은 여기서 어떠한가? 호구 탈출을 하려고 하지 않은가. 그래서 말할 때는 "신문형 대화라고 알고 있나요? 당신이 이야기하는 데 있어서 가장 중요하다고 할 수 있는 중요한 이야기로." 이렇게 결론을 먼저 말하고 그 내용에 대해서 풀어나가는 것이다. 위의 대화보단 '그게 무엇인데?'라는 생각에 당신의 설명에 대해서 집중을 할 수 있다. 신문형 방법은 신문은 큰 표제를 가지고 있고, 그 내용이 궁금하다면 우리는 그 기사를 보려고 한다. 그렇다면 '큰 표제'에서 느낀 궁금한 점의 중요 포인트를 담고 있는 '작은 표제'가 있고, 우리는 무슨 내용이라고 추측을 하면서 본론을 읽어보게 된다. 본인이 생각했던 내용과 같은지 다른지에 대해서 알고 싶기 때문이다. 게다가 이 방법은 좋은 점은 이미 결론을 말했기 때문에 긴 시간을 가질 수 없는 대화를 할 때 효과적이다. 상대방이 궁금증을 만드는 데 시간이 걸리지 않으며, 이미 결론을 들어서 대화의 내용을 추측할 수 있고, 그 뒤에 아까 했던 이야기에 대해서 상대방이 이야기를 꺼낼 수 있기 때문이며, 결론을 뒤에 말하는 형식은 궁금증을 자극했지만, 결과가 그에 부응하지 못하였을 때는 상대방은 당신을 좋게 보지 않고 '싱거운 사람' '재미없는 사람' 등으로 생각을 하면서 좋은 평가를 받을 수 없게 된다. 누군가에게 감동적인 이야기 등을 말하는 것이 아니라면 신문형의 대화방식이 가장 효과적인 대화의 틀을 가지고 있다. 그리고 신문형 대화방식에서 중요한 점으로 대화의 마지막에 "중요한 부분이기에 다시 한번 말하자면~"으로 처음에 말했던 결론을 반복하는 말로 결론에 대해서 인상을 강하게 남기는 것이 중요하다. 이렇게 한다면 논리적인 이야기를 할 수 있고, 게다가 상대방이 언제든지 당신의 이야기를 중지시키더라도 당신은 결론을 전달했기 때문에 부수적인 설명에 대해서는 다음에 이야기하거나 다음에는 다른 이야기를 준비할 수 있다. 그러나 반대적일 때는 당신은 결론을 말하지 못하여서 상대방에게 기회가 될 때만을 생각하면서 그때 하던 이야기를 계속하려고 할 것이기 때문이다. 당신 스스로 호구의 입장을 만들지 않는 방법이 될 수 있다.

네 번째, 요의. 당신이 대화하면서 신문형이 아닌 방법으로 대화를 진행하는 것이 익숙해져서 말이 길어지면서 상대방이 지루함이나 집중력이 흐려지는 대화가 진행될 때가 있다. 그렇게 되면 괜히 마지막의 결론을 말하는 데 있어서 당신은 어색해지는 상황, 분위기 때문에 결론을 바꿔야 하는가. 아니면 결론을 끝맺지 못하고 지금까지의 이야기가 흐지부지해버리는 상황이 오게 된다. 그렇게 된다면 상대방은 아무런 감동도 재미도 없었던 이야기를 듣고 있었기 때문에 다음부터 당신과 이야기하는 것에 대해서 불편하고 당신과의 관계를 깊게 가지고 싶지 않을 것이다. 그럴 때 사용할 수 있는 '요의(要義)' 방법이 있다. 한자의 뜻대로 중요한 점을 콕 집어서 "한마디로 말하자면~" "그러니깐 요약을 하자면~" "그래서 내가 하고 싶었던 말은~" 등으로 상대방이 이제 당신이 이야기를 끝맺음을 알 수 있게 되고, 지루했던 이야기가 끝이 나기 때문에 그 한마디 정도라면 집중을 해 주겠다는 생각을 가지게 된다. 어색함의 끝을 달리고 있던 던 분위기도 어느 정도 회복을 시킬 수 있다. 그 대화가 기승전결을 잘 이어가고 있었더라면 상대방도 지루했지만, 이야기에 대해서 기억을 하게 될 텐데, 정말 재미도 없고, 감동도 없는 싱겁고 밍밍한 이야기였다면 당신의 요의 방법이 그저 당신과 대화는 앞으로는 없다는 종착역이 될 수 있다. 그리고 당신이 이야기할 때, 배가 산으로 간다는 이야기가 있지 않은가. 이야기 중에 논점에 어긋한 이야기로 말이 길어졌을 때도 이 방법을 통해서 지루해지는 상황을 타파하는 방법이 될 것이다.

다섯 번째, 의견통합. 당신은 여러 사람이 모여 있는 자리에서 이야기를 어떻게 하는가? 모두가 하나씩 의견을 말하고 있을 때, 그사이에 껴서 이야기를 하는 편인가? 그렇다면 앞으로 의견통합의 방법을 통해서 당신이 그 이야기의 결정권을 가져오도록 하여라. 호구라고 생각했던 당신의 말을 보다 강하게 받아들이게 하는 효과를 가져올 것이다. 의견통합 방법은 여러 사람의 의견에 대해서 가장 마지막에 발언하는 것으로 당신의 말을 모임의 이야기에서 가장 최근의 마지막으로 들은 이야기로 기억을 남겨서 하는 심리적 방법과 이미 여러 사람이 제시하는 이야기를 통해 많은 정보를 취합하여서 가장 적절하다고 생각하는 답을 도출해낼 방법이라고 할 수 있다. 예를 들어서 사람들이 저녁때 어떤 식사 메뉴를 정할 것에 관해서 이야기하고 있다고 하자. 사람들은 "오늘 날씨도 이런 데 전골이나 찌개 어때?" "간만에 고기도 먹고 싶은데 삼겹살로 하자." "난 일식이 좋은데" "그냥 치킨 먹자." 등과 같이 중구난방으로 여러 가지 의견이 나오고 있다면 당신은 새로운 의견을 제시하거나 누군가의 의견에 동의하기보다는 "그럼 모두의 의견을 종합해서 생고기 전문으로 그곳에서 일차적으로 식사를 하고, 2차에 연어 샐러드하고 치킨으로 맥주를 하는 것으로 하자." 등으로 의견을 취합하면서 자신의 의견을 말하는 방법을 하는 것이다. 그렇게 된다면 모두의 의견을 빠짐없이 들어갔으니 불만을 제기할 수 없고, 가장 마지막에 당신의 발언이 기억에 남기 때문에 그렇게 하는 방향으로 해서 당신의 의견을 따르게 될 것이다. 여기서 중요한 점은 "모두의 의견을 모아본 결과~" "여러분의 의견을 종합해서~" 등으로 모두의 발언을 존중하고 있다고 뜻을 표명하는 것이 중요하다. 그렇지 않고서 당신이 "그럼 생고기 전문점에서 1차로 식사하고, 2차로 연어, 치킨샐러드로 맥주를 마시기로 하자."라고 바로 말한다면 당신이 우두머리, 리더와 같은 입장을 가져간 것으로 느끼면서, 자신의 의견은 하나도 없으면서 제시한 의견을 말하는 즉, 맛있는 부분은 혼자 먹어버리는 얌체로 인식할 수 있다. 당신이 의견을 모두 존중하면서 가장 성실하게 최종 결론을 생각하는 태도를 가지고 있다고 상대방에게 인식을 주는 것이 당신이 넓은 시야를 가지고 있는 사람으로 인식이 되며, 모두가 의견을 찬성할 수 있는 방향을 제시하는 조율자로 보이게 된다.

여섯 번째, 결정주기. 호구의 생활을 하던 당신은 자신감을 많이 떨어져 있는 상황일 것이다. 지속해서 수동적으로만 생활했기 때문에 능동적인 사고방식이 결여되어 있기 마련이다. 그렇기 때문에 당신이 발휘할 수 있는 능력을 100% 이끌어내지 못하거나 99%를 완성하고 마지막 결정을 하지 못해서 흐지부지되는 상황도 오게 될 것이다. 그럴 때 '결정주기' 방법을 사용한다면 당신에게 모자란 그 1%를 채울 수 있게 된다. "제가 이번에 준비하는 내용이 ~한데, 무언가 문제가 없는지 한 번 검토를 부탁드려도 될까요?" "제가 지금까지 준비를 ~하였는데, 실수하거나 보완한 점에 대해서 있는지 확인해 주실 수 있을까요?" 등으로 상대방에게 결정을 넘기는 것이다. 이렇게 말을 하게 된다면 상대방은 당신이 본인을 의지하고 신뢰하며 능력을 갖춘 사람으로 인정을 하였다고 생각을 하였기 때문에 당신에 대해서 호의적인 감정을 가지고 당신이 부탁한 내용에 대해서 조언을 해줄 것이다. 그리고 자신의 의견을 넣었기 때문에 당신이 만든 것에 대해서 반대 의견을 말하기 힘들어지게 된다. 또한, 당신이 아직 지시에 대해서 처리를 완벽하게 하지 못하였을 때 좋은 변명으로 사용을 할 수 있는데, 지시를 내린 상대방이 "내가 준비하라고 했던 것은 어떻게 되었나?"라고 한다면 "거의 다 됐는데 조금 부족하다고 생각합니다. 한 번 봐주시면 마무리가 될 것 같습니다."라고 하는 것으로 당신이 더욱 철저하게 지시를 수행하려고 했음을 상대방에게 보여줄 수 있다. 단, 이 방법은 당신보다 직급이 높은 사람에게 사용해야 하는 방법이며, 그 상대방에게 그저 수동적으로 지시를 수행하는 사람이 아니라 보다 능동적으로 지시를 완수하기 위해서 본인에게 조언을 구할 줄 아는 사람으로 보이게 되므로 이용만 하기 좋은 호구로 보지 않고, 함께 해야 하는 동료로 보게 될 것이다. 위의 멘트 이외의 멘트로 "어떻습니까?" "어떻게 생각하시나요?" "의견을 여쭙고 싶습니다." 등과 같은 말을 덧붙이는 것이 함께 그 내용을 해결하고 싶다고 당신이 먼저 상대방을 의지하고 있음을 전달하는 메시지를 담을 수 있게 된다.

일곱 번째, 의도전환. 상대방이 당신을 호구로 보고 있을 때, 본인의 의견이 옳다고만 믿고서 아닌 거 같은 의견을 밀어붙일 때가 있을 것이다. 상당히 곤란한 상황이지 않은가. 그럴 때 상대방의 생각으로 들어가서 바꾸어버리거나 대놓고 그건 아니라고 말해 주고 싶다. 하지만 대놓고 말을 하자니 상대방에게 반발심을 사게 되어서 당신을 적이라고 느끼고 언젠가 본인도 당신의 말에 대해서 부정을 하고, 또 나아가 호구로 만들어 줘야겠다는 생각을 할 수 있다. 그럴 때 의도전환 방법을 통해서 상대방이 결정한 의견을 다시 생각할 수 있도록 만들어 줄 수 있는데 "한 가지 질문해도 될까요? 이런 경우에는 어떻게 하면 될까요?"라고 말을 한다면 상대방은 자신이 제시한 의견에 대해서 자문자답을 하는 상황이 발생하면서 당신이 생각하고 있던 그 의견에 대한 문제에 대해서 생각을 하고 본인이 옳다고 믿던 생각을 다시 하게 되는 상황을 만들 수 있다. 게다가 상대방에게 적대심을 느끼게 하거나 의견을 부정하는 발언이 아니기 때문에 상대방에게서 당신을 나중에 어떻게 해야겠다는 생각을 하지 않을 수 있고, '생각해 보니 그렇군. 그런 상황이 발생할 수 있겠어. 이건 다시 처음부터 다시 생각해 봐야 하겠는걸.' 생각하면서 상대방 스스로 주관적인 시점에서 객관적인 시점으로 다시 보면서 잘못된 의견을 수정할 수 있게 될 것이다. 그리고 다음에는 당신의 조언에 대해서도 발언권을 주면서 "자네라면 어떻게 생각을 하는가?" 라고 자신의 의견에 대해서 충고를 구할 것이다. 하지만 여기서 당신은 이 의도전환의 방법이 아니라 상대방의 의견을 부정하는 방법으로 "분명 말씀하신 대로입니다. 그렇기 때문에 오히려 이런 생각도 할 수 있는 것이 아니겠습니까?"라고 말한다면 상대방의 의견을 존중하는 것으로 보이며 의견을 바탕으로 자신의 의견 제시하는 방법이라 할 수 있지만, 끝에 상대방의 의견으로 발생할 수 있는 문제점을 직접 제시를 하므로 상대방의 입장에서는 자신의 의견의 단점을 찾아낸 것으로 느낄 수 있게 된다. 또 "기본적으로는 찬성합니다만…" "말씀은 잘 들었습니다만."과 같이 말을 하는 것도 분명 상대방의 의도를 바꾸도록 유도할 수 있지만, 상대방에게 '이 멘트 다음은 부정적이다.' '반대 의견을 말하려나?'라는 생각을 가지게 되므로 상대방은 당신이 말하는 것에 대해서 수용하지 않고 당신이 본인을 적대한다고 생각할 것이다. 그렇기 때문에 상대방 스스로 문제점을 생각하고 자기 생각을 바꾸도록 하는 의도전환의 방법을 사용하는 것이 당신에게 가장 최적의 방법이라고 할 수 있다.

여덟 번째, 끼워 넣기. 상대방이 제시한 의견에 대해서 당신이 수긍하기 힘든 상황이 왔을 때, 당신은 어떻게 말을 하고 있는가? "그건 아닌 거 같아." "다시 생각해 보는 게 좋겠어." 등으로 부정해 주고 있는가. 이 말을 듣게 된 상대방은 당신이 왜 의견을 부정하였는지에 대해서 알 수 없고, 본인의 의견만 부정을 당했다고 느끼게 되면서 당신을 좋게 생각하지 않을 것이다. 그러나 당신은 그 의견에 대해서 찬성을 하기도 어려운 상황이라면 '끼워 넣기' 방법을 통해서 상대가 의견을 다시 생각할 수 있도록 하는 방법이라고 할 수 있다. 끼워 넣기 방법은 "만약 내가 자네였다면, 이렇게도 생각할 수 있겠어."라고 말을 함으로써 부정하지만, 오로지 '안돼.'라는 강한 부정을 하는 것이 아니라 다른 방법에 대해서도 한 번 더 생각해볼 수 있도록 하여서 부정을 완화하는 작용을 한다. 그리고 당신이 생각한 의견도 자연스럽게 끼워 넣으면서 당신은 이러한 생각을 하고 있다고 메시지를 전달할 수 있고, 절대적인 의견이 아니라 개인적인 의견, 조언을 받았다고 생각을 함으로써 반드시 그렇게 수정해야겠다는 부담감보다 마음을 편안하게 가질 수 있게 된다.

게다가 상대방은 당신이 본인을 어떻게 생각하고 있는지에 대해서 느끼며, 자신을 생각하는 마음에서 준 조언으로 받아들여 그 조언을 수긍하고 당신의 조언에 따라서 의견을 바꿀 수 있게 될 것이다. 이 방법은 '의도전환'의 방법과 다른 것은 당신보다 윗사람에게 사용해야 하는 방법이라면 '끼워 넣기' 방법은 당신보다 아래 사람에게 할 수 있는 말이 된다. 내가 언급한 적이 있지만, 호구를 만드는 '끈'은 반드시 당신보다 윗사람이거나 당신과 같은 동기에 있는 것은 아니다. 당신보다 밑에 있으면서도 당신을 이용해 먹으려할 수 있다는 점을 알고 있어야 한다. 그리고 끼워 넣기 방법에 대해서 잘못 사용을 하는 방법이 있게 되는데, "만약 내가 자네였다면, 이런 식으로 생각하진 않았을 거야."라고 뒤에 붙는 말이 부정적이라면 그냥 직접 "어떻게 이런 식으로 생각을 할 수 있지?"와 별반 다르게 볼 수 없을 것이고, 당신에 대해서 '당신이 먼데 그렇게 생각을 하는 거야.'라는 적대감을 가지게 되는 역효과를 가져올 수 있으므로 당신의 의견을 끼워 넣을 때는 상대방에 대한 조언을 생각하고서 의견을 끼워 넣어주어야 한다. 추가적으로 "만약 내가 자네였다면 이렇게 생각했을 거야. 자네는 이러한 면에서 우수하니깐."이라고 뒤에 상대방의 장점을 어필해 주었다면 당신이 해준 조언에 대해서 수긍할 가능성이 더 커지게 된다.

　아홉 번째, 조용한 황금. 영국의 비평가 겸 역사가 토머스 칼라일(Thomas Carlyle)은 이런 말을 남겼다. 'Speech is silver, silence is gold' 해석을 하자면 '웅변은 은(銀), 침묵은 금(金).'이라는 뜻으로 사람을 설득할 때는 때론 말을 하는 것보다 침묵의 시간을 가지는 것이 더 효과적이라는 뜻이다. 미국 최고의 지도자로 꼽히는 '에이브러햄 링컨(Abraham Lincoln)' 대통령은 수없이 많은 명언을 만들어 내는 연설가였지만 강조하고 싶은 것이 있으면 먼저 그것을 말한 다음 잠시 시간을 두고 그 사람의 눈을 조용히 바라보았다고 하며, 그렇게 함으로써 그 말을 듣는 이의 마음속 깊이 새겨 두려고 했다. 그만큼 침묵을 하는 것으로 상대방에게 자신의 의사를 전달하는 방법이 있다. 하지만 당신이 지금까지 그저 발언권이 없거나 무시를 당하여서 말을 하지 않는 것과는 다르다. 조용한 황금을 만들기 위해서는 당신은 강인한 눈빛을 가지고 있어야 하며, 상대방에게 침묵의 전까지 당신의 말을 집중시키는 말이 필요하다. 그 말을 하기 위해서 위와 같은 방법으로 당신의 의사를 전달하는 방법에 대해서 알려 주었다고 할 수 있다. 그리고 조용한 황금의 방법은 당신이 말을 하기 어려울 때 사용할 수 있는데, 당신의 주변의 지인에게 큰 상심을 가져오는 불행한 일이 겪거나 힘들어하는 상대방에게는 어떠한 좋은 말로 위로를 하더라도 상대방의 상황을 바꿀 수 있는 것이 아니기에 도움이 되지 않는다. 그러나 그때 당신은 그저 조용하게 상대방의 옆에 함께 있어 주는 것만으로도 상대방에게 어떠한 명언을 하는 것보다 마음을 위로해 주는 효과를 가져온다. 그렇게 한다면 절대적으로 상대방은 당신을 다시 보게 되고, 고마워하며 당신을 호구로 취급했던 꾼이었다면 마음속 깊이 당신에 대한 자신의 태도를 다시 생각하고, 호구로 보고 있던 자라면 당신을 다시는 그렇게 보려고 하지 않을 것이다. 물론 그 뒤에 당신의 모든 태도에 따라 다르지만, 그 상황에서 상대방의 머릿속에는 당신의 위치는 바뀌게 될 것이다. 또한, 조용한 황금은 은빛의 다음에 비추게 된다면 더 강력해지는데 당신이 무엇인가 제안을 하려고 할 때, 말을 하다가 중간에 "……." 침묵을 가져오며 상대방의 눈, 그리고 주변 사람들의 눈을 천천히 고개를 돌리며 응시를 하다가 "그렇기 때문에 저는 이것을 제안합니다."라고 말을 한다면 상대방은 당신의 기운에 눌려서 '진지한 태도다.' '자신감 있는 태도이다.'로 느끼며 당신의 제안이 더욱 효과적으로 들어갈 것이다. 추가로 이 방법은 이성에게 고백할 때도 효과적인데, 당신이 여성이라도 요즘은 여성이 먼저 남성에게 고백하는데 전혀 문제가 되지 않는 시대이지 않은가. "내가 진심으로 사랑하는 사람은……. 바로 너야." 이렇게 하는 것으로 그 상황의 분위기를 만들어 내고 상대방에게 있어서 오랜 시간 기억에 남는 고객이 될 수 있다.

지금까지의 아홉 가지 방법을 통해서 당신의 의견을 상대방에게 전달하면서 상대방은 당신을 높게 평가할 수 있도록, 그리고 당신은 이미지 손상을 막을 수 있는 방법을 알려주었다.

상황별로 이 책에 있는 멘트 이외의 말을 고민하고 생각하여 당신만의 멘트를 만들어서 언제든지 편안하게 의사를 제대로 전달을 할 수 있었으면 한다. 당신의 의사가 상대방에게 전달이 되지 않는다면 당신의 상황을 바꾸는데 너무도 긴 시간이 필요할 수 있기 때문이다.

누구라도 대화의 문을 여는 마법

　당신은 처음 만난 사람과도 이야기하면서 당신이 어떤 사람인지를 제대로 나타내 보일 수 있는가. 당신이 상대방을 좋은 사람이라고 판단하거나 상대방에게 호감이 있어서 좋은 관계가 되고 싶지만 잘 맞지 않는 경우가 있다. 물론 상대방의 성격상 그런 경우도 있지만, 그 성격의 차이는 어디에서 온다고 생각하나? 우리가 텔레파시를 쓰지 않는 한 사람은 타인과 대화를 통해서 서로에 대해서 코드가 맞고 안 맞고를 느끼게 된다. 당신 역시도 그렇게 지금까지 인간관계를 쌓아 왔을 것이다.

　그런데 살다 보면 신기하게도 엄청나게 넓은 인맥을 구축하는 사람이 있고, 상당히 한정적으로 인맥을 구축하는 사람들이 있다. 넓은 인맥을 구축하는 사람의 경우에는 인맥이 재산이라고 하여서 정말 어려운 상황에서 많은 사람의 도움을 받아서 어려움을 극복하고 있지만, 인맥이 한정적인 사람은 어려움을 극복하는 데 있어서 정말 본인의 노력과 금전적인 방법을 통해서 극복하고 있다. 그렇기에 이번에는 당신이 처음 만난 사람과도 친해지며, 대화를 통해서 상대방을 당신의 편으로 만들 방법을 알려주어 호구로서가 아닌 달인으로서 나아갈 방법을 말하겠다.

첫 번째, 공감 형성. 처음 만난 사람과 이야기를 해야 하는 상황이라고 하자. 당신은 어떤 이야기를 먼저 꺼내서 상대방과 이야기를 할 것인가? 아니면 상대방이 먼저 다가와 주길 바랄 것인가? 상대방이 먼저 다가와 주길 바란다면 당신의 인맥을 넓히는데 상당히 어려움이 많이 있을 것이다. 그런데 상대방과 처음 이야기를 하는데 아무 말을 할 수 없고, 당신이 그 상대방과 친해지고 싶다면 상대방에게 실수하지 않을까 하는 불안감에 더 말을 꺼내기 어려워진다. 그렇다고 '호구조사(戶口調査)'를 하는 것처럼 상대방에게 취미, 사는 곳, 직업, 가족관계 등을 대놓고 물어보기 힘들 것이다. 그럴 때는 상대방의 취미를 캐치하는 방법으로 먼저 공감대를 형성할 수 있다. 상대방의 정보를 누군가에게 듣거나 SNS 등으로 알게 되었다면 편리하겠지만, 괜히 당신이 사전에 정보를 모았다는 점에서 상대방이 불쾌감을 느낄 수 있으므로 우회하는 방법으로 당신의 휴일을 보내는 방법을 구체적으로 말을 하여서 상대방의 취미를 알아내는 방법이 있다. "저는 휴일에 자동차를 타고서 드라이브를 즐기며, 각 지역에 숨겨진 맛집도 찾아다니고, 풍경 사진을 찍는 것을 좋아하는데, 휴일을 어떻게 보내시나요?" 이렇게 말을 한다면 당신이 먼저 말문을 텄기에 상대방도 말을 하는데 편안한 분위기를 연출하는 것이다. 휴일이 없이 업무만 한다고 하였을 때는 퇴근을 하면 어떤 일을 하는지, 또는 대부분 관심을 가질 만한 대중적인 질문을 하면서 취미를 캐치해내는 방법이 있고, SNS로 상대방의 취미를 알아내었을 때는 일부러 모르는 척 상대방과 비슷한 취미를 얼마 전에 관심을 가지고 찾아보고 있다고 말을 했을 때, 상대방은 자신과 공감을 갖는 이야기에 대해서 반응을 할 것이다. 당신의 취미도 공감이 없고, 상대방이 SNS를 하지 않아서 알 수 없을 때는 당신의 일상적인 이야기, 개인적인 이야기를 하면서 상대방이 당신의 성격이 어떠하다는 것을 느낄 수 있게 하는 방법도 있다. 이야기하면서 친근감을 느낄 수 있게 하고 상대방의 말문을 열게 하는 방법이 있는데, 이때 상대방이 나쁘게 생각할 수 있는 욕설이나 누군가의 비판은 삼가고, 일반적으로 좋게만 생각할 수 없는 취미나 당신의 버릇에 대해서는 말을 피하는 것이 좋다. 일부러 아직 말문을 트지 않은 상대에게 당신을 좋게 볼 수 없는 단점을 알려줌으로써 당신의 이미지를 깎아내릴 필요는 없기 때문이다.

그래도 당신이 상대방에게 마음의 문을 활짝 열었다고 알려주기 위함이라면 당신이 경험했던 '실패담'을 해 주는 것은 좋은 방법이 될 수 있다. 상대방은 당신의 실패담을 들으면서 당신이 결점이 있지만, 그 결점을 당신이 스스로 인지하고 있고, 인정하여 바꾸려고 한다는 이야기를 들을 수 있게 되며, 실패 속에서 웃음을 끌어내는 펀 포인트(Fun Point)가 상대방과 거리를 좁힐 수 있는 계기를 마련하기 좋기 때문이다. 특히 이 실패담은 사람이라면 누구나 가질 수 있는 경험이고 비슷한 실패는 누구에게든 존재할 수 있기 때문에 당신이 상대방에게 부담스러운 사람이 아니라고 은연중에 메시지를 전달하는 방법으로 쓰이며 이 방법은 미국의 대통령들이 지금까지 많은 손님을 맞이하면서 세계 최강국의 미국의 대통령이지만 실패담이 있으면서 대통령도 사람이라는 인간미를 느끼게 한다.

그러나 이야기 속에서 자신의 '성공담'은 당신을 자기 자랑을 늘어놓는 재수 없는 사람으로 느끼게 할 수 있고, 실패담 속에서도 심각한 이야기나 우울한 이야기, 뻔히 보이는 이야기, 작위적이지 않은 이야기는 금물 중에서도 금물이다. 처음 대면하는 상대방이 그런 이야기에 관해서는 부담스럽고, 어떤 반응을 보여야 할지 곤란해지기 때문이다. 이렇게 당신의 속에 있는 마음을 보여주는 것은 상대방은 '개인적인 이야기를 이렇게 해 주고 있는 것은 나를 신뢰하고 있다는 뜻인가? 나에게만 이런 이야기를 해 주는 것일지 모르고, 나도 예의를 갖추기 위해서 내 이야기를 해 볼까? 등의 생각을 가지게 된다. 지금까지 여기서 중요한 점은 상대방이 말문을 열어서 공감할 수 있는 정보를 받아내기 위함임을 알아야 한다. 혼자서 그냥 주저리주저리 떠드는 이야기가 된다면 상대방은 지루해지고 그 자리를 벗어나고 싶기 때문이다. 상대방의 정보를 알아내는 방법 중에 앞서 설명한 '핫 리딩' 방법을 적용하면 된다. 상대방이 가지고 있는 물건에 대해서 캐치를 하면서 이야기를 하는 것으로 정보가 없는 상대방이 가지고 있는 그대로의 모습에서 라이프 스타일을 스캔하면 상대방의 패션이나 가지고 있는 물건으로 상대방을 칭찬한다면 상대방은 '이 사람은 뭔가 알아보네. 나랑 잘 맞을지도 모르겠어.'라 생각을 할 수 있다. 분명 처음 만나는 사람에게 보일 수 있는 물건에 애착이 없는 것을 들고 나왔다고 보기는 어렵지 않은가. 핫 리딩 방법을 사용할 때 주의할 점이 있는데 상대방이 가지고 있는 물건 등에만 칭찬을 해야지, 상대방의 외모, 용모 등의 이야기를 하는 것은 금물이다. 당신을 가벼운 사람으로 볼 수 있으며, 여성의 경우에는 성희롱으로 느끼며 불쾌함을 줄 있기 때문이다. 만약에 당신이 처음 만난 상대방에게 할 당신의 이야기, 상대의 물건을 캐치 능력도 없고, 상대방에 대한 정보도 없다고 해서 절망하지 마라. 내가 당신을 돕기 위해서 여러 가지로 생각하였고, 누구라도 할 수 있는 날씨의 이야기를 하면 된다. 당신이 지구상에 사는 사람이라면 맑음, 흐림, 우천, 눈, 폭염, 폭풍, 폭설 등의 수많은 날씨의 영향을 받고 있을 것이고 같은 공간, 같은 시간에 있는 상대방이라면 당신과 같은 날씨의 영향을 받는 것은 당연하다. 상대방 또한 당신처럼 이야기가 없고, 핫 리딩을 하는 방법을 모르며, 당신의 정보가 없을 때는 당신이라는 미지의 존재를 만나게 되는 것에 방어 본능이 깨어나게 된다. 하지만 그럴 때 상대방과 당신이 무언가 공통점을 발견하게 되면 그것을 계기로 경계심을 푸는데 중요한 열쇠로 작용할 수 있고, 공통점을 상대방을 호의로 받아들이는 조건의 하나가 된다. 드라마나 영화, 만화에서 날씨로 두 주인공의 인연이 형성되는 것은 그만큼 날씨가 두 사람의 이야기를 하는 데 있어서 좋은 조건을 가지고 있고, 가볍게 상대방과 이야기를 할 수 있는 역할을 해 주기 때문이다. 여러 가지 이야기를 하면서 상대방의 전공 분야나 현재 심취해있는 것, 좋아하는 것을 알게 되었을 때 내용을 말하면 상대방은 관심 있던 분야에 관해서 이야기를 하는 것이기에 편안하게 이야기를 할 수 있고, 본인이 가지고 있는 지식, 경험 등에 대해서 말을 하게 될 것이다. 이것을 심리학에서 '접근 행동'이라고 한다. 그리고 정반대로 상대방이 싫어하는 이야기, 전혀 관심이 없는 이야기에 대해서 대화를 꺼내게 된다면 상대방은 그 대화에서 벗어나고 싶어지게 되는데 이것을 '도피 행동'이라고 한다. 그렇다면 당신은 상대방이 어떤 행동을 일으키도록 해야겠는가? 두말할 것도 없이 '접근 행동'을 유도해서 대화를 시작해야 한다. 상대방이 말문을 열었다면 상대방의 말에서 당신은 공통의 연결고리를 찾는 것이 중요하다. 그 연결고리를 찾는 데는 상대방이 사는 지역, 혈액형, 취미, 식습관 등등 많은 것 중에서 무엇인가 당신과 연결할 수 있는 실마리를 발견했다면 당신은 주저하지 않고 "오?! 저도 그래요."라고 말하는 것이다. 그렇게 말을 하는 것으로 상대방과 같은 주제에 관해서 이야기를 할 수 있고, 상대방은 당신이 자신과 비슷하다는 점을 느끼면서 더 즐거운 대화를 할 수 있기 때문이다. 여기서 "저도."라는 말은 상대와 당신의 친근감의 다리를 놓는 데 상당히 중요한 역할을 함으로 대화 속에서 아무리 작은 공감이라도 당신은 "저도."라는 말을 놓치지 않도록 해야 하며, 상대방의 이야기 중에 당신과 맞지 않는 내용이 나오더라도 그 자리에서 "저는 그 내용에 대해서 다르게 생각하는 데요."라며 부정을 하는 것은 금물이다. 혹시 다른 생각을 하고 있더라도 부정적인 말을 제외한 상태에서 상대방이 부정으로 느끼지 않도록 "저는 그렇게도 보고, 이렇게도 생각을 해 봤어요."라고 하는 점은 당신의 시각의 다각도를 표현할 수 있게 된다.

그리고 이야기를 시작했다면 상대방이 "예." "아니요"라는 단문으로 끝내는 말을 하는 것이 아니라 지속해서 대화를 이어갈 수 있는 질문을 해야 지속해서 상대방의 정보를 알아낼 수 있으며, 당신과 연결고리를 찾아 만들어 가며 이야기를 이어나가는 것이다.

두 번째, 위치선전. 이 방법은 화술의 방법과는 소금 다르지만, 대화를 이끌어내는데 중요한 역할을 한다. 두 사람이 마주 앉아있을 때, 같은 방향을 보면서 나란히 앉아있는 사람들과 서로 마주 보면 앉아 있는 사람들이 있다. 이때 당신은 어떻게 앉아 있는 편이 더 가까워 보인다고 생각하는가. 다른 예를 든다면 카페에서 애틋한 사랑을 하는 연인들은 서로 같은 방향의 의자에 앉아있고, 이별을 통보하거나 싸우는 연인들은 주로 마주 앉아서 이야기하는 모습을 떠올리면 된다. 그리고 마주 앉아서 이야기하는데, 중간에 테이블이 있다면 형사와 피의자가 취조를 하는 모습과 비슷하지 않은가. 물론 식사를 위해서 서로 마주 앉을 수 있지만, 상대방의 이야기를 할 때, 마음속에서 나오는 이야기를 한다면 서로 같은 방향을 보면서 앉는 것이 상대방에게 긴장이 완화되어서 솔직한 기분으로 이야기를 하게 된다. 드라마나 영화 속에서 고민이 있는 후배의 이야기를 들어주는 선배의 모습에서도 서로 마주 보고 이야기를 하기보다는 옥상이나 공원의 벤치에 앉아서 속마음으로 가지고 있는 고민을 이야기하지 않는가. 그만큼 상대방을 바라보지 않은 상태에서 누군가 들어주는 사람이 있을 때는 편하게 말을 할 수 있으며, 정신분석의 창시자인 지그문트 프로이트(Sigmund Freud)가 진찰할 때도 환자를 편안한 소파에 앉혀 긴장을 풀게 하고서 그 소파의 뒤에서 얼굴이 보이지 않은 상태로 진찰하였다고 한다. 그 이유는 의사의 얼굴이 보이지 않는 편이 환자가 릴랙스 상태를 유지하여, 솔직하게 자신의 이야기를 할 수 있다고 생각했기 때문이라고 한다. 당신이 처음 만난 상대와 나란히 앉는 것이 거부감이 든다면 같은 방향으로 앉는 것이 자연스러운 공원의 벤치 등을 선택하는 것도 방법이 될 수 있다. 그리고 벤치에 앉아 있는 상대방의 오른편에 앉는 편이 보다 상대방을 안심시키는데 이유는 무의식중에 사람의 심장이 위치한 왼쪽에 상대방이 있으면 불안감을 느낄 수 있다고하며, 상대방이 주로 쓰는 손의 방향에 앉는 것이 상대방이 더 안전하다고 느낄 수 있는 작용도 있기 상대방이 왼손잡이라면 왼편으로 앉도록 하고, 잘 모르는 상황일 때는 오른쪽에 위치하는 것이 좋다.

세 번째, 리액션. 대화를 이어가는 데 있어서 가장 중요한 것이 무엇이라고 생각하는가? 말투? 대화의 재미? 진정성? 감동? 물론 모두 다 중요하기 마련이다. 하지만 대화를 하는 데 있어서 대화가 지속적으로 이어나가는 것이 중요하지 않을까 싶다. 대화가 이어지지 않는다면 당신은 상대방에게 무엇도 전해 줄 수 없으면 상대방은 당신을 전혀 다른 방향으로 판단하고 생각할 수 있다. 정말로 잘못하면 그냥 당신을 호구라고 생각할 수도 있는 것이다. 그렇기 때문에 대화에 있어서 '리액션(reaction)'은 중요한 작용을 하게 된다. 당신이 맞장구를 쳐주는 것으로 대화의 꽃은 영양제를 맞는 것처럼 더 아름답고 오랜 시간을 피어있을 수 있기 때문이다. 리액션의 방법은 언어적인 방법과 비언어적인 방법이 있는데 생각보다 습관화시키기 어렵지 않다. 먼저 비언어적인 방법으로 고객을 끄덕이며 대화의 내용에 대해서 잘 듣고 있음과 긍정적인 반응을 보여주며, 상대가 부정적인 내용으로 공감을 불러내려고 한다면 고개를 좌우로 흔들어 주고, 이해가 잘 가지 않는다고 나타낼 때는 고개를 갸웃거리며 그 내용에 공감하고 집중하고 있음을 나타내 주는 것이다. 그리고 상황에 맞춰서 손뼉을 치거나 손뼉을 치고, 양 손바닥을 상대에게 보여주거나 하늘로 향하게 하는 방법도 당신이 상대의 말에 대해서 얼마나 감정을 느끼고 있는지 나타내는 표현이 된다. 또한, 당신의 얼굴의 표정도 중요한데, 눈과 입만으로 당신의 희노애락(喜怒哀樂)의 모든 표정을 지어낼 수 있다. 표정에서 주의해야 할 점은 눈만 가만히 있거나, 입만 가만히 있다면 상대방은 당신이 공감하는 건지, 아닌 건지 모호하다고 판단을 할 수 있으므로 당신은 거울을 보면서 당신이 생각하는 표정과 일치하는지 보고서 일치할 수 있도록 연습을 하는 편이 대화를 비롯한 모든 상황을 좋게 만들어 줄 것이다. 한 가지 팁을 주자면 눈을 움직이는 것보다 눈썹을 움직인다고 생각을 한다면서 눈썹에 감정을 담는다면 훨씬 더 자연스러운 눈(眼)의 표정이 나오게 될 것이다. 몸을 상대방에게 내밀고 있는 자세는 상대방의 말에 집중하고 있다는 자세가 되니깐 대화를 들을 때는 상대방 측으로 몸을 내밀고 있고, 옆에서 이야기를 들을 때는 상대방 측으로 몸을 조금 기대는 듯이 옆으로 기울이는 자세가 상대의 말에 집중하고 있다고 할 수 있다.

대화하다 보면 상대방의 신체 접촉을 하는 스킨십을 할 수도 있는데, 상대방과 처음 대면을 한 자리였다거나 친밀도가 높지 않았을 때는 피하는 것이 좋으며, 이성일 경우에는 성희롱, 성추행 등의 오해를 불러일으킬 수 있으니 주의를 해야 한다. 그러나 스킨십은 상대방과 친밀도를 올리는 데 있어서 상당히 효과적인 방법이라고 수많은 실험을 통해서 나온 결과이다.

리액션의 끝판은 상대방의 말에 맞장구를 치는 것이라고 할 수 있다. 이는 언어적인 방법의 리액션인데 상대방의 대화 내용으로 "와~" "정말요?" "아, 그래요." "맞아요." "그래서 어떻게 됐어요?" "저도 그랬어요." 등의 말로 상대방의 말에 귀 기울이고 있으며, 대화의 내용이 흥미롭다. 나에게 그 이야기를 더 들려달라는 메시지가 전달될 수 있는 맞장구를 한다면 상대방은 기분이 업 되어서 당신과 대화를 즐겁게 생각하고 많은 이야기를 할 수 있게 된다.

그리고 리액션을 하는 데 있어서 '싱크로니시티(Synchronicity)'라는 심리학적인 작용을 적용하여서 리액션의 효과를 높일 수 있다. 싱크로니시티는 대화 가운데 무의식적으로 누군가의 말투가 상대방과 닮아가는 현상인데, 이를 활용하여 대화 가운데 의식적으로 상대의 말투를 흉내 내며 상대방과 동질감을 불러오는 방법이라고 할 수 있다. 예를 들어서 상대가 말을 천천히 하는 편이면서 부드럽게 말을 한다면 당신도 그렇게 맞추는 것이고, 상대가 비언어적인 리액션을 많이 한다면 당신도 그렇게 비언어적인 리액션을 많이 표현하면서 상대와 친밀감을 높이는 방법이 될 수 있다. 단, 싱크로니시티를 활용할 때 상대방이 눈치를 채고서 기분 나빠할 수 있는 상대의 단점에 대해서 따라 하면 안된다. 예를 들어서 남자이면서 목소리가 가늘고 높은 톤을 가지고 있어서 콤플렉스인데 그것을 따라 한다는 것은 상대방을 놀리는 것이지 친밀감을 높이는 효과를 절대 불러올 수 없기 때문이다. 조금 흉내를 내봐서 상대방의 반응이 즐거운 듯한 기미가 보인다면 그 정도에서 싱크로니시티를 멈춰야 한다. 또한, 모든 리액션은 너무 오버를 할 필요는 없다. 당신 괜히 상대방에게 부담감을 줄 수 있기 때문이다.

네 번째, 고려청자. 고려 시대에 만들어진 우리나라의 귀중한 유산을 말하는 것이 아니다. 상대방의 기분을 생각하고 헤아리며 상대방의 말을 들어주는 것이 지금 여기서 말하는 '고려청자(考慮聽者)'이다. 사람은 듣는 것보다 말하는 것을 더 즐거워한다고 하는데, 당신이 상대방과 대화를 하면서 계속해서 즐겁고, 재미있는 이야기라고 혼자만 말하고 있다면 상대방은 별로 기분이 좋지 않을 것이다. 맞다. 당신이 그런 상황을 만들었다면 혼자만 들뜨고 신이 나 있는 상황일 것이다. 그럴 때는 "죄송합니다. 제 생각만 이야기해서, 이것에 대해서 어떻게 생각하십니까?"라고 말하여 이제부터는 당신의 이야기가 듣고 싶습니다.'라는 메시지를 보내서 자연스럽게 상대방이 이야기할 수 있도록 유도하여야 한다. 아마 당신도 그런 상황을 만들었다면 상대방이 잘 들어주는 입장에 있었기 때문에 당신도 즐겁게 계속해서 말을 하고 있었을 것이다. 그러니 상황을 바꿔서 당신이 듣는 입장이 되고, 상대가 말하는 입장을 준다면 상대방도 말을 꺼낼 것이고, 당신도 집중하며 이야기를 즐겁게 들어준다면 상대방은 지속적으로 많은 이야기를 꺼낼 것이다. 그리고 당신이 혼자만 말을 하고 있다고 느꼈던 것은 무엇이라고 생각하는가? 아무래도 상대방이 당신의 이야기에 대해서 리액션을 하지 않았기 때문에 혼자만 말하고 있었던 것을 눈치채게 되었을 것이다. 상대방이 이야기할 때는 당신은 리액션만으로도 충분히 즐거운 대화를 이어갈 수 있다. 즉, 전체 대화에서 당신과 상대방의 대화 비율은 3:7의 비율로 당신이 30%, 상대방이 70%의 비율로 대화를 유도하는 것이 중요하다. 그 30%는 지속적으로 상대방이 말을 하고, 이야기를 할 수 있도록 유도하는 리액션이면 충분하다. 상대방과 친밀한 관계를 맺기 위해서 당신이 집중해서 들어주고, 상대방 본인도 모르게 자기가 가지고 있는 속마음의 이야기를 술술 말하게 되는데 그것을 당신과 친밀하기 때문에 지금 이야기를 하고 있다고 생각할 것이다. 단순한 청자(聽者)가 된다면 당신은 리액션이 없는 그저 돌부처와 같은 존재로 상대방도 이야기를 하다가 눈치를 채고서 더 이상 대화를 멈추게 된다. 하지만 고려청자가 된다면 당신은 상대방의 말을 들으면서 헤아리고 그에 맞는 언어적, 비언어적인 방법으로 리액션을 맞춰준다면 당신은 말을 거의 하지 않음에도 불구하고, 수많은 사람이 힘들거나 어려울 때, 속마음을 털어놓고 고민 상담을 하는 사람으로서 당신을 기억하고 있고, 찾게 될 것이다.

다섯 번째, 곤경 구원. 친하지는 않지만, 당신의 주변에 누군가 의기 소침해 있다면 걱정거리가 있는 가해서 "무슨 일 있어요?"라고 물어볼 것이다. 그럼 상대방은 당신과 짜고 치는 고스톱을 치는 듯이 "아……. 아무것도 아니에요."라고 대답을 할 것이다. 참 신기하다. 초중고를 다닐 때 학교에서 교육을 받은 것도 아닌데 이 레퍼토리가 나오게 된다. 그리고 일반적인 사람들은 "그래?"하고서 상대방에 대해서 더 이상 묻지 않는다. 요즘 남의 일에 괜히 관여되어서 귀찮아지거나, 관여 받고 싶지 않다고 상대방도 메시지가 전달되었다고 생각하기 때문에 인간관계에 있어서 당연시되는 부분이다. 안타깝지 않은가 이런 현실이……. 이런 상황에서 당신은 일반적인 사람처럼 물러서지 않고 '달인'이 되어야 하기에 상대방의 마음의 문을 두드리는 것이다. "아, 아무것도 아니에요."라고 말을 한다고 정말 아무것도 아닌 게 아니라는 것은 누구라도 눈치챌 수 있는 메시지이다. 그러니 "정말로 괜찮은 거예요? 아무래도 걱정이 돼서……." 라고 물어보는 것으로 상대방의 단단했던 속마음의 문이 조금씩 열리게 만드는 효과를 가져온다. 이때 '위치'의 방법에서 배운 테크닉을 통해서 상대방에게 접근한다면 더 높은 효과를 가져올 수 있다. 보통 고민이나 상처를 가지고 있는 사람은 욕구 불만(Frustration)을 품고 있으며, 그 욕구불만을 다른 누군가가 해결을 해줬으면 하고 바라고 있는데, 그 상태에서 "무슨 일 있어요?" 등과 같은 말을 걸어주는 사람에게 고마움을 잊지만, 고민을 이해해 주지 못한다고 생각을 하고서 "아무것도 아니에요."라는 대답을 한다. 하지만 여기서 한 번 더 말을 걸면서 "정말로 괜찮은 거예요?"하고 물으면 '정말 내 고민을 이해해 주기 위해서가 아닐까?' 생각하고서 마음의 문을 열게 된다. 누군가에게 자신의 고민을 말을 한다고 하는 것으로 그 고민의 원인이 해결되지는 않지만, 다른 사람에게 고민을 이야기하는 것으로 고민 일부분이 해결된 듯한 기분이 들게 되고, 그 기분은 본인의 이야기를 들어주려는 사람이 있으므로 고독, 버림, 무시 등의 감정을 털어내고 관심과 인정, 이해의 감정을 받기 때문이다. 이것을 정신적 해소(Catharsis)라고 부르고 있다. 사람은 혼자 살아가는 것이 아니기에 어려움에 빠지게 된다면 다른 사람의 도움을 간절하게 원하게 된다. 그 상태에서 따뜻하고, 자상한 말을 한 번, 두 번, 계속해서 해 주며 상대방에게 호의를 내보이면 마음의 문을 활짝 열어주고 그 사람에게 자신의 속마음을 털어놓으면서 의지를 하게 될 것이다. 단, 이때 당신은 *그저 마음의 문을 열기 위해서 이러한 말을 하면 안 된다.* 문을 열었으면 문의 안쪽으로 들어가기 위해서 단단했던 문을 열도록 한 것이지, 그저 문만 열고 나 몰라라 하면 더 큰 역효과를 가져온다는 사실을 알고, 상대방이 고민을 말한다면 당신의 일처럼 생각하고 들어줄 각오를 하고 말을 꺼내야 한다. 어중간한 호의는 비난보다 더 안 좋은 감정을 불러일으키기 때문이다.

추가로 어려움에 부닥쳐있는 상태의 상대방에게 당신이 호의를 베풀게 된다면 상대방은 굉장히 고마운 감정을 가지게 된다. 이 상황은 언제든지 호의를 베푸는 사람이 있다면 모두 그렇게 생각할 수 있다고 생각하는데 착각이다. 본인이 생각한 대로 일이 진행되고 있을 때는 물론, 운까지 따라줘서 잘 풀리고 있을 때 사람은 자신의 힘과 능력으로 얻어진 것이 아니라고 해도 마치 자기가 이루어 냈다고 느끼게 되며, 스스로 우수한 존재라고 생각하게 된다. 그런 상황에서는 말 그대로 콧대가 있는 데로 높아져 있어서 본인의 수준에 맞는 사람들과만 어울리고 싶다는 생각을 하고, 사람을 대하는 것을 함부로 하며, 누군가 호의를 베풀어 준다고 해도 그 사람을 '인간 대 인간'으로 보지 않고 사회적 계층, 경제 능력, 권력, 명예 등으로 평가를 하면서 호의를 베푸는 사람에 대해서 반가워하지 않는다. 막말로 표현을 한다면 싸가지를 상실해 버린 것이다. 그렇지만 불행한 일이 닥치게 되고, 실수를 저질러서 크게 꾸중을 듣고서 의기소침해진 상태일 때는 '카타르시스'의 감정을 원하게 된다. 누군가 자신을 위로해 주고, 인정해 주며, 알아봐 주고, 칭찬해 준다면 상대방은 그 사람에게 있어서 더 높은 평가를 하게 되는데, 이것을 '자존의 논리'라고 심리학에서 말하고 있다. 자존의 논리는 호감을 뻥튀기시키는 효과로 인해서 당신이 어떤 이성과 연인 관계가 되고 싶을 때 활용한다면 평소에 고백하거나 다가가는 것보다 2~4배 이상의 효과를 가져올 수 있다.

그리고 또 하나 주의해야 할 점이 있는데, 누군가를 도와줄 때 확실하게 도와주는 것은 좋으나, 티를 내지 않는 것이 중요하다. 당신을 누군가가 청하지 않은 도움을 주었거나 당신의 요청으로 상대방이 도움을 주었는데, 나중에 생색을 내면서 말하거나 보답을 바란다면 그 사람에 대해 고마움을 당신은 계속 가지고 있는가? '차라리⋯⋯.' 라는 생각을 가지게 될 수 있다. 마찬가지이다. 곤경에 빠진 사람을 도와주고 나중에 이용해야 한다고 생각하는 것은 '달인'이 아니라 '꾼'이나 하는 행동이다. 나는 당신이 호구에서 달인이 되는 것을 원하여 여러 가지 방법을 알려주는데, 사람이 모여 있는 집단에는 자신은 지금 '꾼'이 아니라고 부정을 할 테지만 '꾼'의 습성을 가진 사람들이 있다. 그러니 당신은 누군가에게 호의를 베풀 때 "도와줄까요?"라는 말을 하지 않는 것이 좋다. 상대방이 그 말을 들었을 때, '오! 정말 고마워.'라 생각할 수 있지만, 당신에게 빚을 진다. 또는 자신에게 동정을 품는다고 생각을 할 수 있기 때문이며, 당신이 도움을 주더라도 상대방은 그저 상징적인 "감사합니다."를 표현할 수 있다. 당신이 기왕 도움을 주는 데 있어서 상대방의 마음속에서부터 감사함이 우러나오는 말을 듣는 것이 중요하지 않겠는가? 그럴 때는 도와준다는 것은 같이 해 주겠다는 것이니 "같이 해요."로 표현을 한다면 상대방의 입장에서 본인이 동의하지 않아도 상대방이 자발적으로 도움을 주는 것이니 부담감도 줄여주고, 가벼운 도움을 받는다고 생각을 하여서 당신이 할 수 있는 도움에 대해서 마음속으로 감사함을 느끼고, "도와줄까요?"라는 말로 도움을 주는 것보다 "같이 해요."의 말이 더 깊은 감사함을 느끼게 해 준다. "같이해요."의 말 이외에 "내가 대신 갔다 와줄게요"를 "내가 다녀올게요."로 바꾸고, "누구한테 부탁해줄게요."를 "누구한테 말해둘게요." 등으로 바꿔주는 것이 좋다. '~줄게요.' '~해줄게요.' 등과 같은 말은 당신이 상대방에게 무엇을 준다는 뜻으로 상대방으로 받았으니 줘야 한다는 생각을 가지게 되기 때문이다. 여러 상황에서의 나오는 말을 당신이 진심으로 상대방을 위해서 도움을 주며 사심은 없다는 표현을 하는 것이 상대방에게 더 높은 호감을 불러일으킬 수 있다는 사실을 알아야 한다.

여섯 번째, 친근감. 당신은 사람의 어떤 모습에서 친근감을 느끼고 있는가? 심리학에서는 네 가지로 분류를 하여서 상대방을 친근함을 느낀다고 한다. 먼저 겉모습이 마음에 드는 사람, 가까이 지내는 사람, 자신과 비슷한 사람, 자신에게 없는 것을 가지고 있는 사람. 이렇게 네 가지의 분류로 상대방에게 친근감을 가지게 된다고 한다. 앞서 겉모습, 즉, 비주얼을 바꿔주는 것이 당신에게 큰 작용을 할 수 있다고 어필했다. 상대방과 미러링 등을 통해서 비슷하게 따라 하며 맞춰주며 친근감을 불러일으키는 것이다. 마지막 자신에게 없는 것을 가지고 있는 것은 이 책에 나와 있는 일반 사람이라면 잘하지 않는 상대의 감정을 호감으로 만들며, 당신의 위치를 상승시켜줄 방법을 사용하면 된다. 그런데 몇몇 가지 크게 분류를 하자면 알 수 있는데 작게 분류했을 때 간과하는 것이 바로 친근감이 아닐까 싶다. 특히 당신은 언제나 일상을 함께하고 있는 가족과 동료, 지인에게 감사함을 표현하고 있는가? "친한 사이끼리 무슨 감사의 인사야~" 하고 간과하는 사실인데 친한 사이일수록 더 감사의 표현을 하는 것이 더 높은 친근감을 형성할 수 있으며, 친한 사람이기에 당신의 단점을 알고 있어도 당신의 장점을 봐주고 있다. 그런데 간과하는 마음에서 있다 보면 말썽이 발생하고 그 말썽으로 인해서 당신은 둘도 없는 친한 친구, 가족, 지인이 한순간에 원수로 바뀌어 버리게 된다. 지금부터라도 당신이 당연하다고 생각하지만 감사함의 표현을 잊고 있었다면 감사의 표현을 하고, 당연하다고만 생각하던 것에 대해서 다시 하나하나 생각을 하며 상대방의 고마움과 감사함을 떠올려 표현을 해야 한다.

그리고 이런 말을 알고 있지 않은가 '멀리 있는 친척보다 가까이 있는 이웃사촌이 더 낫다.' '어려울 때는 먼 친척보다 이웃사촌이 낫다.' 이 말은 친해야 하는 조건을 가지고 있어도 안 보는 사이보다 자주 보는 사이가 더 친근감을 가진다는 말이라고 할 수 있다. 실제로 연애를 하다가 누군가 거리가 멀어지게 되고 장거리 연애를 하면서 헤어지는 커플이 있는가 하면, 처음에는 별반 감정도 없이 지냈는데 점점 사이가 좋아지더니 결혼까지 하는 커플들이 있다. 그만큼 사람은 자주 보는 사람에게 친근감을 느끼기 마련이다. 심리학에서 실험했던 결과가 있는데 일주일에 한 번뿐이지만 1시간을 함께 있었던 사람과 매일매일 아침, 점심, 저녁으로 한 번 볼 때마다 2~3분 정도의 짧은 시간으로 자주 봤던 사람을 비교했을 때, 짧지만 횟수가 많았던 사람이 더 친근감이 높게 나왔다고 한다. 그만큼 친근감을 형성하는 데는 간단한 인사만 나누는 사이라도 더 친근감을 가지게 된다는 말이다. 같은 공간에 있는 사람이라며 자연스럽게 얼굴 볼 일이 있다고 하지만, 멀지 않은 거리. 또는 당신이 어디론가 향했을 때, 가까운 거리에 있었다면 그저 5분 정도밖에 안 되는 시간이라도 상대방에게

"여기 근처까지 와서 들렸어요."라고 말하면 상대방을 만나는 것만으로 목적을 가지고 있다고 메시지를 가지고 있어서 상대방도 부담스럽지 않게 생각할 수 있다. "일부러 만나려고 바쁜 시간 쪼개서 왔습니다." 이렇게 말을 한다면 상대방은 어떻게 느끼겠는가. 반대로 당신이 이 말을 듣게 되었다고 해도 상당히 부담감을 가지게 될 것이다. 상대방에게 인사를 건넸는데, 상대방이 당신을 응대할 여유나 시간이 없어 보인다면 "얼굴 뵈었으니깐 이만 가 보겠습니다. 다음에 또 뵐게요." 하고서 그 자리에 물러나도 당신도 인사를 하는 것이 목적이었고, 상대방도 당신이 그렇게 말을 하고서 돌아간다고 해도 미안한 감정은 줄어들어서 부담감이 없게 된다.

상대방이 자신과 비슷한 사람이라고 느끼게 하는 아주 쉬운 방법이 있는데 알고 있는가? 너무도 간단하게 '우리'라는 말을 붙여서 하는 것이다. 지금 내가 이 책을 통해서 '나', '당신', '상대방'으로 제1, 2, 3자를 칭하는 중간마다 우리라는 표현을 쓴 것을 알고 있는가? 우리라는 표현은 나와 당신을 모두 지칭하는 말이기에 싸움할 때도 '우리'라는 표현을 잘 쓰지 않고 '너' '당신' '나' 이런 식으로 확실하게 편을 구분하는데, '우리'라는 표현은 싸움에서 상대방의 잘못을 지적하는 것이 아니라 자신도 포함해서 잘못을 지적하는 것이니 말의 목적이 어긋나게 된다. 혹시나 싸움할 때 당신은 "우리가 이렇게 하면 안 되는 거잖아!" 이렇게 말했다면 참 대단하다. 어떻게 비언어적 표현을 하고 있기에 언어적 표현을 무시해버리면서 싸울 수 있는 것인가. 우리라는 표현을 할 때 주의해야 할 점은 방금 예시로 말한 싸움 이야기처럼 상대방에게 호의가 아닌 이야기를 할 때 우리라고 표현을 해도 전혀 효과를 가져올 수 없다. 당신이 호감을 전달하였을 때 사용을 해야 상대방도 그 말을 받아들이고 당신에 대해서 호감이 생기고 연대감, 동질감이 생겨날 수 있게 되는 것이다. 실제로 대중 앞에 서는 대통령, 총리, 장군, 사장, 리더 등은 '우리'라는 표현을 자주 사용하여서 모두 하나 된 마음을 가질 수 있도록 말하고 있고, 나 역시도 마스터즈의 협력업체를 찾아다니면서 '우리'라는 표현을 사용하여 함께 상부상조하는 관계임을 전달하고 있다. 당신도 "우리"라는 표현을 통해서 당신은 호구가 아니며 상대방도 당신과 함께하는 사람으로 대우하는 것이다.

그런데 살다 보면 모든 사람과 다 좋게좋게 지내지 못하면서 살게 된다. 그 문제가 당신의 문제라면 당신이 고치면 되지만, 상대방이 싫은 타입이라면 사귀고 싶지 않을 것이다. 그렇지만 당신의 입맛에 맞는 사람만 찾게 된다면 어쩔 수 없이 당신의 인맥은 한정적이면서 좁게 형성이 될 것이다. 당신이 싫은 타입이라고 생각했던 사람도 어떤 면에서는 당신에게 필요한 사람이고, 당신과 맞는 부분이 있기 마련이다. 그러기 위해서 당신은 싫은 상대방이라고 해도 호의를 가지며 접근을 해야 한다. 당신이 호의를 가지고 접근을 한다면 상대방도 당신을 그리 좋게 평가를 하지 않았을 텐데 호의적인 모습의 당신을 보고서 받은 호의가 있기 때문에 호의를 가지고 보이게 될 것이다. 그럼 당신이 어떻게 호의를 보여야 하는가? 콜드 리딩의 기법이 기억나는가? 상대방에게 보이지 않은 부분에 대해서 알아내는 방법으로 상대가 가지고 있는 단점을 장점으로 바꾸어서 말을 하면 된다. 예를 들어서 꼼꼼하고 깔끔함에 대해서 극도의 신경을 두고 있는 결벽증인 사람이 있다고 하자. 당신은 그 결벽증이 너무도 싫고 짜증이 나지만, "○ ○ 씨는 세세한 것 하나까지도 신경을 써주시는 배려심이 엄청나게 넓으신 분이에요." 이렇게 말을 한다면 상대방은 '어? 나를 그렇게 봐주고 있었나?'라고 생각을 하고 당신이 가지고 있는 단점에 대해서도 스스로 콜드 리딩을 하기 시작할 것이다. 그렇게 상대방에게 당신의 입으로 칭찬을 꺼내 말하는 것에는 상대방에게 호의를 불러오는 효과도 있지만, 당신의 머릿속에 있는 상대방의 단점이 정말로 당신이 생각한 칭찬을 받을 존재로 바뀌게 되는 효과가 있기도 하다. 그 효과는 상대방에게도 적용이 되어서 당신에 대해 칭찬을 하면서 상대방의 머릿속에는 자연스럽게 당신이 비호의적인 사람이 아니라 호의적인 사람으로 바뀌게 된다. 단, 주의할 점은 진심으로 상대방에게 칭찬해야 한다. 그저 말로만 그렇게 하고 당신의 머릿속에 다른 생각을 하고 있다면 비언어적인 표현에서 당신은 언어적인 표현과는 다른 표정, 몸짓, 리액션 등으로 상대방에게 친근감이 아니라 비꼬는 말로 들려서 적대감을 불러일으킬 수 있다. 또한, 말을 할 때 "결벽증이 심한 줄 알았는데 이런 점에서는 좋군요."라고 말한다면 당신은 칭찬한 것이 아니라 상대방의 단점을 폭로하는 사람이 된다. 절대 단점을 말하지 않고, 단점이 장점으로 작용할 수 있는 말로 완전히 바꾸어서 말을 해야 한다.

그리고 싫은 상대를 당신이 친밀감 있게 하는 방법이 있는가 하면, 당신이 싫어하는 사람을 똑같이 싫어하는 사람이 있을 수 있다. 아니면 당신은 싫어하지 않지만, 그 대상을 싫어하는 사람이 있을 것이다. 그럴 때 그 상대방과 친해지는 방법으로 그 대상에 대해서 같이 비난을 하는 방법이 있다. '적군의 적은 아군(The enemy of my enemy is my friend)'이란 고대의 명언을 통해서 사용하는 방법으로 상대방이 그 대상에게 질책을 당하는 장면을 목격 후에 상대방이 풀이 죽어 있는 상태일 때 당신이 다가가서 "내가 아까 봤는데 정말 너무했어. 얼마 전에는 나도 당했었는데 너무 신경 쓰지만. 원래 저런 사람이잖아." 이렇게 말을 한다면 당신의 말에 기운을 되찾으면서 '맞아. 정말 너무해!'라고 생각하며 그 대상에 대한 불만을 털어놓을 것이다. 그에 대해서 당신도 맞장구를 쳐주면서 상대방의 스트레스가 어느 정도 해소될 때까지만 받아주면 '공공의 적'을 둔 아군이라고 느끼면서 당신에 대해서 상당히 호의적인 감정과 결속 감을 가지게 되는데, 이런 감정을 갖게 되는 이유는 상대방이 당신을 통해서 스트레스 배출을 하게 되기 때문이다. 단, 여기서 중요한 점은 당신은 일반적인 사람들처럼 공공의 적을 두고서 계속 이야기를 하는 사람이라고만 생각한다면 언젠가 당신이 그 대상이 되었을 때 당신 역시도 비난을 받을 수 있다. 그러니 상대방이 어느 정도 기운을 되찾고 스트레스가 해소되었다면 웃으면서 "자, 이야기해도 어쩌겠어. 자네와 내가 힘내고 이겨내는 수밖에." 이렇게 말을 하면서 마무리를 지어주는 것이 좋고, 상대방이 또 그 이야기를 꺼낸다면 미소를 지으며 부드럽게 "그때 일은 좋은 추억이 아니니깐 잊어버리고 다른 이야기를 하자." 이렇게 하여서 계속해서 누군가를 비난하는 입장을 가지지 않는 것이 좋다. 상대방을 함께 비난하다 보면 당신도 비난의 대상이 되지 말라는 법이 없기 때문이다.

추가로 당신의 인상을 가장 좋게 기억 남게 하는 방법으로 토론 등 이야기를 할 때, 상대방의 주장에 대해서 긍정적이고 호의적으로 생각을 하더라도 비난, 비방하며 부정적으로 이야기를 하다가 도중에 칭찬 등 호의적인 이야기를 하면서 끝내는 방법이 상대방이 기억할 때, 좋은 사람이라고 느끼는 효과가 있다. 그 이유는 이야기하면서 결과가 본인에게 있어서 가장 좋은 방향으로 변화를 하였다고 느끼는 이유와 처음에 부정적인 이야기를 하다가 호의적인 이야기로 진행이 되는 것에 대해서 본인의 주장이 재평가를 통해서 호의적인 평가를 가져오고 객관적으로 판단을 하였다고 느끼기 때문이다. 예를 들어서 "내가 생각하기에는 그 주장은 아닌 것 같은데……. 하지만 나는 자네의 의견을 좀 더 듣고 싶어" 이렇게 말을 해서 나는 그 주장에 대해서 부정적인 생각이 있는데 흔들리고 있을 정도니, '가벼운 상태의 부정이다.'라는 메시지를 전달하면서 상대방이 더 말을 할 수 있도록 유도를 하는 것으로 맞장구와는 다른 방법의 대화를 꺼내는 방법이다. 그리고 상대방이 말을 하면 경청을 하였다가 "그런 이야기였구나. 그렇다면 자네가 말한 것에 대해서 나는 찬성일세."라고 말을 하면서 호의적인 태도로 전환을 한다면 상대방은 당신을 본인의 이야기로 태도를 바꾸게 하였다고 느끼며 자신감을 느끼게 되며, 본인의 이야기를 받아들여 준 당신에 대해서 호감을 느끼게 될 것이다. 이 방법은 결과가 좋으면 다 좋다는 이야기와 기대감을 낮추고서 성사되었을 때는 그 기쁨이 배가 되는 효과를 사용한 것이다. 그런데 반대로 처음에는 호의적인 이야기를 하다가 나중에 부정적인 이야기로 마무리를 한다면 상대방의 기대감을 풍선처럼 부풀려 놓고서 마지막에 바늘로 쿡 찔러 터트린다면 상대방은 실망감, 배반감 등의 상처를 입기 때문에 반대로 당신을 상당히 미워하게 될 것이며 언젠가 화를 불러와서 당신을 철저하게 이용하겠다는 생각을 가져오게 될 것이다. 주의할 점으로 일부러 반대 찬성을 하려는 모습이 뻔히 보이고 의도적이라면 드라마나 영화 속에서 '발 연기'를 보는 시청자와 같은 기분을 가질 수 있다는 점을 알고, 자연스럽게 이 방법을 사용하는 것을 머릿속에 시뮬레이션해 보면서 익히는 것이 좋을 것이다.

또 하나의 친근감을 형성하는 데 중요하게 작용할 수 있는 기법이 있는데 심리학자 그레고리 라즈란(Gregory Razran)이 제시한 '런천 테크닉(luncheon Technique)'이란 기법이다. 이 기법은 상대방과 식사를 하면서 친밀함을 높이는 데 효과적이며 신기한 실험 결과를 나타낸다.

어떠한 특정 주제에 대해서 정보가 없는 피험자에게 음식물을 주고 섭취하면서 논문 자료를 읽게 하였는데, 그 내용이 '지구로 날아오는 운석의 90%는 달이 부서지면서 날아오는 것이다.' '2000℃가 넘는 고열의 불길에 물을 부으면 수소와 산소로 분리가 되면서 가연성이 높은 수소로 인해서 더 큰 화염을 만든다.' 같이 근거가 빈약한 내용임에도 피험자는 논문의 내용에 대해서 신빙성을 느꼈다고 한다. 그리고 다른 피험자에게는 그저 논문 자료만 주고 읽게 하였을 때, 같은 내용이었고 상황은 같았음에도 '정말일까?' 하는 의심을 했다고 한다. 사람은 맛있는 음식을 먹으면 쾌락을 느껴 무의식중 대립을 피하려 할 뿐만 아니라 심지어 즐거운 체험을 했다고 생각한다. 그 결과 이야기 주제나 화자에 대해 호감을 느끼게 되는 건 물론이고 당신이 어떤 의견을 제시하였을 때 설득을 당하기도 쉬워진다. 정계나 비즈니스에서 중요한 인물을 만날 때 어김없이 식사 시간을 택한다는 점을 떠올리면 이해가 쉽다. 함께 먹거나 마시면서 이야기할 경우 이야기가 잘 풀리는 이유는 누군가에게 호의를 받으면 갚아야 한다는 상호성의 법칙(law of reciprocality)도 포함된다. 또한, 당신은 식사할 때 부담스러운 사람이나 싫은 사람과 식사를 하는 편인가? 함께하고 싫지 않은 상대방이 식사하자고 할 때는 분명 거부감이 있게 된다는 것을 역이용하여서 당신이 싫어하는 사람에게 식사하자고 제안을 한다면 상대방은 당신이 본인은 나쁘게 평가하지 않는다고 느낄 수 있다. 그러니 식사의 제안과 함께 맛있는 식사를 하는 것은 상대방과 친근감을 쌓는데 높은 효과를 가져오는 심리기법이라고 할 수 있다. 그런데 이때, 식사하자고 제의를 하고서 그날 식사를 하는 상황이 아니라면 아무리 늦어도 그 말을 한때의 주말, 또는 말을 한 시점에서부터 일주일 안에 식사 약속을 잡는 것이 중요하며, 상대방이 어떤 음식의 호불호를 모를 때는 "제가 식사를 대접하려고 하는데 가리는 음식 있으신가요?"라고 말해서 상대방이 싫어하는 음식을 알아내는 것이 좋다. 좋아하는 음식을 알아내서 준비했는데, 그중에 상대방이 싫어하는 음식이 들어가 있다면 좋아하는 음식에 비해서 싫어하는 음식이 눈에 들어오기 때문이다. 상대방이 식사할 시간에 대해서 명확하게 말을 하지 않았을 때는 당신이 빈말이 아니라는 것을 증명하기 위해서 "그럼 시간을 알려주시면 맛있다고 소문난 곳을 찾아서 예약해 두 겠습니다." 이렇게 말을 하면 진심으로 본인과 식사의 의사가 있다는 것을 알 기에 명확한 시간에 대해서 말을 하거나 "그럼 언제 다시 연락해주세요."라고 본인의 스케줄 등을 확인 후에 답을 하기 위한 말을 할 것이다.

일곱 번째, 칭찬하기. 대형트럭보다 더 크고 무거운 고래를 춤추게 하는 것 이 있다. 바로 칭찬이다. 누구나 칭찬을 듣고서 안 좋아하거나 기분 나빠하는 경우가 있을지 생각해 보았나? 아마 없다고 생각할 것이다. 그러나 당신의 예 상과는 다르게 그런 상황이 있다. 칭찬할 때도 타이밍이 중요한데 그 타이밍을 놓쳐버린다면 당신이 상대방에게 칭찬하더라도 상대방은 형식적인 감사만 하 거나 아니면 '언제를 말하는 건지……'하는 반응을 보일 것이다. 예를 들어서 당신이 그달의 실적이 우수해서 표창(表彰)을 받았다. 그런데 상대방이 한 달 정도 지나고서 "저번 달에 표창받았다며? 정말 축하해." 이렇게 말을 한다면 감 응이 생기겠는가? 이처럼 칭찬을 할 때는 최대한 빠르게 상대방에게 전달해 주 는 것이 좋다. 상대방도 그 감격에 대해서 이미 아주 즐겁고 좋을 때 누군가 칭 찬을 해준다면, 왜 칭찬을 받았는지에 대해서 알고 기분 좋게 받아들이기 때문 이다. 그러니 상대방에게 칭찬할 일이 있을 때는 칭찬할 일이 발생한 장소와 그 시점에서 바로 칭찬을 해 주는 것이 가장 좋은 타이밍이다. 단, 칭찬할 때 과 장된 표현을 하는 것은 금물이다. 과장된 표현이 재미는 있겠지만 상대의 칭 찬이 아니라 조롱으로 들릴 수 있어서 불쾌하게 받아들일 수 있다. 그렇게 된 다면 당신이 칭찬하지 않은 것만 못한 역효과를 가져온다. 그리고 상대방이 당 신을 도와주어서 칭찬하더라도 사심이 없는 말로 "어려울 때 도움을 주셔서 감 사합니다."라 한다면 상대방도 칭찬을 잘 받아들이지만, "정말 도움을 주지 않 았더라면 저는 내일 죽어버렸을 수도 있을 거예요. 정말 제가 좋아하는 사람은 누구 씨뿐이에요." 이렇게 말한다면 부담만 들고 진짜로 감사함을 표현하는 것인지 의심하게 된다. 당신이 칭찬에 대해서 인색한 사람이어서 지금까지 칭찬을 못 하고 있었다 해도 좋다. 당신이 인색한 사람이라는 것은 상대방도 알고 있을 텐데, 그런 당신의 칭찬을 받았다면 엄청나게 레어(Rare)한 칭찬을 받은 기쁨을 줄 수 있다.

칭찬의 방법 중에 '거짓 칭찬'이라는 기법이 있다. 이 기법은 상대방이 이미 알고 있다는 전제를 깔아두어서 상대방의 자존심을 자극하여서 당신의 이야기를 집중해서 듣게 만드는 방법이라고 할 수 있다. 예를 들어서 "~에 대해서는 이미 알고 계시겠지만……." 하고 말했다면 상대방은 어떻게 생각을 할까? 그 내용을 모르고 있다면 당당하게 '나 그 이야기 처음 듣는데? 무슨 이야기인가.' 라고 말을 하고 싶어도, 그 상황에서 모른다고 하면 당신이 '풋! 이것도 모르면서…….'라고 비난할 수 있다는 생각에 상대방은 이야기를 들어서 그것이 무엇일지 정보나 힌트를 알기 위해서 당신의 말에 집중할 것이다. 그러면서 '이 내용은 모르고 있으면 안 되는 것'. '이 사람이 내가 당연히 알고 있다고 생각하는 것.' 이라는 생각을 한다. 또한, 이미 알고 있더라도 '몰랐으면 큰일 날 뻔했군.' '알고 있어서 다행이다.'라는 안심에 당신의 이야기를 여유 있게 듣게 될 것이다. 그렇지만 대부분의 사람들은 "이미 알고 계시겠지만~" 이라고 해도 이미 모르는 경우가 대부분이다. 그래서 본인의 프라이드가 손상되기 싫어서라도 당신의 이야기를 집중해서 듣게 되고, 모르는 일인데 당신이 술술 말하고 있다면 상대방으로선 그리 달가운 일이 아니게 된다. 특히 상대방이 당신보다 위치가 높은 사람일 경우에는 더욱 그렇다. '무식하다'라는 느낌을 받고 싶지 않은 인간의 본능을 이용하는 것으로 상대방이 모르는데도 높게 평가를 하는 거짓 칭찬의 기법이 효과적으로 당신의 말에 집중시키는 방법이 된다.

당신을 망가트리는 금기의 마법

당신이 뛰어난 언변 능력을 갖추기 위해서 꼼수로 사용하는 방법이 있을 것이다. 그건 지금 당신의 시대에 유행하고 있는 유행어라고 할 수 있는 말인데, 그 말은 시대의 흐름에 의해서 나타났다가 자연스럽게 우리의 생활에 침투하거나 자연스럽게 사라지게 된다. 지금 내가 여기에 지금의 유행어라고 명시를 하여도 이 책이 나오고 몇 년이 지난다면 분명 "그런 유행어도 있었지." 또는 "그런 유행어가 있었나?" 이런 반응이 나올 수 있다. 난 그래서 유행어를 대화의 꼼수라고 부르고 있다. 가끔 사용을 한다면 분명 당신은 시대에 뒤처지지 않은 사람이라고 할 수 있고, 그 당시에 정확하게 공감을 일으키는 방법으로는 좋다. 그러나 요즘 초중고에 다니는 학생들의 말을 들어보면 나와 엄청난 시대적인 차이를 가지고 있지 않음에도 게임용어, 인터넷 채팅 용어를 현실에서 사용하고 있다. 무슨 소리인지 알아듣기 힘들고 알아듣기 어려우니까 반대로 들기 싫어지는 대화의 내용을 갖추게 된다. 그러니 당신이 젊은 층과 대화를 하기 위해서 당신의 시대에 사용하는 유행어를 굳이 배울 필요는 없다. 괜히 말하고서 당신도 어색하고 상대방도 어색해진다. 그냥 당신의 개성을 가진 말을 하는 것이 최적이다. 물론 그중에서 바꿔야 할 부분이 있다면 바꾸는 편이 좋지만, 유행어를 채우는 것은 옳은 방법이라고 할 수 없다.

　그리고 말을 아무리 잘하더라도 피해야 하는 금기의 주제는 '욕설' '폭언' '비하' '종교' '정치' '소득' '이성(異姓)의 관점' '사적인 비밀' 등에 대해서는 정말 금기하고 대화의 주제로 가져와서는 안 된다. 만약에 이 내용을 빼고서 말할 것이 없다고 한다면, 당신이 지금까지 호구로서 살아왔던 이유가 드러나게 된다. 대화의 주제가 위의 주제를 빼고서 정 없다면 차라리 영화나 드라마와 같은 주제로 이야기를 하거나 건전한 취미를 만들어서 그 취미를 하는 데 있었던 이야기를 해야 한다. 위의 금기 사항을 말했다면 당신은 정말 손해 보는 상황이 반드시 만들어지게 되고, 그로 인해서 큰 후회를 하게 될 테니 이 금기의 법칙은 당신을 호구로 만드는 데 있어서 아주 큰 작용을 할 수 있다는 점을 염두에 두어야 한다.

마법의 효과를 올려주는
유머러스(Humorous) 마법

    당신은 음식을 먹을 때, 아무런 양념도 없을 요리를 좋아하는가? 자연에서도 바로 만들 수 있는 요리로 구이, 회, 삶기 등의 방법으로 말이다. 그런 방법에도 소금, 설탕이나 다른 식재료를 첨가해서 맛을 더해야 맛있는 요리가 될 것이다. 아니었다면 지금까지 요리의 문화가 발전될 이유 따위는 없다. 유머 역시도 대화하는 데 있어서 그 대화를 더 효과적으로 끌어올리기 위해서 사용한다고 본다. 학교의 수업, 대학의 강의, 회사의 회의, 세미나 등을 들을 때 그냥 그 주제에 대해서만 말을 한다면 정말 재미없다. 그래도 유머를 포함해서 말을 한다면 상당히 그 대화의 주제에 관해서 관심을 가지고 집중하게 된다.

    유머를 할 때는 당신의 주제에 자연스럽게 유머가 섞이도록 하는 방법으로 유머를 활용해야 한다. 예를 들어서 내가 한 가지 이야기를 하겠다.

    옛날 어느 시골 마을의 농부에게 예쁜 딸이 있었는데. 그 딸의 아름다움이 이웃 마을에까지 퍼져 있었다. 그 마을과 마을 사이에 있는 산에 사는 호랑이가 그 이야기를 듣고서 신부로 삼아야겠다고 생각을 하러 마을로 내려와서 농부에게 딸을 달라고 말하였다. 농부는 "이보게, 호서방. 오늘 만났는데 바로 결혼은 힘들고 우리도 결혼식 준비를 해야 하지 않겠나? 내일 다시 찾아와주게. 그리고 호 서방. 자네를 난 좋게 보고 있지만, 우리 딸은 내가 곱게 키운 아이여서 자네의 멋진 이빨과 발톱을 보면 아마 심장마비로 죽을 수도 있으니 호 서방의 그 날카로운 이빨은 모두 뽑고, 위협적인 발톱도 몽땅 다 자르고 올 수 있겠나?"

그러자 호랑이는 "알겠습니다. 어르신." 이렇게 대답을 하고서, 산으로 돌아가 바위에 자신의 이빨과 발톱을 모두 박살 내고 다음 날 다시 농부에게 찾아갔는데 "제구실도 못 할 짐승이 어디서 우리 딸을 탐내는 것이냐?"며 호랑이를 몽둥이로 마구 두들겨 패서 잡았다고 한다. 물론 이야기 속에서 호랑이가 이빨과 발톱을 안 뽑고 왔으면 어떻게 했을 것이냐? 이러한 질문을 한다면 나는 이렇게 말해줄 것이다. "그 상황에서 호랑이에게 딸을 빼앗기지 않기 위해서 생각을 하고, 되레 당당하게 조건을 제시하면서 호랑이를 되돌려 보낸 그 농부의 배짱과 잔꾀, 언변 능력이 대단하지 않은가?" 라고 말이다.

지금 내가 당신에게 전달하고 싶었던 메시지도 어떤 상황에서도 배짱을 가지고, 생각하여서, 실행한다면 갑작스러운 위기도 대처를 할 수 있다는 내용을 전달하고 있다. 그리고 유머라고 해서 꼭 사람들의 배꼽이 튕겨 나올 정도로 웃겨야 할 필요는 없다. 사람들이 집중해서 재미있게 듣도록 하면 되며, 유머를 통해서 당신이 전달하고 싶은 내용을 상대방도 쉽게 공감하는 방법이 유머가 되는 것이다. 또한, 이 유머에 내가 유행어나 속어, 전문 용어를 사용했나? 그러한 내용은 하나도 들어가 있지 않고서도 상대방에게 재미있게 전달할 수 있는 유머를 생각하고 말하는 것이 좋다. 유행어, 속어는 알아들을 수 있는 층이 한정적이며, 그에 대해서 공감을 못 하면 아무리 재미있는 유머라도 통하지 않는다. 그리고 전문 용어라면 그 분야에 대해서 잘난 척이라고 느낄 수 있고, 이 역시도 한정적인 사람만 알아들을 수 있는 이야기이다. 그러니 유머는 U.S.A. 방법을 사용하는데 U.S.A.는 '이해(Understand)' '단순하게(Simple)' 아무나(Anyone)'라는 뜻이 있다. 누구나 단순하게 알아듣게 하면 그것이 유머의 기본이다.

유머를 할 때 하지 말아야 할 법칙이 있는데, "농담 한마디 하겠습니다." 이 말을 왜 하는가? 그럼 농담을 여러 마디 하는 사람도 있는 것일까? 또, "농담이 하나 있는데, 들어보면 재미있을 겁니다. 진짜로 웃기는 이야기에요." "제가 재미있는 일이 하나 있었습니다." 이렇게 말하고서 재미를 못 느낀다면 어떻게 수습을 할지 참 궁금하다. 그 재미의 기준이 상대방이 재미있을 것이라는 기준이 확실하다면 이 말을 하지 말고 해야 하고, 재미의 기준이 당신만의 기준이였다면 그 이야기는 재미없는 이야기가 될 가능성이 있다는 점을 명심해야 한다. 그리고 "농담 하나가 생각나는데, 들어본 사람도 있겠지만 해 보겠습니다." 이런 말을 붙이는 것으로 앞으로 당신이 할 말은 의무성이고, 누가 들어도 유머나 농담으로 받아들이지 않는 시간을 잡아먹는 어떤 말이라고 생각할 것이다. "지금까지는 농담이었고~"라고 하는 것이 당신이 재미없는 유머가 되었을 때, 수습하는 방법이라면 그 말을 하는 것 또한 상대방이 당신 이미지를 떨어트리는 방법이다. 만약에 지금까지 진지하게 받아들이고 있었던 상대방에게 실망감 또는 허무함, 시간 소모 등과 같이 좋은 감정은 하나도 발생할 수 없다. 가령 그 말이 당신이 일부러 긴장감을 해소하기 위해서 한 선한 뜻의 거짓말이었다 해도 당신은 사기꾼, 거짓말쟁이가 된다.

단순히 유머로 시작해서 유머만 하다가 유머로 끝을 내고 대화의 서론, 본론, 결론이 없다면 그것은 유머가 아니라 코미디라고 할 수 있다. 설탕을 뭉쳐서 만든 사탕이나 간장, 고추장 등의 소스만 먹으면서 당신은 한 끼 식사라고 보진 않을 것이다. 마찬가지로 유머는 대화의 생기와 활력을 넣어주는 역할을 하지만 계속 유머만 한다면 당신은 가벼운 사람으로 보이게 되며, 대화의 내용에 대해서도 진지하지 못하다고 상대방은 느끼게 될 것이니 유머는 적당히 소스라고 생각하고 사용해야 한다.

습관이 만들어 내는 마법

대화할 때, 사소하다고 생각하거나 당신이 간과하고 있던 사실에 대해서 알게 되었더니 어떠한가? 말에는 힘이 있고, 세상을 바꾸고, 사람을 바꾸는 마법이 있다고 하였다. 그러한 마법을 부릴 줄 아는 자들은 세상에 태어나면서 태생적으로나 좋은 집안, 좋은 학교에 가서 훈련을 받으면서 키워 온 사람들이라고 생각하는가. 세상에 태어날 때는 경제적인 능력은 분명 차이를 두면서 태어난다.

하지만 태어나면서부터 호구, 꾼, 달인, 보통 사람 이렇게 분류를 하면서 태어나지 않는다. 스스로 생각을 하고 어떻게 하면 상대방의 기분을 좋게 하여서 내 위치를 좋게 바꿀 수 있을까. 어떻게 하면 내 말을 상대방이 집중하게 할 수 있을까. 어떻게 하면……. 이렇게 지속적으로 고민한다. 이런 사람들이 후천적 천재들이다. 그리고 우리는 선천적 천재에 비교해서 그런 사람들을 보며 우리는 '될성부른 나무는 떡잎부터 알아본다.'라고 말하면서 그들을 대단하게 여긴다. 하지만 그들은 당신과 별반 다를 것이 없다. 그저 당신이 자신의 위치를 어떻게 끌어 올릴까 하는 고민하고 있지 않을 때 그들은 고민한 것뿐이다.

앞으로 당신도 이 '호구 탈출의 정석'을 통해서 기본적인 베이스를 마련하고, 많은 방법을 상황에 따라서 응용을 한다면 분명 당신을 보며 '가망성 있는 사람' '같이 있고 싶은 사람' '참여시켜야 하는 사람' '필요한 사람'과 같이 당신을 평가할 것이다. 당신은 그런 사람이 되고 싶지 않은가? 로또 1등을 맞거나 주식 대박을 치거나, 성과가 좋아서 보너스를 받는 사람이라도 호구라면 결국 자기 손에 쥐는 것이 없이 다 빼앗기지만 뛰어난 언변 능력을 갖춘 사람을 함부로 대할 수 없다는 것을 알고 있는 사람들은 자신의 것을 빼앗기지 않기 위해서 당신에게 일부분을 미리 주거나 당신이 자기 것을 가져가지 않길 바라며 더 당신에게 다가갈 것이다. 그러니 그러한 마법을 부리는 마법사가 되기 위한 당신은 지속적으로 노력을 하고 연습을 하고 생각하는 습관을 지니며, 그 습관으로 만들어진 말을 실행하길 바란다.

기본적으로 말을 잘하는 습관은 기르기 위해서 다음과 같이 해 보길 권한다.

'당신이 하는 말을 녹음하고 들어보라.'

'말하기 전에 생각하고서 입 밖으로 내보내라.'

'자신의 안 좋은 버릇을 찾아내라.'

'꼭 필요한 말은 반드시 넣고 필요 없는 설명을 하지 마라.'

위와 같은 방법으로 알아봐라. 녹음한다면 당신이 평소에 어떠한 말을 하고 있는지 알 수 있고, 수정해야 할 부분에 대해서 알게 될 것이며, 말을 생각하지 않는다면 당신이 원하는 목적과 다른 말이 나올 수 있으니 생각을 하고서 말을 시작해야 한다. 그런데 모든 말을 다 생각하고서 시작한다면 늦다. 처음에 말을 할 부분만 생각했다면 말을 시작하고서 당신이 원했던 방향으로 가는 말을 생각해서 말하면 된다. 그리고 녹음해서 들어도 잘 알지 못하는 당신의 버릇과 같은 말투가 있을 것이다. 당신이 너무도 당연하게 생각하고 있어서 녹음으로 다시 듣는 목소리에서는 알아차리기가 힘들다. 그러니 당신의 주변에 오랜 시간을 같이 지내는 사람에게 당신의 버릇을 지적받아서 고치는 습관이 필요하다. 그 사람이 당신에게 수정하라고 말했다면 분명 다른 사람들에게도 수정이 되었으면 하는 부분이기 때문이다.

그리고 말도 벌크업(Bulk up)을 해야 한다. 필요 이상의 말이 많은 당신이라면 반드시 필요한 말만 넣고, 필요 없는 말은 과감하게 포기하는 것이다. 그런 습관을 지니게 된다면 당신의 말을 듣는 상대방이 당신에 대해서 나쁘게 생각하는 점이 낮아지게 된다. 즉, 그런 단점을 가지고 아무리 좋은 말을 하더라도 그 황금의 주문으로 만들어 내야 할 마법은 어디에도 쓸모없는 녹슨 납덩어리를 만들어 내게 된다. 게다가 필요 없는 말을 하는 횡설수설함은 당신이 본론에 관해서 이야기한다고 볼 수 없다. 상대방은 당신과 본론에 관해서 이야기하고 싶기 때문에 그 자리에서 대화하고 있다고 볼 수 있는데, 부부 사이나 매일 봐야 하는 친구 사이라서 대화의 주제가 부족해서 그렇다면 본론을 이야기하기 위해서 잠깐 우회적인 설명을 추가해도 해도 최단거리로 우회를 하는 방법을 선택해야 한다. 당신과 대화를 하다가 본론도 이야기가 안 나오고서 대화를 끝내는 것은 그 대화의 내용이 당신이 돈을 받고서 말해야 할 중요한 내용이지 않다면 완전 마이너스 되는 습관이라고 할 수 있다.

빚지고 말 연습을 하면 빛이 없어진다

상상 그 이상의 말

행동으로 당신의 이미지를 만드는 데는 엄청난 노력과 시간이 필요하며 자첫 잘못하면 참 이용하기 쉽고 편한 상대라고 느끼게 되면서 결국에는 당신이 이용당할 가능성이 있지만, 말을 잘하면 정말 놀라울 정도로 짧은 기간에 당신의 이미지가 형성된다는 것을 알고 있어라.

호구 탈출의 로프가 되는 말

이미지를 바꾸려 할 때 갑작스러운 분위기 메이커가 되기는 힘들지 않다. 말 몇 마디면 당신의 이미지는 호구가 아닌 전혀 다른 모습으로 180도 회전을 함으로 사람들의 인식에서 호구의 탈을 벗기 시작할 것이다.

거절이 아닌 부정의 말

거절을 잘하기 위해서 노력을 해야 한다고 말을 하였다. 하지만 그렇게 하지 못할 때는 부정의 뜻을 잘 전달해서 상대방이 잘 인식하여서 이미지가 깎이지 않고서 부정을 전달해야 한다. 아무 생각 없는 부정은 적대 관계를 만드는 지름길이다.

내 말은 말이야

하고 싶은 말이 있는데 다이렉트로 하기 어렵고, 그렇다고 돌려서 말하기에는 시간이 오래 걸린다고 생각할 것이다. 다이렉트도 우회 방법도 계획만 구체화 된다면 둘 다 문제 될 것 없이 상대방에게 당신의 메시지를 전달할 수 있다.

똑똑

말을 할 때 먼저 걸기 어렵다고 해서 길지 않는다면 당신의 이미지는 형성될 수 없다. 그리고 당신이 의도하지 않았던 이미지로 상대방이 인식하면서 결국 자연스럽게 호구가 되길 바라지 않는다면 먼저 다가가서 대화하고, 상대의 말문을 여는 이 방법을 사용해라.

절대 하지 않아야 한다

말이 안 된다고 해서 행동으로 열심히 노력할 수 있지만, 누구나 행동으로 무너지기보다는 말에서 무너지기에 십상이다. 절대 하지 말아야 할 금기의 법칙을 반드시 알고 있으며 절대 금물임을 명심하여라.

개그도 농담도 아니다

유머러스는 개그도 농담도 아니며 그저 주제와 약간 빗나간 듯이 말하여 집중도를 끌어올리는 방법이다. 절대 이상한 개그나 농담을 배워서 억지웃음을 이끌려고 한다면 역효과만 가져올 수 있다는 것을 알아라.

제6장
당신의 생각은 어디에서 나온 것인가?

0.0001%로 당신의 행동이 결정된다

지금까지 당신의 생각이 어디에서부터 나온다고 생각하는가? 오로지 당신의 머리? 아마 일부분은 맞을 수 있다. 하지만 전부는 아니다. 정확히는 당신이 스스로 생각했다고 하는 '그 생각'이 사실은 당신의 머릿속에서 나오기보다는 누군가의 의도에 의해서 당신이 생각했다고 느끼게 만들어지고 있는 것이다. 그런데 당신은 생각이 누군가에게 지배를 받고 있었다고 느껴본 적이 있는가? 아마 지금까지 금전, 시간, 노동, 능력에 대해서 누군가에게 이용을 당해왔다고 느꼈지만, 당신의 생각까지는 누군가에게 지배를 받는다고 생각하지 않았을 것이다. 당연하다. 누가 생각의 지배를 받고 싶겠는가. 인간의 생각을 지배받는 것은 인간보다 열등한 동물이나 인간이 만들어 놓은 창조물 '로봇'뿐이라고 생각한다. 그러나 현실은 잔혹하였다. 인간의 생각을 인간이 지배하고 있다. 생각이 만들어지는 공장인 인간의 '두뇌'는 수억 개의 뇌세포가 활동하면서 수백 개의 신경세포를 자극하고 수많은 감정을 통해서 생각이 만들어지는데, 그 엄청난 작업을 당신이 아니라 누군가 의도에 의해서 결정이 되고 있었다. 물론 모든 것을 그렇게 생각하지 않는다. 예를 들어서 달리는 기차를 세우거나 거꾸로 가게 하는 일은 기차를 운전하는 기관사의 몫이다. 그 기차는 '당신'이라고 할 수 있고, 기관사가 '당신의 두뇌'라고 할 수 있다. 그런데 그 기관사가 기차가 가는 길은 마음대로 정할 수 없다. 아주 단순하게 2개의 선로에 전로 전환기가 어느 방향으로 조금만 바뀌었을 뿐인데, 서울에서 부산으로 갈 수도 있고, 목포로 갈 수도 있는 갈림길이 된다. 선로전환기 같은 역할을 하는 사람에 의해서 당신의 생각이 그들의 유도대로 바뀌게 되는 것이다.

당신이 일상처럼 느꼈던 사소한 습관을 이용해서 당신을 원하는 방향으로 조금만 각도를 바꿔주어서 원했던 방향으로 인도를 하는 것이다. 하지만 그들은 모든 것을 컨트롤하지 못한다. 인간이 정신 지배를 받는 경우가 종교 등의 이유로 맹신을 하여서 모든 생각을 지배할 수 있겠지만, 당신이 그런 일은 발생하지 않는다고 본다. 그렇다면 어떻게 당신의 생각을 컨트롤한다고 보는가? 말했듯이 '선로전환기'처럼 단 한 가지의 결정만 원하는 대로 바꿔주는 것으로 당신의 모든 결정은 바뀌게 된다. 사람은 평균적으로 하루에 1만 가지 이상의 결정을 하고 있다. 엄청나게 사소한 행동이어서 크게 고민하지 않는 행동 역시도 당신의 결정 때문에 나오는 것이다. 그 1만 가지의 행동에서 아주 사소하다고 생각하는 무엇인가부터 당신의 생각을 바꿔준다면 로봇에게 프로그램을 하나 바꾸는 것으로 모든 행동이 바뀌는 결과와 마찬가지의 결과가 만들어지게 될 것이다. 하루의 마지막에 당신의 결정에 사소한 유도를 해도, 그 사소함이 다음 날의 1만 가지를 전부 바꾸게 될 수 있다. 그리고 그 유도는 상대방이 당신에게 와서 말해서 바뀌게 되는 경우도 있지만, 그 방향유도는 지금의 사회에서는 너무도 많다. 선로전환기의 역할을 하는 것은 '정보'인데, 당신이 하루에 받아드리는 정보의 양이 20세기 말과 다르게 21세기 초반인 지금이 엄청나게 큰 차이를 보이며 당신에게 정보를 주고 있다. 특히나 지금은 '21세기형 소음'이라고 불리는 스마트폰과 PC의 알림이 하루가 아니라 시간, 분, 초 단위로 지속적으로 전달받고 있다.

SNS를 한다면 더욱 많은 정보를 전달받을 것이다. 게다가 신기하게 내 마음을 읽은 것처럼 내가 최근에 관심이 있었던 정보가 내 눈앞에 더 아른거리고 있는데, 그것부터가 당신이 벌써 어떤 것에 의해서 유도되고 있다고 보면 된다. 물론 그 방법이 나쁘다고 할 수 없다. 어떻게 보면 진짜 좋은 발전이지 않은가. 관심이 있어서 알아보려는 중에 여기 좋은 게 있다고 알려준다면 당신이 투자해야 할 시간이나 노력을 확실히 감출 수 있으니 이렇게 마케팅이 되는 것은 좋다고 생각한다. 그러니 지금 시대의 마케팅은 그렇게 진화하고 있으며 당신이 무엇인가 구매를 하거나 행동을 하는 것에 대해서는 신기하게도 그 마케팅을 하는 사람들의 유도 때문에 진행이 되고 있음을 알고 있어야 한다.

하지만 그러한 마케팅은 '누구나' 사용할 수 있는 방법이기에 '달인'이나 '훌륭한 영업인'이 사용을 한다면 그 방법으로 당신의 삶에 있어서 분명 도움이 되는 일이 된다. 나 역시도 '마스터즈 서비스'가 필요한 사람을 대상으로 그에 관련된 마케팅을 하고 있으니 말이다. 자동차 서비스가 필요한 사람들에게 '바가지를 씌우지 않고, 제값에 맞는 자동차 서비스를 받도록 해 주는 것'이 '꾼'이 할 수 있는 행동은 아니지 않은가. 되레 나는 '꾼'들로부터 억울하게 자동차 정비, 튜닝, 세차, 자동차 구매까지 여러 가지에서 바가지를 당하여 고객의 불필요한 소비를 막아주고, 더 만족할 수 있는 서비스를 제공하고 있다. 좋은 것을 좋게 받길 원하는 사람에게 좋은 것을 좋게 해줄 수 있는 사람을 연결해 주어서 우리나라의 자동차 서비스 시작이 더 발전하길 원한다.

　'제대로도' 못하면서 자기 배만 채우다 보면 결국은 몰락의 길을 걷기 마련이지 않은가. 즉, '꾼'들은 제대로 되었다면 더욱 비싸게, 저렴한 것을 원한다면 더 안 좋게 하여서 상대적으로 비싸게 만들어서 바가지를 씌우고 있다. 그리고 당신을 바가지 씌우기 위해서 관심을 보인다면 그 결정을 바꿀 수 있도록 유도하여, 당신의 금전, 시간, 노력, 능력을 본인의 이익만을 추구하는 데 사용하여서 당신을 호구로 만드는 것이다. 마치 식충 식물이 보통 꽃보다 더 달콤한 향을 내뿜어서 아무것도 가져갈 수 없고, 반대로 그 곤충을 집어삼키듯이 말이다. 여기서 아쉬운 것은 당신의 머릿속에서 결정한 내용이기에 당연히 당신의 결정이 올바르다고 믿게 되는 점이 문제가 된다. 그 내용에 대해서 이어서 말하겠다.

천재처럼 생각하고 바보처럼 결정한다

　여러 가지의 정보를 받아내면서 과거의 방대한 지식을 알고 있었던 천재들과 같은 사람이라고 칭할 수 있다. 하지만 이제는 너무도 그런 사람들이 많아져서 느끼지 못하는 것뿐이다. SNS를 하는 당신이라면 무수히 많은 정보에 대해서 쉽게 노출이 되고, 생각지 못했던 '기발한 생각의 정보'와 생각지 못했던 '이상한 생각의 정보'를 보면서 여러 가지 생각할 것이다. 문제는 그 정보를 전부 받아들이면서 당연히 정상적인 판단을 못 하고 무엇인가로 자연스럽게 유도가 되고 있다는 것이다. 그 정보를 올린 사람의 메시지 알아채지 못한 채 말이다. 메시지를 알 수 없었으니 당신은 저지르고 후회하는 '정상적이시 못한 판단'도 또한 당신의 순수한 의사에 만들어진 결정이라고 할 수 없다. 당신의 주관을 확실하게 갖춰지기 위해서 어느 정도의 시간이 필요하며, 그 시간 동안에 정보에 대해서 당신의 머릿속에서 정리가 이루어져야 한다. 인간보다 계산

속도가 월등히 빠른 PC조차도 데이터를 정리하는데, 수십 분에서 몇 시간이 걸리지 않나. 하지만 빛보다 빠른 것이 '사람의 생각'이었는데, 그 생각이 무수하게 겹치면서 '생각의 속도'를 넘는 정보를 만들어서 우리에게 전달해 주고 있다. 그래서 지금의 세상은 너무도 빠른 속도로 당신에게 '어제와 다른 오늘', '아침과 다른 저녁', '방금과 다른 지금'을 만들어서 당신에게 전달해 주고 있으며 그렇기 때문에 지속해서 바뀌고 새로운 정보의 변화에 대해서 당신은 스스로 느끼지 못하지만, 잠재적으로 압박감과 스트레스가 천천히 쌓이게 된다. '정보의 바람'이 아니라 '정보의 폭풍' 속에서 사는 현대인들이면 누구나 그렇게 느낄 것이다. 인간은 심리학 등의 연구결과에서 보면 아무리 '천재'라 할지라도 한 번에 7개 이상의 정보를 기억할 수 없다고 한다. 일반적인 사람이라면 0~3개의 기억을 하는 것이 정상적인 것이다. '0'이라고 해도 정상적인 이유는 일반적인 사람은 모든 것을 기억하는 능력을 갖추고 있지 않다. 필요한 것을 기억하는 것이 일반적인 사람의 능력이라고 보면 된다.

그런데 사람이 받아들인 정보를 정리해서 '메시지'를 알아내려고 한다면 두뇌활동을 지속해서 해야 하고, 그렇게 된다면 자연스럽게 뇌 활동을 하면서 스트레스도 동반하는 것이니 스트레스를 받지 않기 위해서 너무도 쉽고 당연하게 '그 정보'에 대해서 '불필요 데이터 필터링'을 하지 않고 '전부' 받아들이고 있다. 즉, 정보 폭풍의 시대가 오기 전까지의 인간은 인류 역사가 수천 년 전부터 지금까지 이어지면서 그에 맞도록 조금씩 진화를 하면서 발전해 왔는데, 지금은 발전을 통해서 '진화'를 하지 않고, 특정한 사람들의 두뇌에서 나온 것이 전달이 어떻게 보면 그에 따르기 위해서 자신들도 모르게 '퇴화'를 하는 것이다. 우리가 '선조들의 지혜'라고 일컫는 삶은 모습을 되돌아보며 선조들은 현대보다 정보가 월등히 부족했음에도 지금의 우리보다 더 나은 생각을 하지 않았는

가. 간단한 예로 우리나라만 해도 B.C 2333년부터 지금까지 4천 년이 넘는 한반도의 역사가 진행해 오면서 다른 나라가 훔쳐갈 정도로 귀중한 문화 산물들을 생각하고 만들어 내었고, 수없이 많은 자연재해를 겪으면서도 역사를 이어왔다. 그런데 지금의 현대인들은 정보가 많아지면서 '도전'보다는 '포기'를 선택을 하고 있다. 물론 실패를 맛볼 수 있는 것이 바로 '도전'이고, 성공을 맛볼 수 있는 것도 '도전'이다. 그런데 그 '실패'가 두려워서인지, 아니면 이 세상에 널리고 널린 수 없이 많은 정보의 폭풍 속에서 포기를 선택하고 있으니 아쉬울 따름이다. 도전 후에 몇 가지의 실패만으로 포기를 선택하고 있지 않은가. 도전할 때 성공을 꿈꿔왔다면 성공할 때까지 도전할 생각은 없었는지 포기한 사람들에게 묻고 싶다.

당신도 누군가에게 이용당하면서 '이용만 당하면 그 이상의 피해는 입지 않아.'라고 자기만의 타당성을 추구하며 '호구의 삶을 살고 있었지 않은가? 왜 남들에게 이용당하면서 불만을 느끼고 발전을 할 생각을 하지 않는 것인가. 지금 당신에게는 이 책(호구 탈출의 정석) 외에도 다른 수많은 정보를 가지고 있는 책이 있다. 당신이 '페이스북, 유튜브, 트위터, 블로그, 카페, 지식인, 온갖 커뮤니티 사이트 등에서 얻는 정보'보다 훨씬 더 당신의 가치를 확고하게 만들어 줄 수 있는 무거운 정보이다. 당신이 노출된 많은 정보 중에는 대부분이 가벼운 정보가 많다. 물론 도움이 될 수 있는 무거운 정보도 들어오고 있지만, 당신은 정확히 구분할 수 있는가? 문제는 그렇게 생각하지 않고 받아들이고 믿고 그들이 원했던 생각에 따라서 당신이 행동하고 있다는 것이다. 과연 당신은 누구를 믿는 것인가? 페이스북에 '좋아요'의 단위가 1,000의 단위가 넘으면 신뢰하는가? 댓글이 100개 이상 있으면 신뢰하는가? 아니면 진짜 같은 후기가 있으면 믿는 건가? 그 글을 쓴 사람은 정말 아무런 의도 없이 믿거나 말거나 하며,

정보를 전달하고 있는지 생각해야 한다. 말 그대로 지금은 '무질서'의 시대라고 할 수 있다. '역사를 잊은 자에게 미래는 없다.'는 말을 들어봤을 것이다. 과거의 잘못을 되풀이하지 않기 위해서 앞을 제대로 보라는 뜻이었는데, 지금 당신이 노출되어있는 시대는 방금 전도 이미 과거가 되어 버리고 있으니, 누구도 미래를 예측하기 어려워지고 있다. 그만큼 당신의 주관을 가지고 있어야 한다. 당신이 무질서한 정보의 폭풍 속에서 제대로 된 주관을 가지는 생각에서 필요한 것은 다음과 같은 의문을 품는 것이다.

'정보의 오류에 대해서 얼마나 적절하게 대응하는가?'

'누군가 당신을 속이는 정보에 대해서 어떠한 메시지를 잡아내는가?'

'거짓말을 판단하는 능력이 있는가?'

'지금 당신이 옳다고 믿는 정보는 확실한 신뢰를 하고 있는가?'

'그 정보 대신에 사용할 수 있는 정보는 또 무엇이 있는가?'

'당신의 문제에 대해서 같이 해결해 줄 수 있는 멘토가 있는가?'

'정보가 어디서부터 나왔는지 궁금해하고 깊이 있게 생각하는가?'

'신뢰의 기준이 무엇인가?'

'당신의 아군과 적군을 확실하게 구분할 줄 아는가?'

이러한 의문을 품고 생각하면서 당신의 확실한 주관을 가지게 되고, 누군가에게 쉽게 휘둘리지 않게 될 것이다. 자기의 지식에만 모든 것을 승부를 보려고 하지 말라고 전달하는 뜻이며, 디즈니의 만화영화 '알라딘'에 나오는 전지전능한 존재. '지니'는 모든 것을 할 수 있는 능력을 갖췄으면서도 가장 바라는 것이 있었다. 바로 '자신의 주인이 자기가 되는 것'. 모든 사람의 소원을 들어줄 수 있는 능력을 갖췄다 하더라도 과연 자기의 생각이 자기 것이 아니라 누군가에게 휘둘리고 있다면 그것이 행복한 삶이 되진 않았다. 내가 생각했을 때 당신은 아마 엄청난 능력을 갖춘 사람이라고 생각한다. '호구'라는 칭호에 안 어울리 정도로 뛰어난 지식을 가지고 있고, 엄청난 부를 가지고 있는 사람이며, 멋진 직업을 가진 사람일 것이다. 지금도 급박하게 바뀌고 있는 그 속에서 조금이라도 뒤처지게 않기 위해서 노력을 하고 있을 것이다. 뒤처지게 된다면 '호구'와 '꾼'이 나뉘게 될지 모른다는 불안감에서 말이다. 그런데 알고 보면 '지식 정보'를 알고 '있고' '없고'로 호구와 꾼이 구분된다고 할 수 없다. 당신이 엄청난 능력자임에도 지금 호구의 모습이라고 해도 좌절할 필요는 없다. 당신의 생각을 당신이 정해야 하는데, 지금 당신이 그 '좌절'은 누구의 생각에 지배받지 않고 스스로 좌절하여 자기를 깎아 버린 것이지 않은가. 다른 사람의 생각에 휘둘리며 '호구'가 되지 않는 방법은 먼저 자기의 생각의 주인을 자기가 가지는 것이 중요하다. 자기가 아무리 수학, 외국어, 국어를 잘하고, 명문대학교 졸업장에, 유학을 다녀온 경험을 가지고 있는 지식도 '사람을 가지고 노는 생각을 하는 사람'에게는 그저 '천재'가 아니라 '바보'로 보이고, '호구'로 보일 뿐이다.

당신은 세상을 바꾼 사람이 누구라고 생각하는가? 정말 수많은 사람이 있을 텐데, 현재 가장 잘나가는 기업이면서 21세기의 '혁신'을 가져다준 기업가들로 애플(Apple)의 창시자 스티브 잡스(Steven Paul Jobs)? 마이크로소프트(M.S.)의 빌 게이츠(William Henry Gates III)? 구글(Google)의 래리 페이지(Lawrence E. Page)와 세르게이 브린(Sergey Brin)? 당신이 생각한 그 인물은 태어나면서, 성장하면서 세상을 바꿔줄 거라는 절대적인 믿음을 받으면서 당신의 생각까지 들어왔다고 생각하는가. 그들은 모두 사람들에게 '비난'과 '거절'을 무지막지하게 받으면서 세상을 바꾸기 위해서 노력을 했고 '바보 같은 신념'만 지켰을 것이다. 그렇게 비난과 거절을 수없이 많이 받으면서 그들은 현재 세계의 기업순위 Top 1~3위에서 경쟁하고 있는 기업가가 될 거라고 누구도 믿지 않았다. 해리포터(Harry Potter Series)의 작가 조앤 L. 롤링(Joan K. Rowling)은 최고로 잘 나간다는 모든 출판사에 해리포터 원고를 제출했지만 거절당했다. 하지만 지금은 어떠한가? 그 해리포터의 가치는 수십조 원의 가치를 창출해 내었다.

이처럼 '바보'같이 오로지 자기주장을 강하게 가지고 있는 신념을 지니고 있다면 '바보처럼 생각'을 하고서도 '천재처럼 결정'을 할 수 있다면 그것이 훨씬 더 대단하지 않은가. 그렇기에 당신은 앞으로 주변에서 바보라고 생각해도 좋으니 신념을 가지고 행동해서 천재 같은 결정만 하면 된다. 누군가의 눈치를 보면서 천재 같은 생각을 하고 바보 같은 결정만 하지 않으면 된다. 천재 같은 결정을 원한다면 다음 이야기로 넘어가자.

눈을 크게 못 뜨면 눈알을 굴려라

사람이 누군가의 생각대로 결정하게 되는 것에도 분명 이유가 있다. 그것은 상대방이 당신이 보고 싶어 하는 것을 보여줬기 때문이라고 할 수 있다. 한 가지 예를 들어서 이야기를 하자면 당신은 그리스 신화에 나오는 '라미아(Lamia)'에 대해서 들어봤는가? 라미아는 어떠한 남성이라도 반할만한 너무도 아름다운 달걀형의 얼굴에 초롱초롱한 눈망울과 오뚝한 콧대, 앵두 같은 입술을 가졌으며, 새하얀 피부, 황금빛의 찰랑거리는 머릿결, 글래머러스한 육감적인 몸매를 가지고 있는데, 문제는 라미아의 하반신이 절대 인간의 것이라고 볼 수 없는 차가운 비늘과 기분 나쁜 정도로 습한 촉감을 '뱀'의 형태를 가지고 있는 존재였다. 라미아는 남성의 정기를 모두 빨아먹으며 살고 있는데, 그런 라미아가 남자를 유혹할 때, 하반신을 숨기고 상반신만 보여 준다면 누구나 의심하지 않고, 유혹을 당하게 될 것이다. 여기서 전달하고 싶은 메시지는 눈을 크게 뜨고,

시야를 넓게 가지라고 하고 싶지만, 갑자기 시야를 넓히는 것은 생각보다 쉽지 않고 시야를 넓힌 만큼 인식을 하는 데 시간이 오래 걸린다. 하지만 지금의 시야만으로 더 많은 것을 볼 수 있는 방법이 있다. 그저 눈알을 굴려서 주변을 한번 훑어보는 것이다. 당신에게 정해진 시야는 똑같고, 3차원적으로 생각해서 다른 각도에서 보라고 하는 것도 아니다. 상대가 보여주는 부분의 주변 모습에 대해서도 알아보려고 해야 한다는 점이다. 여기서 '다른 각도에서 보는 것'과 '외적인 모습을 보는 것'의 차이는 '당신이 보지 못했던 숨겨진 부분'과 '당신이 보지 않았던 드러난 부분'의 차이라고 할 수 있다. 숨겨진 의도를 알아내도록 콜드 리딩을 할 필요는 있다. 상대가 거짓을 말하던, 진실을 말하던 메시지를 읽는 방법으로서는 솔직히 가장 좋은 방법이다. 그래도 메시지를 읽지 못하겠다면 그저 당신에게 보여 주기만 하는 부분 외에 다른 부분을 보는 것으로도 충분히 당신은 많은 것을 볼 수 있게 되고, 상대방의 의도에 휘둘리는 호구에서 벗어날 수 있다.

그리고 시야를 훑어봐야 할 필요성이 있는 것에 관해서 이야기한다며 혹시 '무주의 맹시'에 대해서 알고 있는가. 무주의 맹시는 사람이 무엇인가에 집중하고 있다면 사물이 시야에 들어와도 그 사물에 대해서 인지를 못 하는 것인데, 예를 들어서 당신이 길거리를 가는 중에 무척 매력적인 이성이 지나가거나 정말 가지고 싶었던 물건을 보았을 때, 주변의 다른 사람이나 사물에 대해서 인지를 하지 않는 것이라고 할 수 있다. 그런데 신기하게도 시야가 아니라 다른 감각도 느낌을 못 받을 경우가 있다. 예를 들자면 전화를 하면서 전화의 이야기에 집중할 때, 주변 사물에 대해서 시야에 들어와도 전혀 인지를 못하거나, 어느 목적지까지 급하게 달려가다가 몸에 상처가 생기고, 피가 나도 나중에 누군가 "왜 다쳤어?" 하고 "내가?" 이러면서 상처 부분을 보면 그때야 다친 것을 인지한다. 영상을 보거나 게임을 하면서 집중으로 주변의 소리를 인지 못 하는 경우도 마찬가지이다. 이처럼 당신이 사물을 볼 때, 충분히 인지할 수 있음에도 인지를 못 하는 경우가 있기에 시야를 움직여야 한다. 이 시야가 당장 눈에 들어오는 시야가 될 수도 있고 당신이 느끼는 다른 감각이 될 수 있다. 집중력이 뛰어나기에 이러한 현상이 일어나게 되는데 당신이 호구가 될 때도 상대방이 당신을 인지하지 못하기 때문에 무시할 수 있지 않은가. 즉, 당신 스스로 무주의 맹시를 통해서 눈앞에 보이는데 보지 못했던 것을 보았을 때처럼, 상대방이 당신을 인지하여서 자기의 필요에 의해서만 당신을 찾지 않도록 입장을 만들어야 하지 않는가?

또 그것과 관련된 내용이 있는데 그것은 '관성의 무시'라는 심리의 작용이다. 이 심리작용은 모든 사람이 다 가지고 있는 내용으로 '어떠한 정보'를 알게 되었을 때, 사람은 누구나 그 정보에 대해서 예상을 하고 짐작을 한다. 그렇게 자신이 예측한 내용에 그 정보가 가까워지고 예측이 확증되어갈수록 두뇌에서 도파민이 분비된다. 도파민은 맛있는 음식을 먹거나 사랑을 할 때, 또는 성관계를 할 때와 같이 극도로 기분이 좋을 때 발생하는 신경 호르몬이라고 할 수 있다. 그래서 사람은 정보를 받아들이면서 자신이 예측한 결과로 급하게 결정을 하게 될 때, 그 결정을 받쳐줄 수 있는 정보에만 집중하고, 정보의 정리 과정에서 모순이 있거나 일치하지 않는 부분에 대해서는 모두 무시를 하게 되는데 이것이 '관성의 무시'이다.

특히나 사람은 가장 최근에 본 것으로 과도하다시피 극단화되는 경향이 있다. 그 예로 우리가 전문가로 믿고 있는 의사들은 평균적으로 약 20~30%의 오진을 내리며, 적게는 10%, 많게는 60%까지의 오진을 내린다고 한다. 그 오진을 내린 이유는 환자와 첫 대면을 하고서 알게 된 정보로 환자의 병을 약 3~5가지까지의 병이라고 예측을 하고, 환자의 말에서 그 병과 일치하는 부분이 나오게 되면 머릿속에 체크리스트에 체크를 하면서 그 병이라고 점점 확증하게 되는 것이다. 문제는 그렇게 무시되는 부분으로 정작 중요한 것을 놓치게 되면서 평균적으로 병원의 수술을 받는 약 10%의 사람이 불필요한 수술을 받고, 개중에는 심각한 후유증으로 장애를 앓고, 나아가 사망에까지 이른다고 한다. 내가 의사를 예로 든 것은 전문가로서 프라이드가 상당히 높은 직업이 의사이기에 이렇게 예를 들었는데, 마스터즈를 하면서 알게 된 사실로 자동차 정비업을 하는 사람 중에도 오판을 엄청나게 저지르고, 불필요한 정비를 하는데, 문제는 그 불필요한 정비에서 발생한 비용을 마치 필요에 의해서 정비를 했다고 고객을 속여서 바가지를 씌우는 경우도 적지 않았다. '전문가'라고 그렇게 당당히 프라이드를 지키는 사람이라면 더욱 시야를 넓히고, 시야가 작다면 훑어보면서 문제에 대해서 완벽하게 해결을 하여 사람들이 느끼기에 '전문가'라고 할 수 있도록 해야 하는 것이 아닌가 싶다.

시야를 훑어야 할 마지막 이유는 현재 당신의 기분이 좋을수록 훑어보지 않게 되었을 때, 올바르지 못한 결정을 내리게 된다. 이것을 '행복의 오판'이라는 심리작용이다. 어떻게 행복한데 결정을 제대로 못 하는가 생각을 하면, 당신에게 무척 기분 좋은 일이 생겼다고 하자. 복권에 당첨되어서 갑자기 수억 원의 금전적 이익이 생기는 등 전혀 뜻하지 않은 행운이 생기면서 행복감이 높을 때 말이다. 그 행복감을 느끼게 되면 신기하게도 사람은 웬만한 모든 것을 거의 다 좋게 보게 된다. 즉, 제대로 된 결정을 하기 어려워지는 것이다. 반대로 사람은 보통 상황이나 불행하였을 때는 심리적으로 놀라울 정도로 차분하게 진정이 되어 있다. 그때는 시야를 훑어보는 것에 대해서 당연하다고 받아들이는데, 행복하게 된다면 어느 정도 손해를 보더라도 괜찮다는 생각에서 문제가 야기

되는 것이다. 그러니 당신이 행복하다고 생각할 때에도 스스로 통제해서 결정할 때, 주변을 한 번 훑어보는 힘을 가지고 있어야 한다.

　충분히 볼 수 있음에도 보지 못하거나 고정되거나 작아져서 오판을 내리지 않도록 어떻게 하겠는가? 내가 몇 가지 좋은 결정을 할 수 있는 트레이닝 방법을 알려 주겠다. 이 방법을 통한다면 무주의 맹시, 관성의 무시, 행복의 오판에 대해서 당신이 올바르지 못한 결정으로 손해를 보는 상황을 줄여주게 될 것이다.

오판을 건져 올려라

　천재와 같은 결정을 내리기 위해서는 어떻게 해야 한다고 생각하는가. 나는 그 방법에 대해서 이렇게 생각해 보았다. 먼저 당신이 본 가장 최근의 정보만으로 극단적인 생각을 하지 않아야 한다. 그래야 그 반대쪽의 극에 있었던 올바를 수 있는 결정도 볼 수 있게 될 것이다. 그렇지 않다면 분명 당신은 무엇인가를 볼 때, 그동안에 저질렀었던 실수를 다시 반복하고 후회하는 일이 되풀이될 것이라고 본다. 다음으로 너무도 쉽고 가볍게 얻을 수 있는 정보만으로 마치 모든 것을 알았다고 생각하게 된다면 쉽게 알게 된 그 정보는 분명히 당신이 메시지를 정확히 알려고 하지 않았을 테고, 그것은 상대방이 당신을 이용하기에 최적의 상황이라고 본다. 이 점은 쉽게 온라인 쇼핑을 하거나 네이버 등에서 당신이 찾는 정보가 너무도 쉽게 나타나기에 그 뒤에 숨겨진 이면을 당신은 파악하지 못하고 그대로 이용을 당하여 호구가 될 수 있다는 뜻이다. 쉽게 알게 된 정보일수록 주변을 훑어보면서 어떠한 정보만을 전달하려고 했는지 알 필요가 있다. 또한, 알기 쉬운 정보일수록 신기하게도 당신이 생각한 예측의 답에 도달하는 정보가 많을수록 잠시 고민의 시간을 가지면 좋다. 당신이 놓치고 간과한 부분이 있을지 모르니 말이다. 정보는 당신에게 편파적으로 다가오지 않는데, 당신이 편파적으로 정보를 받아들인다면 아무리 좋은 정보를 받아도 오판을 할 수 있기 마련이다. 그래서 나는 당신이 천재 같은 결정을 하기 위해서 알아야 할 몇 가지 방법에 대해서 알려주겠다.

첫 번째, '호두 탐색'의 방법이 있는데, 호두의 단단한 껍질을 제거하여 사람의 두뇌와도 비슷한 그 호두를 눈으로 여러 각도에서 이렇게, 저렇게 보고, 손바닥에서도 느껴보고 손끝에서도 느껴보는 것이다. 또 호두에서 나는 냄새를 맡아보고, 입술에 닿는 느낌, 혀에서 느끼는 감촉, 호두를 입안에서 굴러보면서 호두의 이미지를 생각하는 것이다. 이렇게 눈으로 보는 것과 피부로 느끼는 것에 대한 오차를 통해서 당신의 관찰력을 키우는 방법인데, 아무것도 아니라고 생각 말고, '호두 탐색'의 방법을 사용해 봐라. 호두 이외에도 불규칙한 모양을 가진 작은 음식을 통해서 할 방법이다. 분명 당신에게 관찰력 향상이 되면서 놓치고 있던 것을 보는 데 큰 도움을 줄 것이다.

두 번째, '수용 자세' 이 방법은 발음이 조금 어긋나면 '수영 자세'로 알 수 있는데, '수용 자세'이니 인지하고 있어라. 이 방법은 선입견을 가지지 않도록 이미 당신이 결정한 내용에 대해서 누군가 '이의제기'를 할 때, 그 의견에 대해서 적극적으로 받아들이는 자세라고 할 수 있다. 아무도 이의제기를 하지 않을 때는 스스로 어떠한 이견이 나오게 될지 생각을 하며, 평소에 당신이 내릴 수 있는 결정 외에 다른 결정은 어떠한 결정이 있을지도 스스로 자문자답을 하는 것이다. 그 이견을 수용하는 자세를 가질 때는 오로지 한 가지의 상황만으로 생각하지 말고, 모든 상황을 염두 해서 각각의 상황별로 생각하여 그 상황을 모두 별개로 취급을 해야 한다. 각각의 새로운 정보가 전체 결과를 바꿀 가능성을 지녔다고 생각한다면 위에서 알게 된 거짓말을 판단하는 기법이나 말하는 방법을 이용하는 데 있어서 미세한 변동의 상황에서 더 괜찮고 효과적인 활용이 가능해질 것이다.

세 번째, '성공의 자녀는 성공이 아닐 수 있다.' 사람들이 가장 크게 오판을 하는 이유가 바로 이 이유라고 본다. 예를 들어서 지금 스마트폰 시장을 지배하고 있는 삼성과 애플. 그들의 시대는 솔직히 이렇게 길지 않았다. 그전의 2G폰을 사용할 당시만 해도 '노키아'라는 절대자가 군림하고 있었지 않은가. 그런데 노키아는 지금 스마트폰 시대에 어디로 사라져 버린 것인가.

그들은 성공했기 때문에 새로운 성공에 대해서 간과하고 보지 않았다. 당연히 다음 시대에도 자신의 성공이 이어질 것이라고 믿은 것이다. 하지만 세상은 변화에 적응하고, 변화를 주도하는 자가 승리하게 되어 있다. '실패는 성공의 어머니'라는 말을 당신은 들어봤을 것이다. 이 말의 뜻을 어떻게 생각하는가? '성공할 때까지 실패해라.' '실패가 없는 성공은 있을 수 없다.' 이런 뜻으로 생각하는가? 그런 막연함의 뜻을 가지고 있지 않다. 무슨 복권을 죽을 때까지 수십 년을 사다 보면 언젠가 1등에 당첨될 수 있다는 올지도 모르는 것에 모든 것을 걸라는 것이 아니다. "실패를 통해서 '실패'하는 방법에 대해서 학습을 하면서 그 방법을 하지 않으며 새로운 방법을 이끌어 성공한다."라는 말로 해석을 할 수 있다. 그렇다면 성공의 뒤에는 무조건 성공이 잇따른다고 생각하는가. 아쉽게도 성공의 자녀는 반드시 성공이 아니다.

1907년 노벨 문학상을 받은 소설가 러디어드 커플링(Joseph Rudyard Kipling)은 "성공과 실패는 모두 '허상'으로 두고 대하라."라고 말했다. 이 말의 뜻으로 성공의 방법이라고 오로지 추구하고, 실패의 방법이라고 해서 무조건 배제를 하지 말라는 뜻으로 본다. 물론 반드시 실패하는 방법이 있고, 반드시 성공하는 방법은 존재한다. 아무것도 안 하면 실패한다. 생각하고서 실천으로 보이면 성공한다. 이 당연한 법칙을 부정할 수 없다. 여기서 전달하고 싶은 말은 누군가 어떠한 방법으로 결정해서 성공했다고 해서, 그 성공에만 시야를 좁히고 결정을 하기보다 어떻게 해서 그런 결정을 하게 되었는지 과정을 볼 수 있도록 시야를 훑어야 한다. 시대는 급변하고 있기 때문에 상황에 맞추기만 한다면 성공의 자녀가 성공되는 것은 틀리다고 할 수 없으니 말이다.

네 번째, 여유 시간. 현명한 결정을 내리려면 올바른 길로 안내할 정보가 필요하다. 사람은 한쪽으로 치우치게 보는 시야를 타고 났다고 말한다. 너무도 당연한 말인데 만약에 당신에게 친숙하고 이해하기 쉬운 것과 듣고 싶은 말, 원했던 결과를 가져오는 것에 대해서 끌리게 되어 있다. 그 반대인 살고 싶지 않은 것에 대해서는 아예 관심조차 주지 않는다. 한쪽으로 치우는 시야는 받은 정보가 담고 있는 메시지를 읽지 못하고, 앞을 예측하는 능력은 점점 무능해지면서 바보 같은 결정을 하게 되는데 이때 가장 필요한 것이 '여유시간'이다. 너무도 쉽게 결정을 하지 않았나. 의문을 품고 다시 한번 더 생각하고, 결정하는데 고려를 하지 않았던 부분에 대해서 어떤 것이 있는가. 생각해서 발생하는 문제가 있다면 어떻게 해결을 할 것인가. 정보 일부분만 본 것이 아닌가. 정보의 주변은 어떠한가. 이 점을 고려해야 한다. 사람은 시간에 압박을 받게 될수록 더 시야는 좁아지고, 문제에 대해서 더욱 무시하는 경향이 있기 때문이다. 당신이 할 수 있는 최고의 결정은 공교롭게도 '그 당시'가 아니라 '여유가 생겼을 때' 생각나게 되고, 이미 지난 일에 대해서 후회하게 된다. 그러지 않기 위해서 결정을 하기 전에 잠시 여유를 가지고, 여유를 가짐으로써 생각한 문제에 대해서 해결할 수 있는 정보에 대해서 생각을 정리하는 것이다. 단, 주의할 사항으로 당신도 지금 생각을 할 것이고, 사람들도 생각하는 것이 있는데, '여유'와 '태만'은 남극과 사하라사막과 같은 큰 차이가 있음을 알아야 한다. 여유는 당신이 촉박하다고 압박을 받지 않는 정도의 시간이다. 그 시간을 스스로 정하는데 너무 긴 시간을 요해서는 안 되며, 그 시간에서 다른 일을 할 수 있는 시간을 주어서도 안 된다. 결정하는데 필요한 정보를 정리하고, 정리하면서 생각해낸 문제를 해결하는 방안을 떠올리는데 필요한 최소 시간을 정해야 한다. 여유 시간을 만들었는데 그 시간 중에 다른 일을 할 수 있다면, 그것은 여유가 아니라 태만을 뜻하게 된다.

중요한 결정일수록 여유를 가지고 결정해야 하며, 하나하나의 결정을 하는데 생각을 깊게 해야 하면서, 점진적으로 그 여유 시간을 줄이는 방향으로 두뇌 활동을 해서 천재적인 결정할 수 있도록 해야 한다.

다섯 번째, 보조 결정. 가장 융통성 있는 결정을 내리는 방법을 무엇이라고 생각하는가? 누군가의 말에 휘둘리는 듯하며 자기의 주장을 확고하게 하는 것? 상대방의 의견 50%와 당신의 의견 50%를 결합한 결정? 내가 생각하는 최고의 결정은 정확히는 없다. 그러니 결정을 했을 때 그 결정이 Best of Best 결정이었다면 2순위, 3순위, 4순위 정도 많게는 5순위까지 Best 4~5의 결정을 미리 생각해서 다른 결정으로 더 좋은 결과를 만드는 것이다. 모든 상황에서 적용할 수 있도록 말이다. 상대방이 당신을 호구로 만들기 위해서 '기준점'을 바꾸게 되면서 자신도 모르고 오판을 하는 경우가 많이 있다. 예를 들어서 당신이 집을 구하기 위해서 부동산으로 향했다. 부동산 주인이 당신이 만족할 만한 좋은 물건을 보여 주면서 비싼 물건을 보여 주었다. 그리고 당신이 충분히 여유롭게 구할 수 있는데, 딱 봐도 그곳에서 살고 싶다는 생각이 들지 않을 집을 보여 주었다. 그리고 당신이 아슬아슬하게 구할 수 있는데, 나쁜 건 없지만, 좋은 것도 없는 매물을 보여 주었다면 당신은 절충해서 마지막에 보여 준 그곳을 선택하게 된다. 여기서 상대방은 기준점을 원하는 방향으로 조금만 유도했던 것뿐인데 그 의도에 당하는 것이다. 중고차 역시도 마찬가지이다. 내가 마스터즈 서비스 중의 하나로 좋은 중고차를 구매할 수 있도록 도와주는 일도 하고 있다. 그 역시도 자동차 서비스업이니 말이다. 그때 중고차 딜러가 고객을 호구로 만들려고 하는 것을 보면, 먼저 원했던 차량에서 나타나지 않았던 결함을 설명하면서 불안감을 조성한다. 그 뒤에 상대방이 원할 만한 차량을 보여 주는데 말도 안 되는 시세로 이야기를 하고, 그다음 예산을 조금 초과할 정도의 차량, 그리고 예산의 범위에서 구매할 수 있는데 그렇게 좋지도 나쁘지도 않은 차를 보여주며 차를 팔려고 한다. 물론 그때, 나는 고객의 잘못된 결정을 하지 않도록 보려고 했던 차 이외에 다른 매물을 여러 개 사전에 확인해서 고객이 딜러의 꼬임에 넘어가지 않도록 도와주었는데, 내 서비스를 받지 못했던 수 없이 많은 사람은 그런 중고차 딜러의 꼬임에 속아 넘어가고 있을 것이다.

즉, 자기의 기준이 본인의 의도와는 다르게 바뀌게 된다면 오판을 하기 쉽다. 정확히는 바가지를 쓰고, 호구가 될 수 있는 기준으로 상대방이 유도한 것인데 알 수 없다. 그러니 보조 결정을 준비하는 것으로 손해 보는 것을 제거하거나 최소화시킬 수 있다는 점 사항을 알고 있길 바란다.

착한 홍보, 나쁜 홍보는 없다
그저 홍보 함정에 주의하라

당신은 홍보가 무엇이라고 생각하는가? 나는 좋은 자동차 서비스를 만들어 가는 업(業)을 하면서 내가 좋은 일을 하고 있다고 홍보하였기 때문에 당연히 모두가 그런 홍보를 하고 있다고 생각했다. 하지만 현실에서는 좋지도 않은 것을 준비하고서, 또는 과장, 거짓, 포장 등으로 사람을 호구로 만들어 버리지 않는가. 직접 대면을 할 수 없으니 당신이 여기서 알게 된 거짓말의 눈치채는 법과 상대의 의도에 넘어가지 않고, 당신의 주장을 상대에게 전달할 방법도 사용할 수 없다. 특히나 더욱 편리하고 저렴하게 구매할 수 있는 온라인 쇼핑이 이렇게 대세인 경우에는 판매를 위해서 많은 홍보를 하고, 그 홍보에서도 경쟁이 치열하다. 좋다고, 좋다고 말해서 온라인에서 구매하면 봤던 것과는 완전히 다르다. 나는 온라인이나 홈쇼핑에서 고기, 생선, 과일을 주문했을 때 가장 거짓이라고 느꼈는데 정말 너무하다고 싶을 정도로 크기가 작다. 당신은 홍보만 보고서 구매를 하고 당한 적이 없는가. 여기에 당신과 나. 사람들을 속이는 수법이 있음을 알아야 한다. 즉, 얼굴을 보여 주는 않는 꾼의 수법을 알아차리지 못

한다면 제1장부터 제6장까지 알게 된 방법도 보이지 않는 상대방에게 바가지를 쓰고 이용을 당하는 것이다.

홍보할 때는 실제는 없지만 '상상의 자극'을 통해서 마치 지금 내 앞에 그것이 있는 것처럼 말과 표현, 색깔, 소리 등 2차원적인 것도 마치 3차원적으로 느끼도록 상상을 하도록 하는데 이건 착한 홍보나 나쁜 홍보나 누구나 그렇게 한다. 그러지 않으면 홍보가 아니지 않은가.

단, 홍보하는 입장과 다르게 당신이 홍보를 받는 입장일 때는 끊임없이 당신을 속이려 하는 '나쁜 홍보'로부터 방어를 하고 막아낼 힘이 필요하다. 나는 그 나쁜 홍보를 '홍보 함정'이라고 말하는데, '좋고', '나쁘고'는 사람마다 기준이 틀리지만, 사람을 함정에 빠트리는 것을 누가 좋게 볼 수 있나 모르겠다. 그런데 함정이 대놓고 "여기가 함정이요~"라고 보이는 것이 있는가? 함정은 빠지고 나서야 함정이 빠진 것을 알게 된다. 그래도 상대방이 거짓을 진실로 덮어서 메시지를 읽기 힘들게 하여도, 정보의 폭풍으로 정리와 분석을 힘들게 한다고 해도 대처할 방법은 있다. 내가 여러 가지 방법을 알아내는 데까지 여러 번 속으면서 알게 된 사실이며, 누구도 이 방법에 대해서 제대로 알려주지 않아서 정말 고생하면서 얻은 방법이다.

첫 번째, '만약에 말이야~' 이 방법은 만약에 이랬다면 어떻게 생각을 했을까 떠올리는 것이다. 예를 들어서 어떤 물건을 사면 사은품을 준다. 그럼 당신이 사은품이 없었다면 어떠한 결정을 했을 것인지 떠올려 보고, 또는 어떤 영화나 드라마에서 나온 주인공이 사용했던 물건이라고 했을 때, "그 물건을 주인공이 사용하지 않았던 물건이었더라면~" 이러한 의문을 품고서 그때 당신의 감정을 생각하는 것이다. 아직도 호감을 느끼는가? 이 방법에서는 호감도만 낮추면 된다. 꼭 호감의 반대인 비호감의 감정을 느끼지 않아도 된다. 당신이 비호감으로 느낀다면 홍보를 비호감으로 만든 사람의 잘못이다. '행복 오관'을 하게 되면 결정을 하는 데 있어서 분명 큰 방해 요소가 된다. '만약에 말이야.' 방법은 지금 당신의 호감을 낮춤으로 지금과 다른 시각으로 다시 보게 되면서 사람에게 영향을 주는 유도 자극, 기준점, 미사여구(美辭麗句)로부터 가려지는 함정을 볼 수 있게 된다. 이 '만약에 말이야.' 방법을 사용할 때 중요한 점은 지금 홍보를 통해서 당신의 기분이 좋아졌다면 그 기분이 왜 좋아졌는지 생각하고, 그 이유를 배제하는 것으로부터 시작하는 것임을 알아야 한다. 전혀 뜬금없는 방법으로 당신이 홍보를 보고서 내가 홍보를 나중에 봤다면, 안 봤다면 등과 같은 생각을 한다면 이 정보의 폭풍 시대에서 도태가 되고, 나중에 뒤따라가려다가 촉박함을 느끼며 여유를 잃고 사람들에게 이용당하는 호구가 될 가능성이 높으니 말이다.

두 번째, '택선 로꾸거.' 사람 이름 같으면서 외국어 같은 이 방법은 '거꾸로 선택'을 그저 뒤집어서 쓴 것이다. '거꾸로'는 '반대'를 뜻하니 당신이 홍보를 보고서 구매 선택을 할 때, 구매하지 않는 선택을 생각하는 것이다. 그렇게 거꾸로 선택하고서 스스로 의문을 던지는 것이다. "이 물건은 나에게 필요해."라는 생각에서 "왜 이 물건이 나에게 필요할까?"라는 의문을 던지면서 스스로 왜 사지 않은 것에 대해서 이유를 만들어 보는 것이다. 그렇게 생각을 한다면 상대방이 홍보하면서 전달하고 싶었던 메시지를 읽기보다 쉬워진다. 거꾸로 선택할 때 "이것은 정말 저렴하다." 이것도 "왜 다른 곳에서 비싸게 팔까?"라고 생각을 하면서 홍보 함정에 자연스럽게 다가가는 것을 한 번 의심해 보는 것이다. 함정의 위에 5만 원짜리 지폐가 놓여 있다면 누구라도 "와우!" 하고서 함정에 빠지게 되니, 왜 저곳에 "5만 원이 있을까?" 하는 생각으로 잠시 생각하고 주변을 훑어보는 것으로도 홍보 함정을 눈치챌 수 있다.

세 번째, '거짓 숫자.' 당신은 숫자에 대해서 얼마나 신뢰를 하는가? 많은 홍보에 있어서 숫자가 진실을 감추고 있는데도 불구하고 잘 알아차리지 못한다. 예를 들어서 다이어트 제품을 구매할 때, '구매한 고객 중에 89%나 되는 고객들께서 체중감량의 효과를 보고 있습니다.' 이러한 문구를 보면, 다이어트에 관심이 있었던 사람들은 "오!" 하는 생각을 가지게 된다. 그런데 도대체 무슨 기준으로 그 숫자를 신뢰하는 것인가? 다이어트 제품을 구매한 11%의 사람들은 체중감량의 효과를 보지 못했다는 것이다. 반대로 체중이 늘어나는 역효과를 가져왔다면 어떻게 생각하는가? 이것이 숫자가 가지고 있는 엄청난 함정이다. '0~99%'라고 표현은 '~될 수도 있는'이라고 보면 된다. '임상 시험 결과 99% 모두 효과를 본 다이어트 제품!'이라고 나타나도 1%는 실패한 것이고, 100명이 아니라 1만, 10만 명이었다면 1%만 해도 엄청난 수치이다. 그리고 "지금까지 구매한 63,134명을 대상으로 한~" 이라고 해도 당신이 63,134번을 구매하고서 만족을 한 것이 아니다. 그저 당신은 첫 번째 구매한다는 것을 알아야 한다. 숫자는 그저 불확실성을 마치 가능성으로 보여주는 효과를 가져오니 말이다. 그래서 숫자를 신뢰하지 않는 방법. 숫자는 거짓을 뜻한다는 생각으로 본다면 보다 정확한 홍보가 보이게 된다.

단, 내가 말한 숫자는 홍보에서 당신을 자극하는 숫자일 뿐이며, 인간의 체온 36.5℃라거나 시속 100km, L 사이즈 30inch 등과 같이 홍보가 아닌 절댓값의 표기는 거짓이 아니다. 상대적 비교 수치를 뜻하는 숫자에 대해서는 가려내라는 뜻으로, 다수가 그 뜻을 따른다고 동조하지 말라는 것이다.

네 번째, '전문가도 인간이다.' 사람과 신의 차이가 무엇이라고 생각하는가? 나는 종교를 믿지 않고, 신을 섬기지 않지만, 신은 무결점의 완벽한 존재이고, 사람은 결점이 존재한다고 본다. 아무리 뛰어난 전문가도 말이다. 홍보할 때,

전문가라고 자처를 하는 사람이 있다. 문제는 '전문가'라는 그 말에서 당신의 판단이 달라지면서 홍보 함정을 보려고 하지 않는다. 이유는 전문가는 당연히 거짓이 없겠지, 확실하겠지 하는 그 믿음에서 나오는 맹신 때문이다. 나 역시도 마스터즈를 운영하면서 고객 만족을 이끌어 줄 수 있는 자동차 서비스 업체를 찾을 때 전문가라고 홍보를 하는 사람들을 만나보았다. 하지만 그들 역시도 비전문가인 내가 봐도 결점은 있었고 '전문가도 사람이구나.' 하는 생각을 하였다. 그래도 나는 협력 업체를 만나는 자리였지만, 고객들의 경우에는 전문가라고 칭하는 그 홍보에 넘어가게 된다. 그리고 전문가가 가지고 있는 실수, 결점이 고객이 가장 싫어하는 조건을 만족할 수 있는 것도 현실이다. 나는 그래서 소개를 할 때 고객의 요구를 철저히 받아들이고, 가장 만족할 수 있는 곳을 소개해준다. 즉, 대한민국에서 가장 최고라고 하는 곳만 소개하는 것이 아니다. 그렇게 했다간 나는 최고 잘 나가는 업체 1개만 찾아서 그곳만 소개해 주면 되는 업으로 지금과는 완전히 다른 업을 해야 한다. 이처럼 나는 자동차의 전문가를 만나고 그들도 인간이라는 사실을 알았는데, 홍보할 때의 전문가들은 말 그대로 '신(神)'이었다. 어쩜 그렇게 신의 영역에서 있는지 어마어마하다. 이 전문가가 만들어내는 '홍보 함정'을 피하기 위해서는 적어도 3명 이상의 전문가를 알아보는 것이 좋았다. 전문가라고 하는 사람들이 3명이 모이면 서로 칭찬하며 동질 할까? 절대 아니다. 내가 더 잘랐다고 지식, 기술 싸움이 일어난다. 그런 결과를 가져온다면 그들은 전문가가 아니었다고 볼 수 있다. 진짜 전문가는 자기보다 지식, 기술이 모자란 사람에게도 배우려고 한다. 당신이 보고 있는 홍보에서 전문가라고 자처를 지나치게 하면서 그 근거를 받쳐줄 만한 내용에 의문이 든다면 그 홍보는 거부해도 될 만한 홍보라고 본다. 함정을 숨길 때는 과장될 정도로 숨기기 때문이다.

조종당하고 있던 생활

나비효과는 존재한다

티끌 같은 결정을 유도하는 것만으로 사람의 행동을 원하는 방향으로 유도가 가능하다. 아무 생각 없이 한 결정이라고 할 수 있지만, 그것은 분명 누군가의 의도에 의해서 나온 결정일 수 있고 작은 결정 하나만으로 그 후에 모든 결정의 방향이 바뀌게 됨을 알아야 지배에서 벗어날 수 있다.

똑똑하게 생각하지 말고 똑똑하게 결정해라

생각이 깊어지면서 결국에 이상한 결정을 하는 것만큼은 피해야 한다. 당신이 생각하는 결정의 정답을 찾기 위해서는 이번 이야기에서 한 번 더 되새기며 똑똑한 결정을 하는 방법을 알아보라.

노력이라도 하면 보인다

보고 싶은 것만 본다면 상대방의 의도에 넘어가는 꼴이 된다. 잠시 신중하게 보여주는 것의 주변에 무엇이 어떻게 되어 있는지만 보는 것으로도 상대방이 담고 있는 메시지를 추측할 수 있으며, 넓은 시야를 갖는 것보다 훨씬 더 간단한 방법이라고 할 수 있다.

이상한 판단은 좋지 않은 결과를 가져온다

눈으로 보는 것과 실제로 알려지는 것의 차이를 인식하는 방법을 터득하며, 스스로 현재의 판단에 대해서 다시 한번 되짚어 보며 지금의 판단의 옳고 그름을 인식하는 것이 중요하다.

홍보의 메시지를 알자

광고, 마케팅, 홍보를 통해서 자신도 모르게 호구가 되는 경우가 있다는 것을 인식하며 왜 당신이 그 마케팅에 관심을 가지게 되고, 지금의 좋은 느낌을 받게 되었는가를 생각한다면 분명 당신이 가진 생각이 '왜'인지 알게 되면서 숨겨진 메시지를 인식할 수 있게 될 것이다.

마치는 글

당신은 지금 당신의 주인인가? 한 번 물어보고 생각했을 때 어떤 생각이 지금 떠오르고 있는가? 여러 가지 방법으로 사람들은 당신의 결정을 어느 방향으로 유도를 하고 바가지를 씌우고, 이용하려 한다. 호구로 만들기 위해서 말이다.

'호구' 이 말이 당신은 듣기 좋은가? 난 절대 듣기 좋은 말이 아니라고 생각한다. 그러니 이제 방법도 알게 되었고, 이 마지막 장을 끝으로 이 책을 다시 펴지 않겠다고 생각하지 말고, 그때그때 지금 당신의 상황에 맞는 방법에 맞추는 것이 중요하다. 내가 여기서 들어준 예시는 내가 경험과 제가 호구로 지내왔던, 호구로 사람을 만들던 사람들에게서 얻은 정보를 기반으로 만들어졌지만, 사람의 '인생사(人生事)'라는 게 어떻게 각본대로 흘러가기만 하겠는가. 이 책에서 말해 주었듯이 정보의 폭풍의 시대에서는 '방금'의 정답이 '지금'의 오답이 될 수 있고, 그 반대가 될 수도 있다. 지금 여기까지 되는 수없이 많은 글자를 당신이 전부 알아듣고 모든 것을 이해할 때까지 책장의 접착제가 갈라져서 책에서 낙장이 될 때까지 당신은 호구의 생활을 탈출하기 위해서 이 책의 각 부분에 있는 처세술을 익혀야 한다. 그 방법을 알고 있으면서 호구가 되기는 정말 어렵다. '꾼'들도 보통 사람을 호구로 만들어 버리는 것이 훨씬 쉽고, 이미 호구라면 더욱 호구로 만드는 것은 숨 쉬는 것처럼 사람을 이용해 먹고, 모든 것을 벗겨서 거지꼴로 만든다. 하지만 달인이 된다면 꾼들은 가장 호구로 만들기 어려운 상대이기에 접근부터 꺼린다. 당신은 이 책을 통해서 충분히 그러한 사람이 될 수 있다. 나 역시도 지속적으로 많은 사람과 교류하면서 처세술을 익히고 있다.

그리고 당신이 이 모든 내용을 알게 되고, 실천했음에도 '호구'의 삶을 살고 있다고 나에게 거짓말을 할 생각이 있다면 나에게 찾아와라. 당신의 노력한 결과에 변화를 주기 위해서 내가 직접 도움을 주겠다. 하지만 나에게 도움을 받기 이전에 당신이 얼마나 노력을 했는지에 대해서 나에게 구체적으로 증거를 제시해 주어야 한다. 하루를 얼마만큼 노력했고, 그렇게 일주일을 노력하고서 변화가 없다고 나에게 찾아온다면 당신은 이러한 고민을 깊이 있게 하고서 찾아와라.

앞으로 나와 함께 당신이 몇 년 동안 얼마나 노력을 할 것인지.

앞으로 나를 통해서 자신이 어떠한 모습이 되기 위해서 어떠한 노력을 할 것인지.

앞으로 어떠한 모습이 왜 되고 싶은 것인지.

이 내용을 정확하게 가지고 와라. 그 내용을 보고서 나는 당신의 변화된 모습을 위해서 코칭을 해 주고, 당신이 달인이 될 수 있도록 나 역시도 최선의 방법으로 도움을 주겠다.

끝으로 말한다.

"당신은 절대 호구가 아니며 인정받아야 하고 존중받아야 하는 귀중한 인물이다. 당신은 정말 대단한 사람이다. 어떠한 누구도 당신을 우습게 볼 수 없고, 이용하려고 해서는 더욱 안 된다. 당신은 자기 자신의 주인이기 때문이다. 그렇기에 당신도 누군가를 속이고 이용하려고 하면 안 되며, 당신의 주변에 있는 사람들을 존중하는 마음가짐으로 당신의 입장을 만들어라. 분명 그때는 당신도, 누군가의 입에서도 '달인'이라는 말이 쉽게 나오진 않아도 모두가 그렇게 느끼고 있을 것이다."

호구 탈출의 정석

초판 1쇄 발행 | 2018년 3월 5일

지은이 | 박정현
펴낸이 | 공상숙
펴낸곳 | 마음세상

주 소 | 경기도 파주시 한빛로 70 507-204

신고번호 | 제406-2011-000024호
신고일자 | 2011년 3월 7일

ISBN | 979-11-5636-221-0 (03190)

원고 투고 | maumsesang@nate.com

* 값 14,000원

* 마음세상은 삶의 감동을 이끌어내는 진솔한 책을 발간하고 있습니다. 참신한 원고가 준비되셨다면 망설이지 마시고 연락주세요.

이 도서의 국립중앙도서관 출판예정도서목록(CIP)은 서지정보유통지원시스템 홈페이지(http://seoji.nl.go.kr)와 국가자료공동목록시스템(http://www.nl.go.kr/kolisnet)에서 이용하실 수 있습니다. (CIP제어번호 : CIP2018004782)